Roger Schaller
Wege, an sie ranzukommen

Edition Sozial

Roger Schaller

Wege, an sie ranzukommen

Selbstmanagement- und Psychodrama-Training
mit gewaltbereiten Kindern und Jugendlichen

Juventa Verlag Weinheim und München 2005

Der Autor

Roger Schaller, Jg. 1955, ist Diplompsychologe und Psychodramatiker. Er arbeitet als Psychotherapeut im Kinderheim Bachtelen in Grenchen, Schweiz, sowie als freiberuflicher Supervisor und Seminarleiter. Weitere Informationen bei www.roleplay.ch.

Bibliografische Information Der Deutschen Bibliothek

Die Deutsche Bibliothek verzeichnet diese Publikation in der Deutschen Nationalbibliografie; detaillierte bibliografische Daten sind im Internet über http://dnb.ddb.de abrufbar.

© 2005 Juventa Verlag Weinheim und München
Umschlaggestaltung: Atelier Warminski, 63654 Büdingen
Umschlagabbildung: Stefan Scherrer, Biel (CH)
Printed in Germany

ISBN 3-7799-2062-X

Vorwort

Eigentlich ist dies ein Nachwort. Nachdem ich mich über Jahre theoretisch und praktisch mit Anti-Gewalt-Trainings und Fragen der Moral beschäftigt habe – kam dieses Buch zustande. Als ich das Manuskript beendet hatte, tauchte bei mir die Frage auf: Warum machst du das eigentlich? Meine Frau, ebenfalls Psychologin, gab mir gestern beim Nachtessen auf diese Frage eine kurze, knappe Antwort: „Wegen deiner Profilierungs-Neurose".

Dies ist (nicht ganz) falsch. Deshalb möchte ich hier dazu meine Gedanken erläutern: Seit über zwanzig Jahren bin ich in der Bildungsarbeit und in Verhaltenstrainings tätig. Immer mit Randgruppen, die nicht nach Bildung und Verhaltensänderung dürsten: psychisch Kranke, Arbeitslose, Suchtmittelabhängige, Alkoholiker, Verkehrsdelinquenten, Opfer von Gewalttaten, stark verhaltensauffällige Kinder und Jugendliche.

Immer wieder haben mich Lebensgeschichten und Ereignisse, die ich dabei erfahren habe, stark beschäftigt, manchmal traurig und oft wütend gemacht. Am meisten betroffen haben mich aber immer jene Lebensgeschichten, die das Bild von Macht- und Hoffnungslosigkeit auslösen. Das Miterleben, wie Menschen keine Kraft und keine Idee haben, aus ihrer Misere herauszukommen, ist beeindruckend. Noch schwieriger ist für mich anzusehen, wie Menschen offensichtliche Benachteiligungen, Armut, Chancenlosigkeit und Ungerechtigkeit akzeptieren können.

Das kann ich nicht. Ich bin ein Kämpfer und reagiere aggressiv. Nie habe und würde ich beispielsweise zulassen, dass meine Kinder schwer benachteiligt oder misshandelt würden. Jede mir zur Verfügung stehende Form von Gewalt würde ich anwenden, um meine Kinder zu schützen.

Dank meiner Bildung, meinen Handlungskompetenzen, meinem beruflichen Status und dem Glück, in einem reichen und gut strukturierten Staat zu leben, habe ich nie zu schwerer physischer Gewalt greifen müssen. Es liegt mir aber fern, benachteiligten Kindern und Jugendlichen zu lehren, keine Gewalt anzuwenden.

„Man hat aufgrund der Erkenntnisse der vergleichenden Verhaltensforschung Grund zur Annahme, dass wir Menschen über die Anlage verfügen, in einer ausweglosen Situation mit Gewaltbereitschaft zu reagieren. Wer dies nicht tat, hatte keine Chance, sein genetisches Material weiterzugeben. Umgekehrt gilt daher: Wer auch immer unsere Vorfahren waren: Gewaltbereitschaft gehört zu ihrem Verhaltensrepertoire. Gewalt ist keine Krankheit der Armen. Aber die Mischung aus Armut, Machtlosigkeit, Chancenlosigkeit und Ungerechtigkeit ist explosiv (...). Die Bereitschaft zu Gewalt gegenüber anderen und sich selbst ist so betrachtet ebenso wenig eine Krankheit wie das Vitamin-C-Synthesedefizit, von dem wir alle betroffen sind. Wir sind trotz dieses prinzipiell tödlichen Stoffwechselfehlers in aller Regel symptomfrei, denn wir wissen, wie unsere Ernährungskontext aussehen muss, um keine Symptome zu entwickeln. Stimmt dieser Kontext nicht, fehlt also Vitamin C, so geht es zunehmend schlechter." (Spitzer, S. 227)

Nicht viel anders ist der Zusammenhang zwischen einem Leben unter ungünstigen Bedingungen und Gewalt: wir sollten dafür sorgen, dass die Lebensbedingungen für Kinder und Jugendliche so sind, dass Gewalt nicht benötigt und angewendet werden muss.

Dieses Buch ist ein kleiner Beitrag dazu: es soll Trainerinnen[1] dazu ermutigen, auch mit Kindern und Jugendlichen zu arbeiten, die unter vielfachen Lebens- und Entwicklungsbelastungen leiden. Es ist ein grundlegendes Dilemma bei der Behandlung von antisozial-aggressiven Kindern und Jugendlichen, dass genau diejenigen, die eine Behandlung am nötigsten haben, nicht in die entsprechenden Trainings passen. Diese Trainings sind zwar wissenschaftlich fundiert, klar strukturiert und eindrucksvoll präsentiert, nur können sie nichts mit den ‚Therapieversagern' anfangen. Es wird gewissermaßen Vitamin C dort zugeführt, wo bereits genügend vorhanden ist. Dies ist günstig für eventuell vorhandene Profilierungs-Neurosen der Therapeuten und Wissenschaftler: sie können an Kongressen und Tagungen eindrückliche ‚Vitamin-C-Behandlungserfolge' präsentieren.

Mit meiner Zielgruppe – den stark verhaltensauffälligen Kindern und Jugendlichen, die im Hintergrund schwierige familiäre Verhältnisse, schlechte Schulleistungen und weitere problematische Lebenserfahrungen haben – ist es schwierig, gute Behandlungsergebnisse zu präsentieren. Wer mit diesem Klientel arbeitet, muss wissen, dass das Training nur ein Mosaikstein eines komplexen Behandlungsrahmens darstellt. Es ist lediglich ein Vitamin unter vielen lebensnotwendigen.

Mein Ziel ist es, gewaltbereite Kinder und Jugendliche zu befähigen, die eigene Anwendung von Gewalt im Alltag kritisch zu prüfen nach folgenden Punkten:

- Werden durch Gewaltanwendung mein Wohlbefinden und meine Gesundheit verbessert?
- Erreiche ich damit meine Ziele und Wünsche?
- Welches sind meine Ziele und Wünsche?
- Gibt es andere Möglichkeiten diese zu erreichen?

---

1 Im Text wird abwechselnd die weibliche und männliche Form eingesetzt – gemeint sind aber immer Frauen *und* Männer.

Diese Vorgabe, die ich mir als Trainer stelle, scheint unerreichbar in einer Kurzzeit-Intervention. Aber:

„Möchtest du das Geschehen der Welt positiv beeinflussen? Dann bringe zuerst Ordnung in dein eigenes Leben. Verankere dein Tun und Handeln fest im Urprinzip, so dass dein Verhalten positiv und wirksam ist. Gelingt dir dies, so gewinnst du die Achtung deiner Umwelt – dein Einfluss wird Wirkung zeigen.

Dein Verhalten übt seine Wirkung auf die anderen nach dem sogenannten Welleneffekt aus. Jeder beeinflusst jeden – und kraftvolle Menschen üben einen entsprechenden starken Einfluss aus.

Wenn dein Leben funktioniert, beeinflusst dies deine Familie. Wenn deine Familie funktioniert, übt dies einen Einfluss auf die Gemeinschaft aus. Wenn deine Gemeinschaft funktioniert, geht die Wirkung auf die Nation über und von dort auf die übrige Welt. Wenn deine Welt funktioniert, setzt sich der Welleneffekt im gesamten Kosmos fort.

Bedenke, dass dein Einfluss bei dir selbst beginnt und sich wellenförmig fortbewegt. Achte deshalb darauf, dass dein Einfluss stark und positiv erfolgt.

Wie erkenne ich, dass dies funktioniert?

Alles Wachstum entspringt einem Zellkern. Du bist der Zellkern."

(Tao Te King, zitiert aus Heider 1996)

Bildungsarbeit mit gewalttätigen, verhaltensauffälligen Kindern und Jugendlichen in Form eines kurzen Selbstmanagement-Trainings ist dann erfolgreich, wenn die Teilnehmer selbst sich dabei als erfolgreich erleben. Dann wird das Training eine Wirkung haben nach dem Welleneffekt.

Ich habe dieses Buch geschrieben für nichts weniger als das Geschehen der Welt positiv zu beeinflussen. (Das sage ich heute Abend meiner Frau).

Biel/Bienne, im März 2005
Roger Schaller

Inhalt

1. Rahmenbedingungen

Einleitung

Fallbeispiel 1:
Stefan ist 11. Er wird von drei herbeigerufenen Lehrern aus dem Schulzimmer gezerrt. Die Lehrerin steht fassungslos im Schulzimmer: sie konnte die gewalttätige Auseinandersetzung zwischen Stefan und Yvan nicht stoppen, da war bei den beiden Kindern zu viel destruktive Kraft vorhanden. Sie hat ihre Kollegen um Hilfe gerufen – aus Angst, die beiden könnten sich oder andere verletzen. Stefan fühlt sich ungerecht behandelt, er gibt an, von Yvan provoziert worden zu sein.

Fallbeispiel 2:
Bruno, 15, kommt mit den Boxhandschuhen zurück. Seine beiden gleichaltrigen Kollegen haben in der Zwischenzeit einen Mitschüler am Boden festgehalten. Bruno kniet nun auf das Opfer, die beiden anderen halten diesen immer noch fest. Bruno traktiert ihn mit einigen gezielten Faustschlägen ins Gesicht. Andere Schüler, die von weitem die Szene gesehen haben, rufen einen Sozialpädagogen, der diese brutale Gewaltanwendung stoppen kann. Bei der Aufarbeitung dieses Vorfalles gibt Bruno an, er habe einfach mal Dampf abladen müssen, der andere habe diese Abreibung verdient.

Bruno und Stefan sind, weil sie in der öffentlichen Schule nicht mehr tragbar waren, in einem Sonderschulheim. Sie werden sozialpädagogisch und therapeutisch betreut. Dennoch kommt es immer wieder zu Gewalteskalationen. Zusätzlich zu den bisherigen Maßnahmen, ist ein Anti-Gewalt-Training angezeigt und notwendig. Längsschnittstudien, welche aggressive Kinder vom Vorschulalter bis zur Adoleszenz erfassen, kommen zu einem klaren Ergebnis: Aggressives Verhalten ist über die Zeit sehr stabil. Petermann (2001) beschreibt die große Unsicherheit der Fachleute, was die Behandlung von wiederholt gewalttätigen Jugendlichen betrifft:

„Besonders stabil ist aggressiv-dissoziales Verhalten im Jugendalter ausgeprägt, wenn es sich bereits früh entwickelt hat. Ein solch stabiles Verhalten wirkt sich auf verschiedene Umweltbereiche wie die Gleichaltrigenbeziehungen, Schule und die Familie, aber auch auf die Nachbarschaftsbeziehungen aus. Die Problemverdichtung im Jugendalter ist durch therapeutische Interventionen oft schwer zu ändern." (S. 27)

Bruno und Stefan weisen mehrere Risikofaktoren auf, die bei jedem Therapeuten ein mulmiges Gefühl auslösen werden:

1. Es ist anzunehmen, dass diese Jugendlichen aufgrund ihres stark aggressiven und unkontrollierten Verhaltens im Kindergarten und in der Schule von den anderen ausgegrenzt wurden.

2. Wahrscheinlich waren ihre schulischen Leistungen schlecht.

3. Weiter ist anzunehmen, dass dadurch ihr aggressives Verhalten verstärkt wurde, weil sie noch aggressiver handeln mussten, um minimale soziale Erfolge zu erzielen.

4. Falls sie eine Therapiegruppe besucht haben, mussten sie wahrscheinlich auch wieder die Ausgrenzung erfahren – durch ihr Verhalten waren sie ganz einfach nicht tragbar.

5. Falls sie in Zukunft eine Therapiegruppe besuchen werden, werden sie dasselbe antisozial-aggressive Verhalten wieder zeigen, da dieses ja bisher zu gewissen Erfolgen geführt hat.

Es ist erstaunlich, dass es unterlassen wird, gerade jene gewaltbereiten Jugendlichen[1] deren Entwicklung stark gefährdet ist, Trainings zur Verhaltensänderung anzubieten. Die weiter unten aufgeführten Trainingsprogramme sind für ‚schwierige Fälle' wie Stefan und Bruno nicht geeignet. Diese zwei Jugendliche sind typische Therapieabbrecher: sie würden wegen provokativ-unanständigem Verhalten in hohem Bogen aus diesen Gruppentrainings fliegen. Dies vermutlich mit folgender Begründung: „Sie sind ganz einfach zu schwierig, therapieresistent, gruppenunfähig."

Ich werde in diesem Buch Wege aufzeigen, um an antisozial-aggressive Typen wie Bruno und Stefan ranzukommen. Es sind aber keine Wege, die zum sicheren Ziel führen. Sie sind vielfach mühsam und oft müssen wir umkehren und einen neuen Weg einschlagen.

Stellen Sie sich folgendes Bild vor: eine weite weiße Schneedecke, es scheint die Sonne, es ist sehr kalt, die Schneedecke ist hart, Sie können darauf laufen. Ab und zu sinken Sie ein, manchmal nur bis zum Knöchel, manchmal bis zu den Knien oder gar bis zu den Hüften. Sie stampfen mühsam weiter und dann trägt Sie die Schneedecke wieder. Sie kommen nun gut vorwärts. Doch dann sinken Sie plötzlich wieder ein, diesmal nicht so tief und beim nächsten Schritt, geht es wieder etwas besser. Doch der Weg bleibt mühsam, Sie müssen immer wieder abwägen, ob Sie nicht eine andere Richtung einschlagen wollen oder gar umkehren. Vielleicht ist die Schneedecke weiter rechts etwas härter und tragfähiger? Oder vielleicht eher nach links abbiegen? Dann geht der Weg plötzlich wieder problemlos,

---

1 Mit dem Begriff ‚Jugendliche' sind in diesem Buch generell Kinder und Jugendliche im Alter von 9 bis 16 gemeint. Der Begriff ‚Kinder' wird dann benutzt, wenn ich ganz spezifisch Kinder im Alter von 9 bis 11Jahren meine. Ich arbeite vorwiegend mit männlichen Jugendlichen – dementsprechend wird für die Teilnehmer immer die männliche Sprachform benutzt.

Sie laufen auf der Schneedecke wie auf einem Rasenteppich, wunderbar. Und hoppla, wieder knietief eingesunken ...

Etwa so können Sie sich diese Trainingswege vorstellen. Dieses Buch beinhaltet psychodramatische Techniken und psychoedukative Methoden, um an gewaltbereite Jugendliche ranzukommen. Ich werde folgende Fragen zu beantworten versuchen:

- Wie können Gruppentherapeuten mit Kindern und Jugendlichen arbeiten, die wenig Einsicht in die eigene massive Störung des Sozialverhaltens und wenig Veränderungsmotivation zeigen?

- Wie weiterarbeiten und Ressourcen aktivieren, wenn sich die Teilnehmenden bereits bei der ersten Sitzung destruktiv und unanständig verhalten?

In diesem ersten Kapitel werden die *Rahmenbedingungen* definiert: Positionierung zu anderen Präventionsprogrammen, Definition der Zielgruppe und Grundhaltung der Therapeuten.

In Kapitel 2 werden die *didaktische Grundprinzipien* beschrieben: die drei Welten der Erkenntnis, die entwicklungspsychologischen Behandlungsvoraussetzungen, sowie die Prinzipien das entdeckenden Lernens und der relativen Unstrukturiertheit.

In Kapitel 3 wird dargestellt, welche *Lernziele* mit der beschriebenen Methodik/Didaktik verfolgt werden:

- das Erfahren von Selbstwirksamkeit in einer Gruppe von Gleichaltrigen
- das Erkennen von stressauslösenden Faktoren im Alltag, welche das aggressive Potential erhöhen (Stressbewältigung) und
- das Wissen um eigene moralisch-ethische Werte (moralische Urteilsfähigkeit).

In Kapitel 4 wird in die *Grundtechniken des ressourcenorientierten Psychodramas* eingeführt. Es folgt eine Repertoire von Methoden; diese Übungen können als Arbeitsangebote in den Trainings eingeführt werden. Es handelt sich aber nicht um ein „Trainingsmenu", sondern es wird „à la carte" bestellt.

In Kapitel 5 werden vier Beispiele von Selbstmanagement-Trainings aus meiner Berufspraxis im Kinderheim Bachtelen (Sonderschulheim für Verhaltensauffällige Kinder – und Jugendliche) in Struktur und Ablauf dargestellt.

Es handelt sich um Kurzzeitinterventionen, die unmittelbar nach der begangenen Gewalttat einsetzen und nach acht bis 12 Sitzungen à 45 Minuten bei Kindern (bzw. 70' bei Jugendlichen) abgeschlossen werden. Zu jedem Trainingsbeispiel werden Protokolle von mehreren Sitzungen aufgeführt.

Diese Protokolle machen den Ablauf der Trainings nachvollziehbar und erleichtern den Lesern eine Umsetzung in die eigene Berufspraxis.

Übersicht der Präventionsprogramme

Es gibt bereits eine ganze Reihe von interessanten und vielseitigen Trainingsprogrammen zur Prävention von Gewalt bei Jugendlichen. Diese richten sich einerseits an die Eltern und professionell Erziehenden, anderseits direkt an die Gewaltanwender und den betreffenden Schulklassen. In der untenstehenden Übersicht sind auch Trainings aufgelistet, die sich nicht spezifisch an gewaltbereite Jugendliche und ihr Umfeld richten, sondern früher und breiter ansetzen: lernen sich selbst zu managen, in verschiedenen Lebensfeldern: Familie, Kindergarten, Schule, Freizeit, Beruf. Es werden in der Gesundheitspsychologie drei Formen von präventivem handeln unterschieden und entsprechend wurde die Übersicht der Trainingsprogramme gegliedert:

- *Primärprävention:* es werden Maßnahmen getroffen, damit unerwünschte Verhaltensweisen wie Gewalt einen weniger guten Nährboden haben. Durch die Förderung von Handlungskompetenzen von Erziehenden und/ oder den Selbstkompetenzen von Kindern sollen Ressourcen aktiviert und langfristig die Bereitschaft zu Gewaltanwendung verringert werden.

- *Sekundärprävention:* Training mit Risikogruppen, die direkt oder indirekt von Gewalthandlungen betroffen sind. Mittelfristige Zielsetzung: das Ausmaß der Gewaltbereitschaft zu reduzieren, indem strukturelle Verbesserungen vorgenommen werden und prosoziale Fähigkeiten vermittelt werden.

- *Tertiärprävention:* Training mit antisozial-aggressiven Wiederholungstätern und/oder den zuständigen Erziehenden mit der kurzfristigen Zielsetzung, das antisoziale Verhalten zu unterbinden und Rückfälle zu vermeiden.

Tabelle 1: Übersicht über Präventionsprogramme

Name / Autor	Inhalt	Zielgruppe
1 Triple P – Positive Parenting Programm Markie-Dadds et al. 2003 www.triplep.de	Prävention von oppositionellen und aggressiven Verhaltensstörungen bei Kindern	Trainingsprogramm für Eltern von Kindern (von ca. 3 bis 9) mit Handbuch, Arbeitsbuch und Videosequenzen
1 Gewaltfreie Kommunikation Rosenberg 2001 www.gewaltfrei.de	Konflikttraining auf der Basis der personenzentrierten Gesprächsführung	Trainingshandbücher für die Zielgruppen Kinder, Jugendliche und Erwachsene
1 Ich packs – Selbstmanagement für Jugendliche Storch & Riedener 2005 www.zrm.ch	Trainingsmanual zum Verhaltens- und Stresstraining auf der Grundlage des Zürcher Ressourcen Modells	Jugendliche im Alter von 13 bis 19 Jahren – Kursmanual für den Einsatz in Schulklassen der Oberstufe und der Berufslehre

1 Chili – Konflikttraining www.chili-srk.ch	alltägliche Konfliktbeispiele und Rollenspiele werden mit Hintergrundwissen erlebnisorientiert verknüpft	Das Angebot richtet sich an Schulen, Quartiere und Gemeinden
2 Autorität ohne Gewalt Omer & von Schlippe 2004	Formen des gewaltlosen Widerstandes werden auf konflikthafte Erziehungssituationen übertragen	Ratgeber für Eltern und professionell Erziehende von aggressiven Kindern und Jugendlichen
2 Gewaltprävention in der Schule Olweus, D. 1996 www.gesunde-schule-erft kreis.de/gewaltprävention	Interventionsprogramm zum Täter-Opfer-Problem in der Schule auf 3 Ebenen: Schulstrukturen, Klassenaktivitäten, persönliche Gespräche	Interventionen bei der Schulleitung, Lehrkräfte, Eltern und Schulklassen
2 Peacemaker www.k2-publisher.com	Streitschlichter-Trainingsprogramm für Schulen	Praktische Gewaltprävention mit Gruppen von Kindern und Jugendlichen im Alter von 7 bis 18 Jahren
2 Training mit Jugendlichen (Fit for Life) Petermann & Petermann 1992 Jugert et al. 2005	Förder- und Therapieangebot für Jugendlichen, die Motivations- und Verhaltensprobleme aufweisen	Kognitives und soziales Fertigkeits- und Problemlösetraining für 13- bis 20-jährige Jugendliche
2 THOP Döpfner, et al. 1997	Therapieprogramm für Kinder mit hyperkinetischem und oppositionellem Problemverhalten	Interventionsprogramm für Kinder von 3 bis 12 Jahren in der Familie, im Kindergarten bzw. in der Schule
2 Faustlos Cierpka, M. 1999 www.faustlos.de	Vermittlung prosozialer Kenntnisse und Fähigkeiten in den Bereichen Empathie, Impulskontrolle und Umgang mit Ärger/ Wut	Training für 6- bis 10-jährige Kinder der Grundschule; kann in den sozialkundlichen Teil des Sachunterrichtes integriert werden
2 Mobbing ist kein Kinderspiel Valkanover 2004 www.praevention-alsaker.unibe.ch	Berner Präventionsprogramm gegen Mobbing und andere Gewaltformen	Arbeitsheft für die Lehrpersonen zur Prävention in Kindergarten und Schule
3 Aggressions-Bewältigungs-Programm (ABPro) Dutschmann 2000 www.drdutschmann.de	Fortbildungsgrundlage zur Frage, wie aggressives Verhalten gesteuert und beeinflusst werden kann	Manual für Therapeuten, Psychologinnen, Erzieher und Ärztinnen im Umgang mit hoch aggressiven Kindern
3 Training mit aggressiven Kindern Petermann & Petermann 2000	Das Programm verbindet Methoden der Kinderverhaltenstherapie mit Konzepten der Familienberatung	Training für die Altersgruppe von 7 bis 13 Jahren mit zusätzlichen Eltern- bzw. Familiensitzungen

3 Mythodrama Guggenbühl, A. 1999 www.ikm.ch	Intervention in schwierigen Schulklassen mit Mythen und Märchen als Therapiemittel	Interventionspaket mit Lehrergespräch, Elternabend und psychodramatischer Arbeit mit ganzen Klassen der Mittel- und Oberstufe
3 Psychodrama-Gruppentherapie mit aggressiven Kindern/Schülern Aichinger & Holl 2002	Training der Beziehungs- und Konfliktfähigkeit im psychodramatischen Symbolspiel	Präventive Arbeit mit Kindern in Kindergärten und Schulen, mit Erziehern und Lehrerinnen
3 Anti-Aggressivitäts-Training AAT und Coolness-Training Weidner et al. 2003 www.antigewaltkurse.de	Deliktspezifische konfrontative Behandlungsmaßnahmen für gewalttätige Wiederholungstäter	6-monatige Trainingsprogramme (1 mal wöchentlich ca. 5 Std.) für Jugendliche ab 14 Jahren mit diversen konfrontativ-pädagogischen Methoden

Keines dieser Trainings ist geeignet für gewalttätige Schüler wie Bruno und Stefan: Denn diese Interventionsprogramme setzen alle eine bedeutende Lern- und Veränderungsmotivation voraus. Die Motivation kann internal sein („Ich möchte meine Handlungskompetenzen in Belastungssituationen erweitern", „Ich leide unter diesen Schwierigkeiten") oder external („... sonst fliege ich zur Schule raus", „von der Jugendanwaltschaft droht mir sonst noch schlimmeres ..."). In jedem Fall wird aber bei diesen Programmen vorausgesetzt, dass die Kinder/Jugendlichen gruppenfähig sind. Wie Petermann (2001) klarstellt, sind die Erfolgsaussichten dieser Programme erheblich reduziert, wenn zu der Störung des Sozialverhaltens noch zusätzliche psychische Störungen, massive Leistungsdefizite in der Schule und große familiäre Belastungen vorliegen. Und genau zu dieser schwierigen Zielgruppe gehören Bruno und Stefan, unsere beiden Fallbeispiele. Sie lassen sich nicht durch angedrohte Sanktionen (von denen haben sie schon zu viele erfahren) motivieren. Sie sind Schulversager, Lernverweigerer, Provokateure und haben in ihrem Leben wenig positive Kontrollerwartung erfahren. Bei ihnen ist eine interne Motivation kaum erkennbar und die externe Motivation ist nicht vorhanden: sie sind bereits „zur Normalschule rausgeflogen", weitere Sanktionsmöglichkeiten sind kaum noch durchführbar. Sie werden sich nicht konstruktiv an strukturierten Rollenspielen beteiligen. Aus einem Fragebogen werden sie einen Papierflieger machen und Selbstbeobachtungsaufträge werden nicht wahrgenommen.

Die Bereitschaft zu aktiver und konstruktiver Teilnahme am Training muss bei ihnen durch eine Freude/Neugier am Programm selber entstehen. Und diese Freude/Neugier wird sich erst einmal durch die Freude an der Destruktion des Trainingsprogrammes und die Neugier an der Reaktion der gestressten Therapeuten zeigen.

Wir begegnen diesen Herausforderungen mit einer Trainingsform, die sich an die von Slavson & Schiffer (1976) beschriebene *Aktivitäts-Aussprache-*

Gruppentherapie anlehnt: Spannungen und Ängste treiben Bruno und Stefan zu ‚Kampf oder Flucht' – meistens ist es aber Kampf. Ganz offensichtlich sind sie nicht in der Lage, in einer Gruppe über emotionale Symptome und die Verarbeitung von schwierigen Erfahrungen nachzudenken. Es fehlt ihnen ganz einfach die Sprache, komplexe intrapsychische Konflikte zu formulieren. Wir lassen ihnen daher ihr Kampfverhalten und schlagen ihnen verschiedene Aktivitäten vor, die angenommen oder abgelehnt werden können. Dieser offene Rahmen führt sehr schnell zu Gruppenkonflikten.

„Offener Streit wirkt in einer annehmenden, nichtstrafenden und weder Schuld noch Angst auslösenden Atmosphäre wie in der einer Aktivitätsgruppentherapie an sich sozialisierend. Beenden die Gegner ihren Streit selber ohne eingreifen (des Erwachsenen) werden sie die Form freundlicher Beziehungen entdecken. Da sie den Vorteil von Kooperation und gegenseitiger Kompromissbereitschaft entdecken, entstehen in ihnen freundliche statt feindselige Gefühle. Das Nichteingreifen des Erwachsenen, das im Gegensatz zu ihren bisherigen Erfahrungen steht, ermöglicht den Kindern, die Vorteile der freundlichen Lösung zwischenmenschlicher Probleme selbst zu erkennen." (Slavson & Schiffer, S. 99)

Gelingt den Streitenden diese Lösung nicht, so verfügt der Therapeut über Mittel, den Erkenntnisprozess zu aktivieren: mit den Techniken des Interviews, des Doppelns, des Spiegelns und anderen mehr, kann er auf der Stelle eine Diskussion veranstalten, in der versucht wird, Lösungen zu finden. Und manchmal können auf diese Weise sogar die Ursachen eines Konfliktes exploriert werden. Diese sich unmittelbar anschließenden Interventionen sind vom beachtlichem therapeutischen Wert, da auf diese Weise Ärger, Wut, Enttäuschung, Wünsche und Bedürfnisse offenbart werden. Der Therapeut sollte sich jedoch hüten, jede signifikante Handlung eines Kindes zu deuten. Seine Interpretationen müssen in kleinen ‚homöopathischen Dosierungen' abgegeben werden – und nur dann, wenn deren Bedeutung offensichtlich ist und leicht von den Betroffenen verstanden und akzeptiert werden kann.

Die meisten der obenstehenden Präventionsprogramme setzen eine konstruktive Teilnahme voraus. Bei Bruno und Stefan wird dies auch durch einen didaktisch vortrefflich geplanten Einstieg kaum zu erreichen sein. Sie werden Trotz, Hinhaltemanöver und auch offene Aggression zeigen, weil sie das Training als belastend empfinden. Dies kann als Stressreaktion gesehen werden, deren Ursachen uns im Moment nicht interessieren. Vielmehr wollen wir den beiden Jugendlichen Gelegenheit geben, zu explorieren, ob diese Bewältigungsleistung in der aktuellen Situation notwendig und sinnvoll ist.

„Wir gehen grundsätzlich von der gestalttherapeutischen Prämisse aus, das Widerstand die beste aller momentan möglichen Lösungen ist. Als Schutzmaßnahme mit eigener Geschichte haben Widerstände einen Sinn, oder waren zumindest einmal sinnvoll. Wir werten daher den Widerstand nicht als etwas störendes ab, sondern entnehmen ihm kostbare Hinweise auf die persönliche Entwicklungsgeschichte. In der therapeutischen Arbeit geht es darum, Widerstände immer wieder auf ihre Angemessenheit im gegenwärtigen Zeitpunkt unter den gegebenen Umständen zu überprüfen." (Vogt & Winizki 1995, S. 60)

Zielgruppe: Gewaltbereite Kinder und Jugendliche

Die Abbrecher aus den oben aufgelisteten Trainingsprogrammen sind die Zielgruppe des hier beschriebenen Psychodramatrainings. In der stationären Kinder- und Jugendhilfe, wo ich tätig bin, benötigen wir Interventionsprogramme, die den multiplen Störungen und Defiziten der aggressiven Klienten entgegenkommen und nicht bei den ersten großen Widerständen versagen.

Bruno und Stefan, die ich oben als Fallbeispiele angeführt habe, gehören zu einer Zielgruppe von wiederholt gewalttätigen Jugendlichen, im Alter zwischen neun und 16 Jahren (ich habe bisher nur selten mit Mädchen in meinen Trainingsgruppen gearbeitet). Diese Jugendlichen weisen eine Vielzahl von belastenden Eigenschaften auf, wie:

- Schwieriges Temperament; Impulsivität: von den Eltern wird oft berichtet, dass diese Kinder schon früh sehr aktiv und impulsiv waren
- Aufmerksamkeitsprobleme: es ist oft ein abnormes Ausmaß von Unaufmerksamkeit, Überaktivität und Unruhe zu beobachten
- Lernschwierigkeiten und Schulversagen wie Leistungsprobleme, Klassenwiederholungen, Rückzug aus Leistungssituationen, Schulverweigerung
- Problematisches familiäres Milieu: Ehekonflikte und Scheidung, Migration, Armut, Gewalt in der Familie/Nachbarschaft
- Bindungsproblematik: unsicherer, vermeidender Bindungsstil
- Ungenügende elterliche Erziehungskompetenzen und geringe Orientierung an Normen und Werten
- Zurückweisung durch Gleichaltrige: oft in der Außenseiterrolle, eine befriedigende Position wird durch Imponier- und Drohgehabe erkämpft
- Problematisches Selbstbild: ein geringer Selbstwert wird durch eine vorgehaltene Selbstsicherheit (Betonung körperlicher Stärke und Idealisierung abweichenden Verhaltens) versteckt
- Hoher Konsum von gewalthaltigen Medien: Übernahme von aggressiven Modellen und Meinung, dass aggressive Konfliktlösungen wirksam sind.

Diese gewaltbereiten Jugendlichen, sowie deren Familien, gehören zur Gruppe der Abbrecher bei obengenannten Trainingsprogrammen, oder sie werden auf Grund der Vorabklärung gar nicht aufgenommen. Diese meist kognitiv-verhaltenstherapeutisch orientierten Programme haben einen standardisierten und strukturierten Ablauf und wie der Dramatiker Friedrich Dürrenmatt treffend formuliert: *„Je planmäßiger die Menschen vorgehen, desto wirksamer vermag sie der Zufall zu treffen."* Und der Zufall besteht hier aus verschiedenartigsten Gruppenereignissen, die sich auf dem Hintergrund einer aggressiv-antisozialen Störung der Teilnehmer ergeben: Zufälle einer Gruppendynamik, die unstabil und kaum vorhersehbar ist. Mit hoher Wirksamkeit bestätigen diese Kinder und Jugendlichen die Befürchtungen der Erziehenden und Therapeuten und zeigen ein destruktiv-aggressives Verhalten bereits bei Trainingsbeginn oder spätestens nach einigen wenigen Sitzungen.

Im Psychodramatraining wird das destruktive Verhalten gegenüber Programm, Leitung und den anderen Gruppenteilnehmern nicht als vorrangig zu eliminierende Störung angesehen, sondern als unglücklicher Versuch, sich an der Herausforderung *Gruppe* aktiv und konstruktiv zu beteiligen. Zielgruppe dieser Programme sind Kinder und Jugendliche ab dem 10. Lebensjahr, die durch ein sich wiederholendes oder andauerndes Muster aggressiven Verhaltens auffallen und trotz adäquaten sozialpädagogischen und therapeutischen Maßnahmen keine wesentliche Verhaltensänderung erkennen lassen.

In Anlehnung an Alsaker (2004) können sie als ‚Täter-Opfer' bezeichnet werden. Täter-Opfer haben Gewalt erfahren, als Täter und als Opfer. Täter-Opfer sind anderen Jugendlichen gegenüber aggressiv, sie werden oder wurden früher selber auch geplagt. Sie suchen zwar den Kontakt zu anderen Jugendlichen, haben dabei aber eher wenig Erfolg und orientieren sich an Außenseitern. Auch gegenüber Erwachsenen neigen sie zu physischem und verbalem aggressiven Verhalten. Vielfach wurden sie mit aggressiven Modellen in der Familie konfrontiert und leiden selber auch unter aggressivem Verhalten von älteren Geschwistern, Eltern oder weiteren Personen im sozialen Umfeld.

Welche Ziele sind mit diesen Jugendlichen in einem verordneten Kurzzeit-Training überhaupt erreichbar? Bruno und Stefan werden auf Lerninseln geschickt, wo sie neue Antworten auf bestehende Herausforderungen ausprobieren können, ohne dabei für ihre Versuche und Fehler bestraft zu werden. Diese verordneten Trainings sind für den stationären Bereich konzipiert. Sie ersetzen nicht Erlebnisse und Erfahrungen, modellhaftes Lernen und Verhaltenstraining in Schule, Freizeit und Familie, sondern ergänzen diese Angebote. Idealerweise werden mit der Klasse von Stefan ergänzend die Fähigkeiten in den Bereichen Empathie, Impulskontrolle, Umgang mit Ärger/Wut (Programm *Faustlos*) und mit den Eltern erzieherisch Kompetenzen (Programm *Triple P*) trainiert. Vielfach wird dies aber nicht möglich sein und wir können nur die gewaltbereiten Jugendlichen in den Gruppentrainings erreichen. Dieses Selbstmanagement-Training kann den Jugendlichen ermöglichen, bestimmte prosoziale Fertigkeiten zu erweitern und anti-sozial-aggressive Verhaltensweisen zu verringern. In der untenstehenden Aufstellung werden einige angestrebte Trainingserfolge aufgelistet.

Tabelle 2: Angestrebte Trainingserfolge

	Verringern ↓	Erhöhen ↑
Selbstwirksamkeit	emotionale Reaktivität externe Schuldzuweisung	Bedürfnisse gewaltfrei einbringen können Selbstreflexion Sozialkontakte regulieren

Stressbewältigung	Impulsive Angriffreaktionen
	Gewaltanwendung
	Erhöhte Aufmerksamkeit für
	  negative Reize
		Frustrationstoleranz
		Wut gewaltfrei äußern
		Soziale Unterstützung
		  wahrnehmen
		Achtsamkeit für sich und
		  andere

Moralische Urteilsfähigkeit	Gewaltverherrlichung Autoritätshörigkeit	Schuldfähigkeit Bewertungs- und Begründungs- fähigkeit

Ein Trainingserfolg ist dann gegeben, wenn eine Entwicklung in die gewünschte Richtung erkennbar wird. Ich spreche hierbei von Training und nicht von Therapie. Damit will ich ausdrücken, dass dies nur ein Teil der Behandlung ist. So wie beispielsweise bei einer Hürdenläuferin das Training der Grundschnelligkeit und Sprungtechnik nicht ausreicht, um im Wettkampf erfolgreich zu sein. Hinzu kommen notwendigerweise Training von Kraft und Ausdauer, Reaktionsschnelligkeit, Koordination – und entscheidend sind schlussendlich auch die mentale Stärke, die emotionale Befindlichkeit, die Tagesform und die Leistungsmotivation. Ähnlich ist es mit dem hier vorgestellten Training: die Jugendlichen werden damit die hohe Hürde der Gewaltfreiheit nicht schaffen, sie erwerben aber günstige Voraussetzungen für eine gezielte Weiterentwicklung der Ressourcen.

Wem kann dieses Buch nützlich sein? Das Selbstmanagement- und Psychodramatraining richtet sich an alle Verhaltenstrainer, die mit gewalttätigen Kindern und Jugendlichen arbeiten und gewalttätige Jugendliche im Gruppensetting dabei unterstützen, friedliche Formen der Kommunikation und Konfliktbewältigung zu erlernen. Es wird eine vom Psychodrama ausgehende Trainingsmethode beschrieben, die in obligatorischen Anti-Gewalt-Settings in Beratungsstellen, Schulen, Heimen, Kliniken, eingesetzt werden kann. Es handelt sich hierbei nicht um ein durchstrukturiertes Trainingsmanual, sondern um Bausteine, die beliebig kombinierbar sind und den Bedürfnissen der Jugendlichen und der jeweiligen Institution angepasst werden können. Erfahrung oder Ausbildung in Psychodrama werden nicht vorausgesetzt. Ich bin Psychodramatiker und arbeite daher mit den Grundtechniken des Psychodramas. Der hier dargestellte Trainingsansatz kann aber auch mit Ausbildung und Erfahrung in einer anderen wirksamen Psychotherapiemethode entsprechend angepasst und durchgeführt werden.

In diesem Buch finden Sie konkrete Anleitungen, wie das im Gruppensetting auftretende antisoziale und meist versteckt-aggressive Verhalten von gewaltbereiten Jugendlichen ins Zentrum des Lernprozesses gerückt werden kann. Diese destruktiven Verhaltensmuster werden nicht als Störungen angesehen, die es auszuschalten gilt, sondern als emotionsorientierte Lernfelder. Bei diesem Lernen in Situationen werden Gefühlsprozesse erlebbar und bewusst gemacht, Ressourcen aktiviert und neues Verhalten ‚in vivo' geprobt.

Ziel des Selbstmanagement-Trainings für gewaltbereite Jugendliche ist gewissermaßen das Training an sich: Jugendliche, die in ihrer Persönlichkeitsentwicklung und Auffassungsgabe Schwierigkeiten haben, sollen erfahren, dass sie eigentlich lernen können und wollen. Wie Grawe (2004) betont, haben die tatsächlichen Erfahrungen, die in den Sitzungen im Hinblick auf das eigene Kontroll- und Selbstwertbedürfnis gemacht werden, einen starken Einfluss darauf, ob die Therapiesitzungen erfolgreich sind.

> „Ganz besonders wichtig für das Therapieergebnis scheint zu sein, dass der Patient das Gefühl hat, jetzt mehr Kontrolle über seine Probleme zu haben (Klärungs-, Bewältigungs- und Selbstwirksamkeitserfahrungen). Ein Therapeut hat mit dem, was er tut, sehr starken Einfluss darauf, ob der Patient in der Therapie bedürfnisbefriedigende Erfahrungen macht oder nicht. Es ist aber nicht nur wichtig, dass er überhaupt solche Erfahrungen macht, sondern dass er sie macht, während er mit dem Therapeuten an seinen Problemen arbeitet." (S. 390)

Dementsprechend liegt der Akzent des Selbstmanagement-Trainings nicht auf konfrontativ-pädagogischen Methoden, sondern auf spielerischen Methoden, die eine lustvolle und ressourcenorientierte Exploration des eigenen Problemverhaltens ermöglichen.

Gewaltfreie Kommunikation in der Gruppe

Das Setting der Gruppe liefert selbst den Aspekt der Vermittlung von sozialer Kompetenz. Gerade Jugendliche mit antisozial-aggressiven Störungen, die oft in ihrer Selbstwahrnehmung deutlich von der Fremdwahrnehmung abweichen, können vom der Gruppentraining profitieren:

- Sie erkennen, dass sie nicht alleine sind mit ihren sozialen Schwierigkeiten.
- Gleichzeitig werden Allmachtsfantasien und kritiklose Selbstgerechtigkeit auf den Boden der Gruppen-Realität gestellt.
- Sie erfahren die kreativen Möglichkeiten von interpersonalem Lernen.
- Sie erfahren, dass eine Gruppe auch ein Ort der Sicherheit und des Vertrauens sein kann.

Zudem tritt aggressiv-gewalttätiges Verhalten mehrheitlich in Gruppen auf. Sobald Interaktion entsteht, sei es im Gespräch, im psychodramatischen Spiel oder durch nonverbale Kommunikation, verändert sich die Wahrnehmung des Einzelnen, und somit verändert sich der Zugang zur eigenen Problemsicht. Jugendliche mit aggressiv-dissozialen Auffälligkeiten müssen in einer Gruppe behandelt werden, die dem natürlichen sozialen Umfeld irgendwie entspricht. Einzeltherapie kann als zusätzliches Instrument zur Behandlung von eigenen traumatischen Opfererfahrungen nötig sein.

Eine Gruppe von Jugendlichen mit hohem Aggressionspotential birgt aber die Gefahr in sich, zur Bühne für aggressive Selbstdarstellung zu werden. Bereits im Aufnahmegespräch muss darauf hingewiesen werden, dass sehr strenge Verhaltensregeln gelten – innerhalb dieser Regeln aber ein großer Spielraum besteht. Die Leitenden dürfen aber keine Unsicherheiten und Divergenzen zeigen und jederzeit mit Klarheit ihre Autorität demonstrieren, wenn die grundlegenden Regeln verletzt werden. Für Störungen werden sie kein Verständnis zeigen und sofort die entsprechende Sanktion sprechen (was in einem gewissen Sinne eine untherapeutische Haltung ist). Der Grund für dieses Auftreten liegt darin, dass die Jugendlichen ständig versuchen werden, die Leitenden herauszufordern und sich so in der Gruppen-Rangordnung hochzuarbeiten. Ein Zirkus den es bereits im Ansatz zu vermeiden gilt.

Das Aggressionspotential in der Gruppe bringt aber auch einen großen therapeutischen Vorteil: wenn der Wolf vor Angsthasen tanzt, kann er durchaus meinen, er sei der Größte und Schönste. Wenn der Wolf aber vor Wölfen auftritt, so erfolgt die Konfrontation mit dem Realitätsprinzip: durch das Peer-Gruppen-Feedback erfährt der Jugendliche,

• ob seine Wahrnehmung und Beurteilung der Situation korrekt ist („der andere hat angefangen")
• ob die Bewertung seiner Handlung stimmig ist („der hat die Schläge verdient")
• ob seine Kompetenzen zur Konfliktlösung hoch sind („das war das Beste was man in dieser Situation tun konnte")
• ob die Selbsteinschätzung adäquat ist („ich bin echt cool")
• ob sein Wertesystem geteilt wird („eins in die Fresse hat noch nie jemandem geschadet").

Die Leitung nimmt hierbei eine abstinente Haltung ein. Ansonsten würde die Gefahr bestehen, dass die Gruppe (um die Leitung herauszufordern) gewalttätiges Verhalten glorifiziert. Ein zentraler Grundwert der Trainer bleibt aber immer sichtbar: gewaltfreie Kommunikation. Dies wird nicht diskutiert, sondern durch die gewaltfreie Gruppenarbeit demonstriert. Die Leitenden befinden sich hierbei in einem Dilemma: es sind genau diejenigen, die eine Behandlung am nötigsten haben, die ein provokatives, stark störendes Gruppenverhalten zeigen. Und wenn ein gewalttätiger Jugendlicher erst einmal eine erfolgreiche Machtinteraktion in der Trainingsgruppe erlebt hat, bringt dies für ihn einen enormen Lustgewinn mit sich und verstärkt seine zerstörerischen Tendenzen.

Grenzziehung und Sanktionen

Grenzen und Sanktionen bei gewaltbereiten Jugendlichen

Bei drohender Gewalteskalation ist ein sofortiges Eingreifen der Leitung erforderlich, ohne dass die tieferen Ursachen dieses Störung überhaupt beachtet werden können.

„Grenzziehung ist einer der wichtigsten und schwierigsten Prozesse im sozialpädagogischen und psychologischen Handeln. Täglich geraten Praktiker/innen mit ihren aggressiven Probanden in Konflikt- und Grenzsituationen, die ein Gewährenlassen, eine Non-Intervention unverantwortlich erscheinen lassen. Hier ist schnelles Handeln angezeigt, die professionelle Bereitschaft und Fähigkeit zur leidenschaftlichen Streitkultur – auch gegen den Willen des Probanden. Nicht entschieden eingreifen, sich (pseudo)tolerant verhalten heißt oft, Opfer billigend in Kauf nehmen." (Weidner 2000, S. 62)

Die Kunst besteht nun darin, die notwendige körperliche Konfrontation mit dem angreifenden Jugendlichen so zu gestalten, dass es nicht zu einer Gewalteskalation kommt. Sowohl ich wie meine Co-Leiterin haben den Vorteil, dass wir körperlich eher schwach sind und keine ernstzunehmenden Kampfpartner für die Jugendlichen darstellen. Auch können wir nur selten mit der Unterstützung der anderen Gruppenmitglieder rechnen. Wir weichen der körperlichen Konfrontation dennoch nicht aus, wir müssen oft zum Schutz einzelner Gruppenmitglieder eingreifen und machen dies mit anschreien, dazwischenstehen, blockieren, wegstoßen. Diese Anwendung von körperlicher Gewalt ist angezeigt, wenn die Machtdemonstration eines Jugendlichen darin liegt, einen anderen Teilnehmer vor unseren Augen zu bedrohen oder zu schlagen. Wird unser Stopp-Signal vom betreffenden Jugendlichen nicht beachtet und es kommt zu provokativer Gewalt, werden folgende Sanktionen getroffen:

- Auszeit: Ich bitte den aggressiven Jugendlichen, eine Auszeit von zwei Minuten zu nehmen (entweder auf einem Stuhl neben mir oder draußen vor der Türe).

- Genügt dies nicht oder wird nicht eingehalten kommt es zum Ausschluss: In leichten Fällen für diese aktuelle Sitzung, in schwerwiegenderen Fällen ist vor der nächsten Sitzung eine Aussprache notwendig; auch wenn es sich um ein verordnetes Training handelt und die Jugendlichen immer lamentieren, sie wären lieber woanders, wird der Ausschluss als Sanktion empfunden. In jedem Fall werden die Erziehenden von dieser Maßnahme und deren Ursache informiert.

- Definitiver Ausschluss: Bei schwerwiegender Gewaltanwendung, auf die keine überzeugende Schuldeinsicht folgt, wird der betreffende jugendliche definitiv vom Training ausgeschlossen. Mögliche weitere Sanktionen sind Sache der Erziehungsberechtigten.
- Es kommen im Training ansonsten keine Formen von Bestrafung (oder vorenthaltener Belohnung) vor. Greifen diese Sanktionen nicht und es droht eine eskalativer Machtkonflikt mit Gewaltandrohung, hat sich der sofortige Sitzungsabbruch bewährt: wir erklären die aktuelle Sitzung als beendet, laden alle ein zurück auf die Wohngruppen zu gehen – außer den Hauptprovokateur. Wir bitten ihn noch einen Moment dazubleiben: wir bedauern unsere eigene ev. unglückliche Intervention, fragen nach ob er sich einigermaßen wohlfühlt, schlagen einen Termin vor für ein Nachgespräch und entlassen auch ihn. Im Nachgespräch werden wir entscheiden, ob es zu einem definitiven Ausschluss dieses Teilnehmers kommt.

Es ist erstaunlich, dass bei einem von der Schule oder dem Internat verordneten Training der Ausschluss als Sanktion empfunden wird. Eine mögliche Erklärung ist, dass die Jugendlichen gerne ins Training kommen. Sie genießen diesen relativen Freiraum des Denkens und spielerischen Konflikteführens. Die Anzahl der definitiven Ausschlüsse sowie Therapieabbrüche aus anderen Gründen liegt unter 10%. Es kommt auch immer wieder vor, das Jugendliche im Austrittsgespräch den Antrag stellen, am Training weiterhin freiwillig teilnehmen zu können.

Es erfordert gruppentherapeutische Professionalität, die Gruppe von Jugendlichen mit aggressiv-dissozialen Störungen zu einer aktiven Lerngruppe zu formen. Eine entsprechende gruppentherapeutische Weiterbildung/ Erfahrung der Therapeuten, sowie die Möglichkeit zur Supervision sind notwendige Voraussetzung, damit die Trainingsgruppe nicht zum Zirkus wird. Die Grundhaltung der Therapeuten lässt sich mit dem Begriff ‚Selbstorganisation' beschreiben, wie dies Omer & von Schlippe (2004, S. 26ff.) für die Elternberatung definiert haben:

Es geht nicht darum zu lehren, was richtig und was falsch ist, sondern mit den Jugendlichen gemeinsam nach Rahmenbedingungen zu suchen, die dazu beitragen, dass blockierte und negativ eskalierte Selbstorganisationsdynamiken wieder in konstruktive Bahnen kommen können. Wir haben kein strukturiertes Trainingsprogramm für Gewaltlosigkeit, sondern stellen einen Rahmen zur Verfügung, in dem gewaltfreie Beziehungen ausprobiert werden können. Dieser Rahmen beinhaltet eine Gruppenstruktur, in dem sich jeder Einzelne gut fühlen kann und die eigenen Ressourcen erkennen und aktivieren kann. Dieser gute Rahmen ist dann gegeben, wenn die Beschreibungen von Beziehungen und Konflikten nicht auf Kosten von einem oder mehreren Personen im System geht. Alle Beschreibungen, die die entstehenden Gruppenkonflikte auf die Bosheit, Dummheit, Inkompetenz oder Störung eines oder mehrerer Teilnehmer reduzieren, werden mit Autorität verworfen. Es werden vielmehr Beschreibungen gesucht, um die Mechanismen und Risiken von negativ eskalierenden Systemen verstehbar zu machen. Dieser Rahmen ermöglicht die Selbstorganisation von Beziehungen zwischen aggressiv-verhaltensauffälligen Jugendlichen, indem der Handlungsspielraum relativ offen bleibt. Ich werde im Kapitel Didaktik ausführlich auf die besonderen Bedingungen dieses Rahmens zurückkommen.

Grenzen und Sanktionen bei gewaltbereiten Kindern

In Kindergruppen verzichte ich auf schriftliche Regeln und Therapieverträge, da die Kinder damit überfordert wären. Vielmehr werden die Regeln und Zielsetzungen durch das Tun erfahren. Dabei ist ein körperlicher Einsatz der Therapeuten oft notwendig. Ich haben es in den Trainings mit Kindern zu tun, die ihre aggressiven Impulse noch sehr schlecht kontrollieren können und ein hohe Risikobereitschaft zeigen zu folgenden Verhalten:

- sich selbst verletzen, indem sie eine Scheibe einschlagen, gegen eine Wand schlagen, aus gefährlicher Höhe hinunterspringen, etc.
- anderen Kindern gewollt oder ungewollt schwere Verletzungen zufügen
- physisch-aggressives Verhalten gegenüber erwachsenen Autoritätspersonen
- Sachen beschädigen durch aufkratzen, herumwerfen, anzünden, etc.

Auf verbale Aufforderungen, diese Verhaltensweisen zu beenden, können sie bei hoher Erregung nicht regieren. Es ist äußerst wichtig, dass die Therapeuten eine konsequente-ablehnende Haltung gegenüber diesen Verhaltensweisen einnehmen und aus dieser Haltung auch Wirkungen folgen. Diesen Verhaltensweisen muss, nach einer ersten verbalen Mahnung, ein körperlicher Eingriff folgen, der sie beendet.

Beispiel: Thomas hat in der Eröffnungsrunde dem neben ihm sitzenden Stefan die Faust voll ins Gesicht geschlagen. Glücklicherweise konnte Stefan den Schlag ein wenig abwehren. Thomas wurde ermahnt und ich sitze jetzt neben ihm und trenne die Streithähne. Bei der nächsten Gelegenheit versucht Thomas erneut zu schlagen. Ich kann ihn packen und verlasse mit ihm den Gruppenraum. Das Training wird von der Co-Leiterin weitergeführt. Im Vorraum lasse ich Thomas wieder los, verschließe aber die Türen, weil ich befürchte, dass er davonlaufen wird. Wir bleiben im Vorraum bis Thomas bereit ist, folgende zwei Bedingungen zu erfüllen: eine mündliche Erklärung, in dieser Sitzung auf weitere Gewaltanwendungen zu verzichten und sich für die Tat bei Stefan zu entschuldigen.

Ein weiterer Grund, der ein sofortiges körperliches Eingreifen der Therapeuten notwendig macht, sind die traumatischen Gewalterfahrungen der Kinder. Aus der diagnostischen Abklärung ist bekannt, dass fast ausnahmslos alle Kinder, die aufgrund ihres aggressiven Verhaltens zu den Trainings zugewiesen werden, selber Opfer von Gewalt durch Gleichaltrige oder Erziehende sind. Diese Täter-Opfer haben gelernt, dass Gewalt zu kurzfristiger sozialer Anerkennung führt; durch die ungebremste Ausübung von antisozialen Verhaltensweisen sind sie mit der Zeit zunehmend abgestumpft und gewissermaßen gefühllos geworden. Sie haben gelernt, Gewalt zu akzeptieren, als Täter und Opfer. Es interessiert sie ganz einfach nicht, wie es dabei den anderen geht. Diese harten Umgangsformen, im Austeilen und Einstecken, verfestigen sich immer weiter und werden als normal angesehen (vgl. Alsaker 2003). Es ist wichtig, dass die Therapeuten weitere Erfahrungen dieser Kinder in der Rolle als Täter oder als Opfer verhindern. Dieses Prinzip des absoluten Opferschutzes muss im Extremfall mit autoritärer-erzieherischer Gewalt durchgesetzt werden, wie im obenstehenden Fallbeispiel dargestellt wurde.

2. Didaktische Grundprinzipien

Didaktik stammt aus dem Griechischen und heißt wörtlich Lehre. Gemeint ist damit aber nicht das *Was* (die Themen), das *Wie* (die Methoden) oder das *Wozu* (Ziele) wir lehren wollen. Gemeint ist vielmehr die Art der Verknüpfung zwischen den Themen, den Zielen und den lernpsychologischen Voraussetzungen der Zielgruppe (Fähigkeiten, Bedürfnisse, Motive).

In diesem Kapitel beschreibe ich dementsprechend *warum was wie wozu* gemacht wird: mit theoretischen Ausflügen in die Philosophie, in die Umwelten von Tieren und Menschen, in die Entwicklungs- und Lernpsychologie versuche ich darzustellen, nach welchen Prinzipien das Selbstmanagement-Training gestaltet wird.

Die drei Welten des Psychodramas

Fallbeispiel Fritz und Franz

Fritz steht vor Schulbeginn im Türrahmen, gemütlich-faul angelehnt. Franz will ins Schulzimmer rein, der Weg ist ihm aber von Fritz versperrt. Franz ist verunsichert, er hat Angst ins Klassenzimmer zu gehen, der Zugang ist ihm versperrt. Franz ist ein Täter-Opfer: er kennt diese Situationen aus beiden Perspektiven, er wird oft geplagt oder zeigt selber aggressives Verhalten. Er ist jetzt verunsichert und er wird mit den Mitteln, die er kennt, eine Lösung suchen: mit Gewalt. Ist er dafür verantwortlich, dass es zu einem gewalttätigen Konflikt kommt? Er kann doch nichts dafür, dass er Opfer ist und unter mangelndem Selbstwert leidet. Psychodiagnostisch gesprochen ist Franz ein Jugendlicher mit einer massiven Störung des Sozialverhaltens. Und bei Fritz ist es mit einigen Variationen dasselbe – nur ist er jetzt in der anderen Rolle: es sieht so aus, wie wenn er der Täter wäre. Aber auch er ist ein Täter –Opfer. Psychodiagnostisch gesprochen leidet Fritz unter einer reaktiven Bindungsstörung. Er hat im familiären Rahmen Gewalt und Trennung erlebt. Er kann eigentlich nichts dafür, dass er so ist.

Viele Psychologen würden sagen, der Fritz braucht zuerst eine intensive Einzelpsychotherapie erst dann kann die Gewaltproblematik behandelt werden. Ich bin hingegen der Meinung, dass die beiden jetzt und sofort das Thema Gewalt in der Schule bearbeiten müssen, sonst ergeben sich weitere Entwicklungsstörungen. Sie müssen lernen, im Hier-und-Jetzt Verantwortung für ihr Handeln zu übernehmen.

„Psychische Störungen entstehen aus dem, wie wir sind. Sie sind ein integraler Teil von uns selbst, auch wenn wir noch so sehr unter ihnen leiden. Sie gehören zu uns wie unser Lebenslauf. Ihre Grundlagen reichen zurück ganz an seinen Anfang. Sie waren schon von Anfang an ein Teil von uns. In dem Moment wo eine psychische Störung aktuell entsteht, ist dieser Teil gerade besonders aktiv. Wenn psychische Störungen Teil von einem selbst sind, muss man sich dann für sie verantwortlich fühlen? Natürlich nicht. Keiner ist dafür verantwortlich, was ihm in den ersten Lebensmonaten und Lebensjahren widerfahren ist. Er ist auch damals nicht verantwortlich gewesen. Die Grundlagen für psychische Störungen sind eine Frage von Glück und Unglück, das man im Leben hatte, so wie man mit dem Aussehen Glück oder Pech haben kann. Aber auch wenn man mit dem Aussehen Pech hatte, ist es dennoch gut, das eigene Aussehen als Teil von sich selbst zu akzeptieren und es in eigene Regie zu nehmen. Man kann durch sorgfältige Pflege und Kleidung immer noch das Beste daraus machen. Das gilt auch für Menschen mit psychischen Störungen. Es ist klug, sie als Teil von sich zu akzeptieren und in eigene Regie zu nehmen." (Grawe, S. 357)

Das Psychodrama ist eine szenisch-handlungsorientierte Arbeitsweise: der Klient wird zum Regisseur seiner Lebenswelt. Der Weg dazu führt über die Erkenntnis von sozialen Zusammenhängen, Werten und Bedürfnissen. Dabei bedient sich das Psychodrama eines philosophischen Tricks, den ich hier kurz beschreiben will.

Der Philosoph Karl R. Popper unterscheidet erkenntnistheoretisch drei Welten:

- Die physikalische Welt („ich sehe einen Schüler im Türrahmen stehen") bezeichnet er als *Welt 1*. Zur Welt 1 gehören alle materiellen Körper, die wir über unsere Sinne erfahren.
- Die Welt unserer bewussten Erlebnisse („ich bin verunsichert") ist die Welt 2. Alle psychischen Zustände wie Freude, Schmerz, Angst, Trauer gehören zu *Welt 2*.
- Ideen, Theorien, Hypothesen, Legenden, Mythen, Interpretationen usw. gehören zur *Welt 3*. Fritz, der im Türrahmen steht, hat vielleicht die Idee, „jetzt eine Ungerechtigkeit zu rächen, indem ich den Franz zu einer Schlägerei provoziere". Und auch Franz wird eine Theorie haben, warum ihm der Eintritt ins Schulzimmer verwehrt wird.

Die Hauptthese von Popper besteht darin, dass Gegenstände der Welt 3 wirklich sein können; so konnte die Theorie vom Fliegen dazu führen, dass Flugzeuge entwickelt wurden. Aber auch Theorien und Ideen, die nie in der Form materieller Körper erscheinen, können einen großen Einfluss haben: sie können Menschen dazu veranlassen, bestimmte Handlungen zu tun oder zu lassen. Gegenstände der Welt 3 sind abstrakt, aber nichtsdestoweniger wirklich; denn sie sind mächtige Werkzeuge zur Veränderung der Welt 1.

Unsere Ideen, Werte und Einstellungen bestimmen unser Verhalten, indem sie als motivationale Ziele handlungssteuernd wirken.

Die Welt 3 hat also einen ganz wesentlichen Einfluss auf die Entwicklung des Konfliktes zwischen Franz und Fritz. Aber wie können wir dieses Problem erfassen?

„Meiner Ansicht nach sollten wir das Erfassen oder Begreifen eines Gegenstandes der Welt 3 als einen aktiven Prozess verstehen. Wir müssen es als ein machen, als eine Nachschöpfung dieses Gegenstandes erklären. Um einen schwierigen lateinischen Satz zu verstehen, muss man ihn konstruieren: Man muss sehen, wie er gemacht ist, man muss ihn nachkonstruieren, nachvollziehen. Um ein Problem zu verstehen, muss man wenigstens einige der einleuchtenderen Lösungen ausprobieren und herausfinden, dass sie falsch sind; so wiederentdeckt man also, dass es da eine Schwierigkeit gibt – ein Problem. Um eine Theorie zu verstehen, muss man erst das Problem verstehen, zu dessen Lösung die Theorie entworfen wurde, und dann muss man sehen, ob das dieser Theorie besser gelingt als einer naheliegenderen Lösung. (...) Wir lernen also nicht durch unmittelbares Schauen oder durch Kontemplation, sondern durch praktisches Tun, durch aktive Teilnahme daran, wie man Gegenstände der Welt 3 macht, wie man sie versteht und wie man sie ‚schaut'. (Popper 1989, S. 70)

Wir werden also für Franz und Fritz Situationen kreieren, in denen sie selber Regie führen und verschiedene Lösungen zu ihrem Problem ausprobieren können. Die Grundtechniken des Psychodramas (Inszenierung, Interview, Spiegeln, Doppeln, Rollentausch, symbolische Darstellung, Aufstellung) ermöglichen den Teilnehmenden, ihre Welt 2 (psychische Zustände) und Welt 3 (Ideen, Theorien) materiell zu erschaffen. Die Befindlichkeit (wie Aggression, Angst), die Ideen, Theorien, Werte und Ziele der Teilnehmenden werden sichtbar, verhandelbar, veränderbar.

Mögliche Anwendung im Fallbeispiel von Fritz und Franz

- Inszenierung: Ich lasse die Konfliktsituation durch Franz szenisch darstellen. Danach stellt Fritz die Situation szenisch dar. Wir stellen fest, dass es Unterschiede („Fehler") in der Darstellung gibt. Was bedeuten diese Unterschiede?

- Interview: ich bitte einen der beiden aufzustehen und sage: „Stellen wir uns vor, da ist die Türe zum Schulzimmer und da steht ein Schüler und blockiert den weg. Was kommt dir da in den Sinn? Hast du irgendwelche Fantasien, was der will?" usw.

- Spiegeln: Ich lasse den im Türrahmen stehenden Fritz durch eine andere Person spielen. Fritz schaut zu und kommentiert vielleicht sein Spiegelbild.

- Doppeln: Franz bleibt 3 Meter vor der Türe stehen und sagt nichts, er sieht einigermaßen locker aus (als ob nichts wäre ...). Ich stelle mich hinter ihn, gleichsam als Doppelgänger, und spreche eine Hypothese aus („ich glaube, der will mich ...“).

- Rollentausch: die beiden Konfliktparteien tauschen ihre Rollen, um nachzuspüren, wie es sich in der anderen Rolle fühlt und wie die gegenseitige Wirkung ist.

- Symbolische Darstellung: Franz hat von Ungerechtigkeit gesprochen. Ich bitte Franz einen Gegenstand auszuwählen und neben sich zu legen, der *Ungerechtigkeit* symbolisiert.

- Aufstellung: mit Holzfiguren und Klötzen stelle ich die Szene nach. Damit können wie auf einem Schachbrett die Handlungsvarianten exploriert werden.

Ziel des Psychodramatrainings ist nicht das Lehren von Lösungen zum Problem Gewalt, sondern vielmehr das gewaltfreie Suchen nach gewaltfreien Lösungen. Der Wirkfaktor ist der Suchprozess, also das Ausprobieren von einleuchtenden Lösungen und das erkennen, das diese auch falsch sein können. Die oben dargestellten Anwendungsbeispiele führen nur selten zur wahren Lösung, sie stellen aber Verbindungen dar zwischen den drei Welten einer Person im Konflikt. Durch die obengenannten Psychodramatechniken wird ein Mehrwert an Realität geschaffen: Gegenstände der Welt 2 (Befindlichkeit) und 3 (Theorien, Einstellungen) können sichtbar und erfahrbar dargestellt werden. Dadurch wird das Problemverhalten aktualisiert, die Selbstwahrnehmung gefördert und mögliche Ressourcen werden aktiviert. Regie in diesen Stücken führt jeweils der betreffende Jugendliche selbst. Der Theaterdirektor (bzw. die Trainerin) hingegen ist zuständig für die Infrastruktur, Organisation, Spielplan und eventuelle Absetzung eines Stückes oder eines Regisseurs. In die künstlerische Gestaltung des Dramas greift die Direktorin hingegen nur ein, indem sie Rückmeldungen gibt: wenn immer möglich positive Rückmeldungen, um die jungen Regisseure in ihren Versuchen zu ermutigen, die Welten 2 und 3 szenisch darzustellen.

In Tabelle 3 habe ich versucht darzustellen, welche Erkenntnisprozesse Fritz und seine Kollegen im Training durchlaufen. Im zeitlichen Ablauf könnte dies folgendermaßen aussehen.

- Zu Beginn verhält sich Fritz hinterhältig-aggressiv, ohne aber die Grenzen zu überschreiten. Er zeigt in Wort und Bild, dass es ihm hier langweilig ist und er den Sinn seiner Teilnahme nicht sieht. Der Wirkfaktor ist hier die Problemaktualisierung seines aggressiven Verhaltens in seiner subjektiv wahrgenommenen Welt 1 („eine blöde-scheiß-Zwangsgruppe“). Wir versuchen ihm aufzuzeigen, dass er selber Teil des Gruppenprozesses ist und mitverantwortlich ist für die Qualität des Trainings (Selbstwirksamkeitserfahrung).

- Der nächste Schritt führt in die Welt 2: Befindlichkeit und Bedürfnisse anmelden und umsetzen (Stressbewältigung). Es soll geklärt werden, was Fritz belastet und was nicht und vor allem: was sein Wohlbefinden verbessern könnte – gewaltfrei und lösungsorientiert.
- In der Welt 3 schließlich wird seine soziale Rolle aktiviert, mit der Zielsetzung, dass er in der Trainingsgruppe Rollen einnehmen kann, die ihm gefallen und seinen Ressourcen entsprechen.

Tabelle 3: Die drei Welten und ihre Wirkfaktoren im Selbstmanagement-Training

Erkenntnistheoretische Ebene	Trainingsziele	Wirkfaktor
Welt 1 subjektiv wahrgenommene „Realität" im Hier-und-Jetzt der Gruppe und Simulation von Realität durch Psychodramatechniken	Selbstwirksamkeit • Adäquates Rollenhandeln im Hier-und-Jetzt der Gruppe • Entdeckendes Rollenhandeln im Spiel durch ausprobieren • soziale Erfolge in der Gruppe erleben	Problemaktualisierung Im Hier-und-Jetzt der Gruppe soziale Erfahrungen machen wie: • Rivalität, Neid, Eifersucht • Blockaden, Hemmungen, Ängste • Fehler machen dürfen • soziale Unterstützung und Wohlwollen • Ressourcen erkennen
Welt 2 psychische Zustände wie Freude, Liebe, Erregung, Angst, Trauer, Ich-Bewusstsein	Stressbewältigung • Eigene und fremde Befindlichkeit unterscheiden • Klare Unterscheidung Ich/Du, eigene/fremde Anteile • Eigene Befindlichkeit zeigen • Bedürfnisse adäquat anmelden	Klärungsperspektive • Sich in der Gruppe wohl fühlen • Bewusstwerden eigener Wahrnehmungs- und Verhaltensmuster • Achtsamkeit sich selbst und anderen gegenüber • Prioritäten setzen bei Bedürfnissen und Zielen
Welt 3 Erzeugnisse des menschlichen Geistes wie Erinnerung, Bewertung, Theorie, Idee, Geschichte, Legende, Interpretation, Erfindung	Moralische Urteilsfähigkeit • Sozialkompetenzen • Phantasie von sozialer Realität unterscheiden (Allmachtsphantasien) • Gerechtigkeitssinn • Schuldfähigkeit	Ressourcenaktivierung • Austausch von Erfahrungen und Strategien als nützlich erleben • Rollentraining: Kongruenz von Handlungsziel und Handlungsplan • Wertediskussion: Werte der anderen respektieren • Persönliche Zielsetzungen erkennen und kommunizieren

Diese Grundstruktur des Wanderns von einer Erkenntniswelt in die andere wird im Verlaufe des Trainings unzählige Male durchgeführt. Nehmen wir an, dass Fritz eine Gewaltszene aus seinem Schulalltag thematisiert („ich stand im Türrahmen, als ..."). Diese Szene, so wie sie Fritz erinnert, gehört zu Welt 3: es ist seine Konstruktion der Realität. Ich lasse ihn diese Erinnerung szenisch darstellen. Dadurch wird das Problem in der Simulation des Rollenspieles aktualisiert und physikalisch konstruiert (Welt 1). Es muss betont werden, dass es eine Realität der Simulation ist: wenn wir also nun einen Rollentausch machen und Fritz die Rolle von Franz übernimmt, so kann er in die Klärungsperspektive gehen (Welt 2) und sich selber mit den Augen des anderen betrachten und bewerten. Es ist und bleibt aber seine eigene Welt der psychischen Zustände. Und er kann im Spiel Fantasien über Theorien, Werte und Grundhaltungen (Welt 3) seines Konfliktpartners entwickeln und ausprobieren. Ziel dieses Vorgehens ist es, das eigene aggressive „glorifizierte Selbstbild" zu überprüfen.

„Im Grunde geht es darum, dass sowohl Partei A wie Partei B mit eigenen inneren Problemen konfrontiert wird. Partei A (und parallel auch Partei B) muss bestimmte eigene Schwächen erkennen, die sie jedoch nicht akzeptieren will; darum schiebt sie der Gegenpartei diese in die Schuhe. Sie lässt sich gelegentlich zu destruktivem Verhalten hinreißen und bedauert sie kurz darauf, weil sie auf den gegebenen Anlass übermäßig reagiert hat. Sie benutzt aber das ‚aggressive' Verhalten der Gegenpartei als Entschuldigungs- oder Erklärungsgrund für das eigene unkontrollierte Verhalten. Die entstehenden Gewissensskrupel erhöhen wieder die innere Spannung und tragen weiter zum Abladen der Schuld auf die Gegenseite bei. Wir haben hier mit dem psychischen ‚Abwehrmechanismus' der Projektion zu tun, der für das Verständnis der Konfliktdynamik und ihrer wirksamen Behandlung von großer Bedeutung ist. (...) Die Mechanismen, die zur Projektion führen, sind nun auf paradoxe Weise mit solchen der Selbstfrustrierung verknüpft. Dabei geben die Projektionsvorgänge Anlass zu Selbstvorwürfen, Schuldgefühlen und Enttäuschungen und diese verstärken aufs neue die Projektionsvorgänge. So bildet sich ein psycho-sozialer Teufelskreis, der die Eskalation in Gang setzt und in Bewegung hält. Zur Gereiztheit, zum Ärger und zur Ambivalenz treten Schuldgefühle und Selbstvorwürfe der Partei A. Durch ungeschicktes, nicht völlig beherrschtes Verhalten der Partei B kann der Reiz zunehmen, bis sich Partei A ihren Unmut anmerken lässt. Schließlich kann es zum ‚Dammbruch' kommen und Partei A lässt den gestauten Affekten für kurze Zeit freien Lauf. Die paradoxe Verkettung beider Mechanismen –Projektion und Selbstfrustration –kann nur durchbrochen werden, wenn wenigstens eine Partei den Projektionsvorgang in sich erkennen kann. Wenigstens eine Partei müsste das Problem der gegenseitigen Beziehungen akzeptieren wollen: Nämlich als Herausforderung, um an der eigenen Entwicklung mittels einer eindringlichen Konfrontation mit sich selbst – gespiegelt durch die Gegenpartei – zu arbeiten." (Glasl 2002, S. 194)

Diese Konfrontation mit sich selbst ist nur möglich, wenn eine Konfliktpartei bereit ist, die eigene Befindlichkeit zu thematisieren (Welt 2). Dies wird schrittweise geübt. In einem ersten Schritt werden die Teilnehmenden ermutigt, ihre aktuelle Befindlichkeit zu äußern: sie dürfen auch negative Gefühle bezüglich Gruppenteilnahme äußern und werden mit positiven Rückmeldungen verstärkt („... das finde ich gut, dass du das so direkt sagen kannst, ohne zu beschimpfen"). In einem zweiten Schritt wird das Erleben eigener Gefühle auch im szenischen Spiel geübt, beispielsweise durch die Technik des Doppelns: der Leiter stellt sich zu Fritz in den fiktiven Türrahmen und spricht: „... eigentlich ist es mir hier nicht ganz wohl, ich möchte gerne ...". Die Welt 2 (psychische Befindlichkeit) spielt eine Vermittlerrolle zwischen den Welten 1 (das sichtbare Verhalten) und 3 (Theorien und Bewertungen). Aggressiv-dissoziale Jugendliche, bei denen besonders viele Lebensbereiche durch aggressives Verhalten beeinträchtigt sind, haben in der Regel große Schwierigkeiten in der Selbstwahrnehmung und im Umgang mit eigenen Gefühlen. Sie erleben sich nicht als behandlungsbedürftig, sondern projizieren die Störung auf ihre Umwelt („mir geht es gut, ich habe kein Problem – haben Sie eines?"). Daher müssen die Jugendlichen zunächst positive Erfahrungen in der Gruppe machen können, bevor an den eigentlichen Trainingszielen gearbeitet werden kann.

Behandlungsvoraussetzungen

Bei unserer Zielgruppe – verhaltensauffällige gewaltbereite Jugendliche mit bedeutenden Lebensbelastungen – kann auf den Ebenen der Problemaktualisierung und Problemklärung in einem ersten Schritt nur ressourcenorientiert gearbeitet werden. Diese Jugendlichen sind (noch) nicht gruppenfähig. Die Problemaktualisierung geschieht daher ganz von selbst: allein durch ihre Anwesenheit in der Gruppe werden sich Probleme ergeben. Im Hier-und-Jetzt der Gruppe entsteht bereits die oben beschriebene Konfliktdynamik.

Die Strategie des Psychodramatrainings besteht darin, von den eigentlichen Symptomen (antisozial-aggressive Handlungen) Distanz zu nehmen, um eine Exploration der dahinterliegenden Theorien, Ideen, Werthaltungen und Ziele zu ermöglichen. Bevor wir uns weiter mit diesbezüglichen didaktischen Grundprinzipien befassen, müssen wir klären, wer unsere Klienten sind und welche Behandlungsvoraussetzungen sie mitbringen.

Zielgruppe der in diesem Buch beschriebenen Trainings sind Kinder und Jugendliche von neun bis 16 Jahren, die bezüglich Aggressivität als besonders verhaltensoriginell auffallen und in stark strukturierten Trainingsprogrammen zu den Abbrechern gehören. Standardisierte Trainingsprogramme leiden darunter, dass eine bedeutende Lernmotivation vorhanden sein muss. Erfolge lassen sich mit solchen Lehrprogrammen nur bei aggressiven Kindern und Jugendlichen erzielen, die eine große Bereitschaft zur Verhaltensänderung zeigen. Liegen jedoch zusätzliche psychische Störungen, massive Leistungsdefizite in der Schule und große familiäre Belastungen vor, dann sind die Erfolgsaussichten erheblich reduziert (vgl. Petermann 2001, S.31). Die Behandlungen von aggressiven und dissozialen Jugendlichen mit standardisierten Trainingsprogrammen weisen eine sehr hohe Abbrecherrate auf (40 bis 60%) und es sind meist jene Teilnehmenden die abbrechen, die erhöhte Risikofaktoren aufweisen. Unsere Zielgruppe sind verhaltensauffällige Kinder und Jugendliche, die nebst dem aggressiven Verhalten durch Schulversagen, komplexe Erziehungsbedingungen und Entwicklungsstörungen belastet sind.

Das Selbstmanagement-Training für gewalttätige Jugendliche wurde im Kinderheim Bachtelen mit Kindern und Jugendlichen ab dem 10. Lebensjahr eingesetzt. Bei kognitiv gut entwickelten Kindern/Jugendlichen, die nicht durch abnorme Erziehungsbedingungen und Lernschwierigkeiten beeinträchtigt sind, können Teile dieses Trainings wohl auch mit jüngeren Kindern eingesetzt werden.

Der oben beschriebene Welt 3-Ansatz setzt die Fähigkeit voraus, ein Ereignis von unterschiedlichen Standpunkten aus betrachten zu können. In Anlehnung an Selman (1982) können vier Stufen der sozialen Perspektiven-Übernahme unterschieden werden (siehe Tabelle 4).

Tabelle 4: Die 4 Stufen der sozialen Perspektiven-Übernahme

Stufe 1: selbstreflexive Rollenübernahme (ab ca. 6 Jahren)	Das Kind kann sich gedanklich oder im Spiel in die Rolle eines anderen versetzen. Jedoch kann sich das Kind auf jeweils nur eine Perspektive konzentrieren und nicht verschiedene Gesichtspunkte koordinieren. Die Rollenübernahme bleibt aber durch die eigene Perspektive geprägt: es ist mehr eine Rollenübernahme als ein sich Einfühlen in eine andere Rolle.
Stufe 2: selbstreflexive Perspektivenübernahme (ab ca. 8 Jahren)	Das Kind ist bewusst, dass jedes Individuum der Perspektive des anderen bewusst ist und dass dies die gegenseitige Beurteilung beeinflusst. Es kann eine koordinierte Kette von Perspektiven bilden, aber daraus noch nicht auf psychosoziale Zusammenhänge abstrahieren. Das Kind hat aber jetzt Vorstellungen über gemeinsame Gefühle, Ideen, Ziele und kann Innenwelten miteinander vergleichen.
Stufe 3: Wechselseitige Perspektivenübernahme (ab ca. 10 Jahren)	Das Kind kann aus der Zwei-Personen-Interaktion heraustreten und diese aus der Perspektive einer dritten Person betrachten. Dies eröffnet neue Sichtweisen auf die eigene Position und das eigene Verhalten in unterschiedlichen sozialen Netzwerken. Dies ermöglicht ein Verständnis für ethisch begründete Handlungsweisen.
Stufe 4: Einsicht in bio-psycho-soziale Zusammenhänge (ab ca. 12 Jahren)	Der Jugendliche erkennt, dass wechselseitige Perspektivenübernahme nicht immer zu völligem verstehen führt. Er entwickelt die Fähigkeit, durch Abstraktion und Hypothesenbildung äußere Lebenssituationen, inneres seelisches Erleben, eigenes und fremdes Verhalten in einen bio-psycho-sozialen Zusammenhang zu stellen

Dem siebenjährigen Kind ist demnach bewusst, dass jeder Mensch eine eigene Sichtweise hat. Eine Möglichkeit, die Absichten und Handlungen eines anderen zu beurteilen besteht darin, sich gedanklich in diese andere Person hineinzuversetzen.

Diese Fähigkeit zur Perspektivenübernahme ist aber bei Kindern mit ausgeprägten Störungen des Sozialverhaltens nur schwach entwickelt und soll durch das Training weiter gefördert werden.

Etwa ab dem 12. Lebensjahr ist ein Jugendlicher in der Lage, durch Abstraktion und Hypothesenbildung äußere Lebenssituationen, inneres seelisches Erleben und eigenes Verhalten in einen bio-psycho-sozialen Zusammenhang zu stellen (vgl. Arbeitskreis OPD-KJ 2003). Diese Fähigkeit zu unterscheiden, welche Ereignisse mit dem eigenen Handeln in Zusammenhang stehen und welche unkontrollierbar sind, ist äußerst wichtig für eine gesunde psychische Entwicklung und für das Wohlbefinden. Kinder nehmen oft Zusammenhänge wahr, die gar nicht bestehen; sie sehen sich selber oft als Mitverursacher eines Ereignisses, an dem eigentlich andere Akteure beteiligt sind. Daraus ergibt sich ein unkorrektes Bild der eigenen Wirksamkeit, welches zu inneren und äußeren Konflikten führen kann. Etwa ab dem 12. Lebensjahr sind Jugendliche in der Lage, ihre diesbezüglichen Hypothesen mit anderen Personen zu überprüfen und eventuell zu korrigieren. Diese selbstreflexive Fähigkeit ist bei jüngeren Kindern in Spielsituationen durchaus vorhanden: im Spiel können sie verschiedene Varianten imaginieren, diese bleiben aber alle gültig und können widersprüchlich sein. Die vorgeschlagenen Trainingsmethoden müssen dementsprechend der kognitiven Entwicklung der Kinder angepasst werden.

Ich will dies am Beispiel der Übung *Familienwappen* darstellen (vgl. S. 114):

- Mit den Jugendlichen ab 12 Jahren im Selbstmanagement-Training mit Jugendlichen (*vgl. Protokoll der Sitzung 5*) wird diese Übung mit folgender Anleitung durchgeführt: „Wohlhabende Familien, und der Adel, hatten früher ihr eigenes Familienwappen. Wappen sind farbige Abzeichen, die beispielsweise von den Rittern auf dem Schild getragen wurden oder auf Fahnen gedruckt wurden. Darin kommt zum Ausdruck, welche Werte dieser Familie von größter Bedeutung sind. Ein Familienwappen ist etwas verbindendes, der Ausdruck einer gemeinsamen Grundhaltung. Stellt euch nun vor, eure Familie hat ein Wappen – wie würde das aussehen? Vielleicht hat sogar deine Familie ein Wappen – wie sieht es aus? Stellt euch vor dieses Wappen hängt an der Wand – eines hier, das andere da, usw. – wie sieht es aus? Ich lasse euch zwei Minuten Zeit zum überlegen, dann wollen wir uns die Wappen anschauen."

- Mit Kindern wird ein mehr spielerisches Vorgehen gewählt: „Stellt euch vor, ihr seid Ritter – Ritter aus verschiedenen Königreichen – ihr müsst aber gemeinsam gegen einen bösen starken Feind/Drachen/Ungeheuer oder ähnlich kämpfen. Jeder hat ein Schild, auf diesem ist ein schönes

Familienwappen – ein Abzeichen für das, wofür ihr kämpft." Das psychodramatische Gruppenspiel wird angeleitet (siehe S. 102), und im Verlaufe des Spieles kann auf das Wappenzeichen thematisiert werden: „Du bist aber ein mutiger Kämpfer und trägst ein schönes Schild. Was für ein Wappen ist denn das? Was bedeutet das? Für was kämpft du?"

Eine weitere wichtige Voraussetzung für die Behandlung ist das subjektive Erleben des eigenen auffällig-gewalttätigen Verhaltens. Für die Fähigkeit und die Motivation zur Veränderung ist es von entscheidender Bedeutung, ob die Jugendlichen die Verhaltensschwierigkeiten wahrnehmen oder verleugnen und ob sie in der Lage sind, die vorhandenen Ressourcen und Hilfestellungen wahrzunehmen.

Die operationalisierte psychodynamische Diagnostik (Arbeitskreis OPD-KJ 2003) unterscheidet mehrere Dimensionen der Behandlungsvoraussetzungen, die ich bezogen auf unsere Zielgruppe kurz beschreibe:

Subjektiver Schweregrad der Beeinträchtigung:

- irrationale Erklärungskonzepte, Generalisierung einzelner Prinzipien
- Schwierigkeiten, die Absichten anderer zu verstehen
- Fokussierung auf und festhalten an bestimmten Verhaltensmerkmalen
- Fremdattribuierung der Ereignisse („er hat angefangen")
- wenig Kenntnisse der eigenen psychischen Störung
- subjektiver Leidensdruck ist spürbar (Sonderposition, Ausgrenzung, Einsamkeit)
- Wunsch nach Veränderung ist deutlich erkennbar, weil die Sanktionen unangenehm sind
- die Veränderung wird aber in erster Linie von den anderen erwartet
- wenig bis keine Vorstellung darüber, welche Maßnahmen hilfreich sein könnten

Soziale Ressourcen:

- die Gleichaltrigen-Gruppe wird als sehr wichtig eingestuft
- hohes Selbstbewusstsein bezüglich der eigenen Rolle in der Gruppe
- wenig Kenntnis über hilfreiche außerfamiliale Institutionen oder Personen
- die Bindung zwischen dem Jugendlichen und den Eltern ist brüchig oder ambivalent und kann in Krisensituationen nur selten hilfreich aktiviert werden

Arbeitsbündnisfähigkeit:

- Die Jugendlichen haben selber keine Antwort auf die Frage „Warum bin ich wiederholt gewalttätig?" – sie können aber diesbezügliche Ideen der Leitenden aufnehmen
- Gesprächs- und Spielangebote werden angenommen, wenn eine Wahlmöglichkeit besteht und die Tätigkeit einen entdeckenden Charakter hat

---

- Die Jugendlichen gehen zögerlich auf Verstehensbemühungen der Leitenden ein und zeigen deutlich ihre Ambivalenz, indem sie an anderer Stelle Vermeidung und Verleugnung zeigen
- es sind mehrere soziale Vorteile oder Aspekte eines emotionalen Gewinns durch die aggressiv-dissoziale Störung erkennbar – die Störung hat dazu geführt, dass ihnen eine Sonderrolle in Schule, Familie oder Freizeit zufällt
- die Jugendlichen verhalten sich zuverlässig im Rahmen des vereinbarten Settings – Regelübertretungen können thematisiert und korrigiert werden.

Aus diesen Behandlungsvoraussetzungen ergibt sich ein sehr schwieriger Arbeitsauftrag an die Leitenden: „Hilf mir ohne dass ich merke, dass du mir hilfst." Dieser Auftrag gründet auf einem äußerst unsicheren Selbstgefühl. Wie Storch & Riedener (S. 46f.) ausführen, können Jugendliche einer unrealistischen „Self-Glorification" unterliegen, die aber durchaus auch kurzfristige soziale Vorteile bringt. Diese glorreiche Selbstsicherheit ist äußerst instabil und muss ständig verteidigt werden, weshalb diese Jugendlichen außerordentlich oft in gewalttätige Interaktionen verwickelt sind. Es ist durchaus nachvollziehbar, dass ein Jugendlicher unter einem unsicheren hohen Selbstwertgefühl einerseits leiden und andererseits profitieren kann. Dieses „Kartenhaus" sollte nicht einstürzen, sonder umgebaut werden. Es ist für die psychische Stabilität wichtig, in welcher Reihenfolge Informationen zur eigenen Person eingeholt und verarbeitet werden.

„Um ein stabiles Gefühl von Selbstsicherheit zu bekommen, muss das Nachdenken über die eigenen Maßstäbe – die Verarbeitung in der Innenwelt – der Evaluation in der Außenwelt vorangehen, nicht umgekehrt." (Storch & Riedener, S. 52)

Das bedeutet, dass wir im Training nicht lehren, sondern zusammen mit den Teilnehmenden lernen: in einem ersten Schritt muss die Innenwelt (die individuellen Denkmuster, Normen, Werte, Ziele, sowie die eigenen Gefühle) ins Bewusstsein auftauchen und erkennbar/veränderbar werden. Um ihre unstabile Selbstsicherheit zu schützen, unternehmen die Jugendlichen unserer Zielgruppe aggressiv-destruktive Aktionen oder sie passen sich an und beteiligen sich emotionslos am Training. Um solchen Leerlauf zu vermeiden, müssen die Bedürfnisse und die unausgesprochenen Motive erst erkennbar gemacht werden, damit eine Handlungsplanung und ein Verhaltenstraining realisiert werden können. Dieser Prozess kann nicht klar strukturiert werden – vielmehr müssen die Jugendlichen den Freiraum haben, wieder auf Distanz zum Problem und zur Gruppenaktivität zu gehen und die Erfahrungen für sich in der Innenwelt zu bearbeiten.

Storch und Riedener haben ihr Selbstmanagement-Training für Jugendliche nach einem 5-Phasen-Modell ausgerichtet: sie unterscheiden zwischen Bedürfnis, Motiv, Intention, präaktionaler Vorbereitungsphase und Handlung.

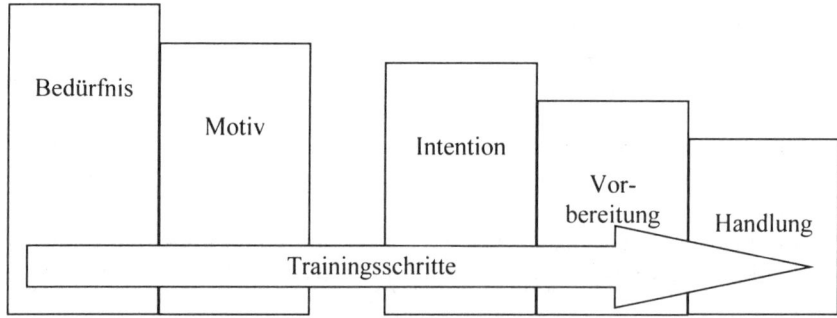

Abbildung 1: Trainingsprozess in 5 Schritten (nach Storch & Riedener 2005)

Im obenstehenden Modell ist bildhaft dargestellt, dass die Handlung das Ergebnis eines vorhandenen Bedürfnisses ist: *„Ich will etwas"* – und dieses Wollen ist uns oft gar nicht bewusst. Der Weg vom Bedürfnis zur Handlung ist eher leicht, es geht abwärts, vielfach fast wie von selbst. Aber gut aufpassen: zwischen Motiv und Intention ist ein Graben, nur nicht hineinfallen, sonst bleibt es bei einer allgemeinen Unzufriedenheit, da das Motiv nicht umgesetzt werden kann. Schwieriger ist hingegen, von einer Handlung zurückzufinden, zu den dahinterliegenden Bedürfnissen und Motiven: beispielsweise gewalttätige Handlungsmuster erklären und verändern wollen, indem auf die zugrunde liegenden Absichten und Motive zurückgegriffen wird.

Wir wollen diesen Weg bis zu den Bedürfnissen hier modellhaft gehen: Jedes neue zielgerichtete Handeln setzt eine präaktionale Vorbereitung voraus, da für das neue Handlungsmuster, das mit der neu entwickelten Intention korrespondiert, noch keine genügend elaborierten und neuronal gebahnten Automatismen vorliegen. Um zu gewährleisten, dass die neu entwickelte Intention auch in kritischen Situationen in Handlung umgesetzt werden kann, muss dies eingehend geübt werden. Bei gewalttätigen Jugendlichen ist es von Vorteil, mit Hilfe bewusster Überlegung genaue Ausführungsintentionen zu bilden. Beispielsweise mit klaren Vorsätzen: „Wenn die Situation eintritt, dass der Lehrer mich auffordert, das Schulzimmer zu verlassen, werde ich ruhig aufstehen ...". Solche klare Handlungsabsichten können als „innere Slogans" formuliert werden und unterstützen die Handlungsrealisierung.

Einen Schritt vor der präaktionalen Vorbereitung steht die Handlungsabsicht (Intention). Viele Trainings von Sozialkompetenzen setzen in diesem Bereich an:

- aus einer Palette von allgemein formulierten Zielen werden präzise Ziele definiert, die durch eigenes Handeln realisiert werden können;
- die Wünschbarkeit und Realisierbarkeit eines Handlungszieles wird geprüft und es wird nach Wegen, möglichen Hürden und Ressourcen gesucht;

- eine Umsetzungsplanung wird definiert, indem Prioritäten gesetzt werden.

In der Arbeit mit wiederholt gewalttätigen Jugendlichen besteht die Gefahr, den Jugendlichen gewaltfreie Handlungsziele vorzuschlagen. Dies kann zu einem Badewannen-Lerneffekt führen: im Training (Badewanne) sind die Badenden warm und übernehmen die Vorschläge und Empfehlungen der Leitung. Nach dem Bade hingegen kommt es zur Abkühlung und der Lerneffekt verdampft. Ein Training, welches bei der Intention ansetzt geht das Risiko ein, ein fremdbestimmtes Bad zu bleiben, mit wenig nachhaltiger Wirkung.

Unser Selbstmanagement-Training setzt daher noch weiter oben an: bei den Motiven und Bedürfnissen. Die meisten Methoden, die im Kapitel 4 beschrieben werden, haben das Ziel, unbewusste oder nicht kommunizierte Bedürfnisse erkennbar zu machen und als Motive in Worte zu fassen.

„Bedürfnisse sind die unbewusst vorhandenen Antriebe und Wünsche, während von einem Motiv dann gesprochen wird, wenn der Motivbesitzer das vorher unbewusste Bedürfnis bereits bewusst zur Kenntnis genommen hat und dasselbe sich selbst und seiner Umwelt kommunizieren kann. (...) Aus motivations- und persönlichkeitspsychologischer Sicht besteht weitgehend Einigkeit darüber, dass die Synchronisierung von bewussten und unbewussten Tendenzen ein wesentlicher Faktor sowohl von psychischer Gesundheit als auch von erfolgreichem Handeln darstellt." (Storch & Riedener 2005, S. 81)

Im Rahmen des Selbstmanagement-Trainings mit gewaltbereiten Jugendlichen wird das erfassen und kommunizieren eigener Bedürfnisse und Motive mit dem Welt 3-Ansatz realisiert: indem wir versuchen Theorien, Ideen, Wünsche und Fantasien in eine sichtbare Form zu bringen. Dieser Weg ist schwierig und erfordert von den Trainern viel Geduld und Frustrationstoleranz: wir erleben selten warme Bäder mit gut strukturierten Lernprozessen aus dem Manual – vielmehr kalte Duschen mit Verweigerung, schwieriger Gruppendynamik und Lernblockaden. Für unsere Zielgruppe ist es eine große Herausforderung, eigene Bedürfnisse zu realisieren und kommunizieren. Mit den standardisierten kognitiv-verhaltenstherapeutischen Programmen kann dieser Lernprozess nicht realisiert werden.

Ergänzend setzt das ressourcenorientierte Psychodrama in der Innenwelt an, bei den Bedürfnissen und Motiven. Ich gehe davon aus, dass gewaltbereite Kinder und Jugendliche mit mehrfachen Lebensbelastungen in einem ersten Schritt spielen müssen:

„Gerade im Spielen und nur im Spielen kann das Kind und der Erwachsene sich kreativ entfalten und seine ganze Persönlichkeit einsetzen, und nur in der kreativen Entfaltung kann das Individuum sich selbst entdecken." (Winnicott 1974, S. 66)

Ein Verhaltenstraining mit stark verhaltensauffälligen Kindern und Jugendlichen kann nur erfolgreich sein, wenn es die Kräfte nutzt, die für eine spielerische Integration zur Verfügung stehen. Oft erscheinen uns die in der Trainingsgruppe auftauchenden antisozial-aggressiven Symptome als Störungen, die es sofort durch wünschenswertere Verhaltenszüge zu ersetzen gilt. Winnicott empfiehlt hingegen diese Symptome als die Verteidigung eines notwendigen Schrittes in der Entwicklung der Ich-Identität zu verstehen: das therapeutische Grundprinzip ist also, dem störenden Verhalten eine Spielbühne zu eröffnen, damit die zu Grunde liegenden Bedürfnisse an die Oberfläche kommen können. Erst wenn die Bedürfnisse erkennbar sind, können sie die Form von Motiven annehmen. Motive sind sozusagen „gereifte" Bedürfnisse, die nicht mehr unerreichbar weit oben am höchsten Ast des Apfelbaumes hangen, sondern sie liegen im Korb, sie sind handhabbar und kommunizierbar. Sie können zu Handlungszielen „verkauft" werden. Motive können aber auch im Konflikt miteinander stehen: soll ich zuerst den schönen roten Apfel essen oder diesen, der schon ein bisschen überreif ist? Das Abwägen und Auswählen von Motiven ist ganz stark mit der moralischen Entwicklung verbunden und dadurch die Hauptbühne im Training mit gewaltbereiten Jugendlichen. Die Motive/Ideen müssen mit einer Analyse der konfliktuellen Lebenssituation in Verbindung gebracht werden. Erst dann kann eine Intention definiert werden und zu einer emotional akzeptablen Handlungsplanung ausgearbeitet werden.

Dieser psychodramatische Ansatz des Selbstmanagement-Trainings erfordert ähnliche Merkmale, wie sie im gruppenanalytischen Ansatz von Slavson & Schiffer (1976) beschrieben werden:

1. *Gruppengröße*: Nicht mehr als acht und nicht weniger als fünf Teilnehmer. In einer kleineren Gruppe werden die persönlichen Beziehungen zu intensiv im Sinne von Paarbeziehungen. In einer größeren Gruppe laufen die Beziehungen in Untergruppen ab, die nur schwerlich kontrollierbar und beeinflussbar sind.

2. *Raumgröße und Einrichtung:* Ein genügend großer Raum mit wenig Mobiliar, damit eine große Bewegungsfreiheit möglich ist. Gegenstände: Schaumstoff-Sitzwürfel und Polster, Gymnastikbälle, Seile, Matten, Decken, Leintücher – am Rand einige Tische und Stühle.

3. *Rolle der Therapeuten:* Die Therapeuten stehen nicht im Zentrum der Gruppe, sie führen die Gruppe nicht aktiv, sondern halten sich von Interaktionen mit den Jugendlichen möglichst zurück und versuchen sich in Beziehungen nicht einzumischen, die zwischen den Teilnehmern entstehen. Erst wenn massive Konflikte oder Regelverletzungen auftreten, greifen die Therapeuten ein, indem sie mit geeigneten Interventionen eine Diskussion der Ereignisse ermöglichen. Diese sich unmittelbar an den Konflikt anschließenden Interventionen sind die therapeutisch wirksamsten Momente des Gruppentrainings.

4. *Freiraum für motorisches Handeln:* Der verbale Ausdruck von Gefühlen eignet sich nur wenig für aggressiv-antisoziale Kinder. Bei Störungen entspricht es ihrem unmittelbaren Bedürfnis, ihren Gefühlen durch Bewegung Ausdruck zu verleihen. Störungen, Spannungen und soziale Ängste treiben sie zu ,Kampf' oder ,Flucht', meistens zu Kampf. Von ihnen zu verlangen sitzen zubleiben und über ihre Gefühle zu sprechen ist in diesen Situationen nicht angebracht. Vielmehr sollen sie bei den Gefühlsentladungen und Kommunikationsprozessen frei im Raum herumlaufen können oder sich hinsetzen/hinlegen, wo es ihnen am geeignetsten erscheint und sie sich wohl fühlen.

5. *Freiheit und Spontaneität* der Handlung und der Sprache: die Teilnehmer sind in Wort und Tat vielfach aggressiv, provokativ, vulgär, unanständig. Solange sie damit die Integrität von anderen Teilnehmern und der Therapeuten nicht verletzen, werden diese Verhaltensweisen nicht sanktioniert, sondern bilden den Stoff, den es zu bearbeiten gilt.

6. *Hohe Frustrationstoleranz* der Therapeuten: das antisozial-aggressive Verhalten kommt in der Trainingsgruppe voll zum Tragen. Die gezeigten Einstellungen und Werte verletzen oft in grober Weise das Gefühl für Anstand und Fairness. Die Therapeuten müssen Grenzen ziehen, wenn die verbalen und physischen Aggressionen zu eskalieren drohen. Innerhalb dieser Grenzen, müssen die Therapeuten aber mit einem hohen Maß an Toleranz und Elastizität reagieren können.

Entdeckendes Lernen

Bei aggressiven Kindern und Jugendlichen kann eine einseitig verfälschende Wahrnehmung und Missdeutung sozialer Situationen beobachtet werden. Sie neigen dazu, provozierende Reize auszuwählen und in komplexen-konflikthaften Situationen das Verhalten von anderen Personen als feindlich und provokativ zu interpretieren. Dementsprechend reagieren sie mit einer Angriffshaltung. Eine spezielle Wahrnehmung ist auch bei der Interpretation des eigenen aggressiven Verhaltens feststellbar: eigene Gewalt wird oft als gerechtfertigte aggressive Reaktion auf zuvor wahrgenommene Provokation und Bedrohung entschuldigt.

„Wodurch die verfälschenden Wahrnehmungsprozesse aggressiver Kinder bedingt sind, ist bislang nicht näher beschrieben worden. Es besteht jedoch die Annahme, dass die Missdeutung persönlicher Absichten durch Wahrnehmungsstörungen bedingt ist. Aggressive Kinder haben auch außerhalb sozialer Konfliktsituationen Schwierigkeiten, die Mimik und Gestik anderer Personen zu deuten und vom Verhalten auf zugrunde liegende Intentionen zu schließen." (Petermann 1993, S. 328)

Wenn wir bei aggressiven Jugendlichen von einseitig verfälschender Wahrnehmung sprechen, so könnte man daraus schließen, dass es eine objektivrichtige Wahrnehmung gibt (beispielsweise die des Erziehenden).

Die Welt kommt aber nicht über die Sinne in den Kopf dergestalt, dass die Informationen eingleisig – allenfalls gefiltert – dem Gehirn zufließen und dort Welteindrücke und Weltbilder hinterlassen, gleichsam wie Fotografien.

„Wahrnehmung ist vielmehr ein sinnesspezifisch-aktiver Welt-Zuwendungs-Prozess, indem die taktilen, visuellen, auditiven ... Sinneseindrücke in Sinnesdaten umgewandelt bzw. in die neuronale (elektrochemische) ‚Hirnsprache' transformiert werden."(Gasser 2002. S. 52)

Wenn ein Jugendlicher die Aussage macht: „Ich wurde provoziert", so gibt er an, welchen Teil der Realität er beobachtet hat. Es ist dies „sein Abbild" des Geschehens, seine Realität.

„Die Sinnesorgane können die Welt prinzipiell nicht „so wie sie ist" abbilden. Die Wahrnehmung ist das Ergebnis einer parallel-hierarchischen Informationsverarbeitung innerhalb des Gehirns. Das Gehirn konstruiert unter Zuhilfenahme der Rohdaten der Sinnesorgane und mit Hilfe des ungeheuren Vorwissens die Wahrnehmung." (Gasser 2002, S. 45)

Wir kennen aus unserem Alltag die Konfliktsituationen zwischen zwei Personen, wo jede der anderen vorwirft: „Aber du hast angefangen". Jede Person meint, sie habe nur auf die Provokation der anderen reagiert. Watzlawick (1990) nennt dies einen Interpunktionskonflikt: Bei welchem Punkt beginnt eine Handlung und wann ist sie fertig? Der Ausgangspunkt einer Handlung ist sehr oft entscheidend für die Beurteilung einer Handlung („zuerst hast du ..." – „Nein, vorher hast du ..."). Beispiele für Interpunktionskonflikte finden wir täglich in unserem Alltag: widersprüchliche Annahmen von Partnern hinsichtlich dessen, was Ursache und was Wirkung des Konfliktes ist. Es handelt sich hierbei nicht um verfälschende Wahrnehmungen, sondern um die Wahrnehmung von Realitäts-Ausschnitten. Das menschliche Hirn ist nicht dafür ausgerichtet, alle Wahrnehmungsreize wahrzunehmen, sondern eine adäquate Auswahl zu treffen, entsprechend dem was wir benötigen oder uns interessiert:

„Wir können feststellen, dass im Bereich der Lebenserscheinungen Ursachen und Wirkungen erst im Rahmen von Stimmungen auftauchen. Jede Stimmung ist ein Ausschnitt, in welchem nur das zum Tragen kommt, was Bereitschaften bzw. Möglichkeiten für die Verwirklichung eines Zieles besitzt." (Th. Uexküll 1953, S. 134)

Soziale Ereignisse können erst dann zu Ursachen werden, wenn eine Stimmung existiert, die eine entsprechende Wahrnehmungsbereitschaft ermöglicht. Es gibt also keine Ursachen an sich, sondern wir bestimmen, was eine Ursache ist. Wenn der Jugendliche A seinem Partner B „eins in die Fresse haut", so ist dies für B die Ursache eines Konfliktes. Für A hingegen war das spöttische Lächeln von B die Ursache dieses Konfliktes. Im Unterschied zu physikalischen und chemischen Ursachen und Wirkungen, sind bei sozialen Beziehungen Ursachen völlig subjektiv und werden erst durch die Wahrnehmung wirksam. Was nicht Wahrgenommen wird, hat keine Wirkung. Und jedes Verhalten kann sowohl Ursache als auch Wirkung sein.

Was als Wahrnehmungsstörung beschrieben wird, möchte ich eher mit einer Grundstimmung in Zusammenhang bringen. Jugendliche mit antisozial-aggressivem Verhalten nehmen die Welt mit einer spezifischen Stimmung wahr. Mit Stimmung meint Uexküll, dass ein Ziel oder ein Motiv bestimmend ist, für welchen Ausschnitt der Umwelt ein Individuum sich gerade interessiert. Welche Außenfaktoren als Reize wahrgenommen werden, hängen von der betreffenden Zielsetzung und der Reaktionsbereitschaft ab. Die Wahrnehmung ist ein aktiv-konstruktiver und interpretativer Prozess. Wenn wir uns aus einer inneren psychischen Verfassung heraus durch die Umwelt provoziert fühlen, so werden wir diese Anzeichen einer dauernden Provokation auch „sehen" und daraus eine Theorie entwickeln. Bei gewaltbereiten Jugendlichen sind folgende Merkmale der Konstruktion und Interpretation typisch (in Anlehnung an Glasl 2001):

- Willkürliche Schlussfolgerungen (wenn Schlüsse gezogen werden, entgegen der allgemeinen Meinung)
- Selektive Verallgemeinerungen (Konzentration auf ein Detail)
- Übergeneralisation (eine allgemeine Regel wird auf der Basis eines einzelnen Vorfalles getroffen)
- Maximierung oder Minimierung (die Bedeutung oder Größe eines Ereignisses werden ungenau eingeschätzt)
- Personalisierung (Neigung einer Person, äußere Ereignisse auf sich zu beziehen – interne Attribution)
- Denken in absoluten Positionen (Neigung nur schwarz/weiß zu sehen).

Unser therapeutisches Ziel ist es, dass die Jugendlichen lernen, die eigene Wahrnehmung zu überprüfen, indem sie diese mit weiteren eigenen Beobachtungen abgleichen und mit der Wahrnehmung anderer Personen vergleichen. Der Akt der Wahrnehmung beruht im Wesentlichen auf der Bestätigung von Hypothesen, die das Gehirn auf der Basis seines Vorwissens generiert und durch die einlaufenden Signale verifiziert.

„Weil Wahrnehmen in allen seinen Sinnesmodalitäten ein höchst dynamischer, aktiv-konstruktiver und interpretativer Prozess ist, ist die vielleicht wichtigste Komponente die dadurch ermöglichte Flexibilität in der lernenden Weltaneignung und -interpretation: Lernen ist Annäherung, ist Perspektivenwechsel, ist Re-Konstruktion und Infragestellung durch neue Erfahrungen." (Gasser 2002, S. 53)

Entdeckendes Lernen in der Anwendung
Das Selbstmanagement-Training bietet den Teilnehmenden ein soziales Lernfeld, um das eigene Sein und Wirken in der Gruppe zu explorieren: Hypothesen überprüfen, Fehler machen, Neues ausprobieren, neue Hypo-

thesen formulieren, neue Ursache-Wirkungs-Zusammenhänge erkennen. Dabei ist ganz entscheidend, dass die Teilnehmenden Hypothesen formulieren und prüfen – und nicht die Therapeuten eigene Theorien lehren wollen.

Dazu ein Beispiel aus Sitzung 3 des *Selbstmanagement-Trainings mit Jugendlichen* (siehe Praxisbeispiel S. 165):

Die Teilnehmenden haben die Übung *Sicherer Ort* gewählt. Sie haben sich irgendwo eingerichtet, es kommt aber immer wieder zu Beschimpfungen und Angriffen, die von den Therapeuten gestoppt werden müssen. Entdeckendes Lernen bedeutet hier: die Jugendlichen probieren verschiedene Formen der Interaktion aus. Den Therapeuten ist es aber langweilig, sie möchten mehr erreichen. Sie haben eine Hypothese, warum das Konfliktpotential in der Gruppe heute so hoch ist: Machtkampf zwischen zwei Jugendlichen, die anderen suchen hierbei erfolglos ihre Position. Ein auf den ersten Blick sinnvolles Arbeitsangebot wäre jetzt: Herausfinden, wie die Gruppenstruktur ist – dazu machen wir eine soziometrische Aufstellung mit intermediären Objekten (die Personen selber Aufzustellen wäre zu gefährlich, da der Machtkonflikt aktuell ist). Die Jugendlichen aber spüren, dass die Therapeuten eine Hypothese haben. Sie werden ihre ganze Energie zur Destruktion einsetzen und die Übung wird zu einem Konflikt zwischen Therapeuten und Jugendlichen eskalieren. Kreative Techniken zur Exploration dürfen in der Arbeit mit gewaltbereiten Jugendlichen nur eingesetzt werden, wenn die Jugendlichen selber mit dieser Technik etwas erfahren wollen. Als „Demonstrationstechnik" sind sie ungeeignet und führen zu Destruktivität. In der beschriebenen Situation können die Therapeuten aber ihre Hypothese kommunizieren. Ein Therapeut steht auf und macht in einer Ecke des Therapieraumes eine Aufstellung mit Tierfiguren (Bär, Nashorn, Seelöwe, Hund, Pferd). Die Jugendlichen werfen ab und zu einen Blick darauf. Ein Jugendlicher fragt, was das soll. Der Therapeut erklärt: „Das könnten eure Tierrollen in der Gruppe sein". Der Jugendliche kommt näher und bemerkt: „...ah, ich bin der Hund". Der Therapeut sieht seine Hypothese teilweise bestätigt. Er bejaht und es entwickelt sich eine Diskussion mit dem Jugendlichen: er will wissen welche Tierfigur wen symbolisiert und gibt dazu seine eigene Meinung ab. Er steigt in einen entdeckenden Lernprozess ein, der vom Therapeuten initiiert wurde. Die anderen nehmen nicht aktiv daran teil, stören den Prozess aber nicht wirklich.

An diesem Beispiel wird deutlich, dass entdeckendes Lernen nicht belehrend sein darf: Aufstellung, Rollenspiel, Werte-Übung, Gruppenspiel werden nicht eingesetzt, um den Jugendlichen etwas zu beweisen – diese Belehrung würden sie nicht annehmen können. Diese Methoden werden eingesetzt, wenn die Teilnehmenden etwas herausfinden wollen. In Abwesenheit dieser Lernmotivation kann der Therapeut selber einen Lernprozess starten und eigene Hypothesen prüfen, wie im beschriebenen Beispiel: im aufkommenden Dialog mit den interessierten Teilnehmenden.

Prinzipien des entdeckend-psychodramatischen Modells

- Die Leitung verhält sich rezeptiv: sie lässt sich wie eine Lehmfläche durch die „Eindrücke „ der Lernenden verformen (innerhalb von klar definierten Grenzen)

- Sie überprüft immer wieder, wie weit ihre Wahrnehmung mit der Wahrnehmung der Lernenden übereinstimmt

- Sie drückt eigene Gefühle aus, die durch die „Verformung" entstehen

- Die Überprüfung der Wahrnehmung und das Verbalisieren von Gefühlen bedingen ein aktives kommunikatives Verhalten

- Damit riskiert die Leitung – bei unsachgemäßer Technik – eine Einengung des Gestaltungsraumes der Lernenden

- Dagegen versucht sie möglichst wenig Modellgeleitet auszuwählen und zu interpretieren

- Aufgrund ihres „Nichtwissens" achtet die Leitung auf Momente, in denen die Interpretation der Lernenden zum Vorschein kommt

- Die Häufigkeit von Unsicherheitsäußerungen und Missverständnissen ist ein Zeichen für eine partnerschaftliche Kommunikation

Relative Unstrukturiertheit

„Jede Sitzung ist einmalig, ein erstes Mal, unwiederholbar. Weder ihr Problem, noch die Entwicklung des Problems im Verlaufe der Sitzung, die Dialoge, spontane Interaktionen usw. sind von vornherein festgelegt oder auch nur festlegbar....Der Therapeut kommt nicht mit einem bestimmten Plan oder einer bestimmten Hypothese in eine Gruppe, auch nicht mit der Forderung an die Gruppenmitglieder, einen bestimmten Arbeitsplan zu übernehmen. Alles entwickelt sich wie im Leben selber, mit allen Unsicherheiten, Pausen, Spannungen und Feindseligkeiten." (Moreno-Zitat in: Fürst 2004, S. 193).

Diese relative Unstrukturiertheit einer Psychodramasitzung zeichnet sich dadurch aus, dass die Therapeuten Arbeitsangebote machen und auch Ideen und Wünsche der Teilnehmenden erfragen. Die Therapeuten überlassen den Entscheid aber der Gruppe, welche Lernaktivität unternommen wird (z.B. eine Geschichte hören, eine Burg bauen, einen aktuellen Konflikt bearbeiten). Die Unstrukturiertheit ist relativ, da die Rahmenbedingungen und die Zielsetzung vorgegeben sind (siehe Praxisbeispiele) und die Rollen klar vereinbart wurden (die Therapeuten leiten die Gruppe und sprechen mögliche Sanktionen aus).

Durch das relativ unstrukturierte Vorgehen werden die Lerngewohnheiten und Erwartungen der Teilnehmenden frustriert. In der Schule sind klare Lernstrukturen und Prozessabläufe vorgegeben – im Psychodrama müssen die Teilnehmenden in viel größerem Masse Verantwortung für den Gruppenprozess übernehmen und eigene Wünsche, Ideen, Forderungen formulieren. Dies erzeugt Spannungen, die Aufmerksamkeit der Gruppe wird auf die Gruppe selbst gerichtet. Die von den Teilnehmenden direkt und indirekt eingebrachten Ideen, Assoziationen, Ansichten, Vermutungen, Vorschläge werden diskutiert und bearbeitet. Die aktuelle Erfahrung in der Gruppe wird somit zum Grundelement des Lernprozesses.

In verhaltenstherapeutisch orientierten Trainingsprogramme werden Sozialkompetenzen mit der Methode des strukturierten Rollenspieles vielfach erfolgreichvermittelt. In gut strukturierten Situationen (wie beispielsweise Schule, Sportverein) können diese neu erworbenen Sozialkompetenzen umgesetzt werden. Mehr Schwierigkeiten erfahren verhaltensauffällige Jugendliche jedoch in Übergangssituationen (wie in der Pause, in der Garderobe, auf dem Schulweg, bei einer zufälligen Begegnung). In diesen Situationen ist ein größeres Maß an Spontaneität und Kreativität in den Interaktionen erforderlich. Die sozialen Interaktionen sind hier offener, weniger vorhersehbar. In einer sehr kurzen Zeit müssen eine Vielzahl von Entscheiden und Wahlen getroffen werden: „soll ich grüßen – kann ich fragen ob – darf ich jetzt gehen – soll ich sagen dass ...?".

Das Psychodrama bietet eine Simulation von relativ unstrukturierten Alltagssituationen, in der die Gruppenmitglieder verschiedene Handlungsmöglichkeiten ausprobieren und beobachten können. Sie können versuchen, sich selbst zu reflektieren und zu kontrollieren, Erwartungen und Rollenzuschreibungen zu überprüfen, Wünsche und ihre Erfüllung aufzuschieben, Energie umzusetzen, Handlungen zu unterlassen usw. – sich dabei aber nicht zu sehr einzuschränken, so dass sie nicht unfähig werden, anderen zu geben und von anderen zu erhalten.

> „Die einzelne Person muss also ihre persönliche Freiheit zugunsten der Koordinierungs- und Bestandsbedürfnisse der Gruppe einschränken, während die Gruppe ihr soviel – persönlichkeitsspezifischen – Freiheitsspielraum und Befriedigungsmöglichkeit gewähren muss, dass sie in der Gruppe bleiben kann bzw. die Gruppe verlässt." (Majce-Egger 1999, S. 142)

Um aber überhaupt ein Gruppentraining durchführen zu können, muss eine minimale Bereitschaft zu Interaktion im gegenseitigen Respekt vorhanden sein. Auch bei verordneten Therapien für verhaltensauffällige gewaltbereite Kinder und Jugendliche ist dies in der Regel vorhanden: sie kommen meistens in die Therapie und suchen die Auseinandersetzung, indem sie sehr schnell eine wirkungsvolle Position suchen, aus der sie die Bewegung der Gruppe bestimmen, bzw. zerstören können (vgl. Schindler 1999). Indem die Therapeuten kein vorbestimmtes Trainingsprogramm haben und wenig inhaltlichen Forderungen stellen, überlassen sie es den Teilnehmenden, die Rangpositionen in der Gruppe zu verteilen und Arbeitsfähig zu werden. Aus einem Kontrollbedürfnis heraus streben viele Gruppentherapeuten nach der Lern-Motivator-Position (Alpha). Sie blockieren damit aber auch diese Position und ziehen alle Verantwortung auf sich. Wie Schindler (1999) darstellt, ist der in Alpha institutionalisierte Therapeut problematisch für Therapien an frühgestörten Ich-Entwicklungen: er wird in Konflikten mit den Gegenpositionen behaftet bleiben und die Lerngruppe blockieren. Durch die relative Unstrukturiertheit (minimale Forderungen an die Gruppenmitglieder stellen, einen bestimmten Arbeitsplan zu übernehmen – nur Arbeitsangebote machen) kann sich die Gruppe nicht in einer einfachen destruktiven Gegenposition konstellieren. Vielmehr müssen nun eigene Rangpositionen und Rollen geklärt und definiert werden: die Gruppe beginnt arbeitsfähig zu werden.

Die relative Unstrukturiertheit stützt sich auf Gruppenregeln, die klar sind und im Verlaufe des Gruppenprozesses nicht verändert werden. Bei Jugendlichen werden die Gruppenregeln schriftlich mitgegeben. Bei Kindern werden sie situationsbezogen mündlich mitgeteilt. Die Regeln beinhalten eindeutige Informationen über:

1. Die Gruppenleitung und ev. unterschiedliche Aufgaben der Leitenden
2. Die Zeit (Dauer einer Sitzung, Dauer der Gruppe insgesamt, Konsequenzen bei Abwesenheit und Abbruch)
3. Das individuelle Nachholen einer Stunde bei Unpünktlichkeit oder inadäquatem Verhalten
4. Verbindlichkeit der Eröffnungs- und Schlussrunde
5. Respektierung des ultimativen Stoppsignals und der Auszeit
6. Verbot der Anwendung von Gewalt, die andere in ihrer psychischen und physischen Integrität verletzt
7. Raumbenutzung, Raumeinteilung und Verbot von Sachbeschädigung
8. Verschwiegenheit nach außen über personenbezogene Informationen
9. Die Modalitäten der Zusammenarbeit mit der Schulleitung und Heimleitung.

Die ernsthafte Nicht-Einhaltung von Regeln führt zu einer Ermahnung und wenn diese keine Wirkung zeigt, zu einer Auszeit, bzw. zum sofortigen Ausschluss. Der Ausgeschlossene muss an einer gemeinsamen Sitzung mit den zuständigen Erziehenden und den Therapeuten erklären, ob er bereit ist, die Regeln zukünftig zu respektieren.

Neben den obengenannten Regeln gelten die in unserer Gesellschaft üblichen minimalen Anstands- und Respektformen. Wie Aichinger (2004) betont, ist es die Kernaufgabe der Therapeuten einen sicherheitsgebenden Rahmen zu garantieren. Die Therapeuten müssen immer wieder Struktur schaffen, indem sie auf die Spiel- und Gruppenregeln hinweisen und wo notwendig durchsetzen. Die relative Unstrukturiertheit gibt den Aushandlungsprozessen einen großen Raum. Diesem Spielraum geben die Therapeuten einen klar definierte Rahmen, um die Kinder und Jugendlichen vor überflutenden, destruktiven Aggressionen zu schützen.

Die Arbeitsform der relativen Unstrukturiertheit ist keine Neuigkeit. Sie entspricht weitgehend dem Vorgehen in der Gruppen- und Einzeltherapie mit Erwachsenen. Neu und ungewohnt ist dieses didaktische Prinzip in seiner Anwendung mit aggressiv-antisozialen Kindern und Jugendlichen. Verhaltenstherapeutisch orientierte Therapien folgen in der Regel einem klar definierten Programm, welches es durchzuziehen gilt (Petermann 1992, Weidner 2000). Guggenbühl (1993 und 1999) empfiehlt den Therapeuten als autoritäre Oberbandenführer aufzutreten und sich auf keine unprogrammierten Diskussionen einzulassen.

Ich folge dieser Empfehlung nur in der Anfangs- und Schlussrunde. Die Anfangs- und Schlussphase einer Gruppe stellt für unsere Klienten eine außerordentlich hohe Herausforderung dar. In Anfang und Ende der Stunde zeigen sie die größten Verhaltensauffälligkeiten. Dies ist zurückzuführen auf die für unser Zielpublikum typische Bindungsproblematik. Diese Kinder und Jugendlichen konnten in ihrer frühen Kindheit wenig geglückte gegenseitige Beziehungen erfahren und haben nicht erfolgreich gelernt, in neuen Gruppensituationen die Umwelt vertrauensvoll zu erforschen und offene angstfreie Beziehungen aufzunehmen. Diese fehlende sichere Basis für entdeckendes Verhalten hat einen negativen Einfluss auf die soziale Kompetenz in der Gleichaltrigengruppe: sie orientieren sich am kurzzeitigen Erfolg ihrer Handlungen. Wir können davon ausgehen, dass gewaltbereite Jugendliche große Schwierigkeiten haben, emotional positive Bindungen einzugehen. Sowohl Beziehungsaufnahme wie der Abschluss sind vielfach problematisch. Diese bindungsgestörten Kinder und Jugendlichen brauchen dementsprechend eine klar strukturierte Anfangs- und Schlussphase: wir beginnen und beenden jede Sitzung mit der Kreisrunde (mindestens 1 Minute). Was da konkret passiert ist offen; die Palette reicht von Schweigen, Schokolade genießen, Geschichte erzählen bis zu Diskussion und organisatorische Fragen klären.

Relative Unstrukturiertheit in der Anwendung:
Wenn ich nach einer Trainingsstunde das Protokoll schreibe (siehe Praxisbeispiele), bin ich immer wieder überrascht: da wurde viel und ziemlich strukturiert gearbeitet. Während der Sitzung hingegen hatten wir Therapeuten das Gefühl: „da passiert ja gar nichts". Und tatsächlich passiert oft wenig. Im *Training mit Jugendlichen* beispielsweise dauert eine Sitzung 70 Minuten. Davon sind manchmal 50 Minuten: herumsitzen, einen Vorschlag machen, provoziert werden, die minimalen Anstandsformen einfordern, warten, einem längeren uninteressanten Gespräch zuhören (über das neueste Videogame oder den idiotischen Lehrer), ein weiteres Arbeitsangebot machen, schweigen, sich mit der Co-Therapeutin unterhalten (Deutungen des Gruppenprozesses), irgend eine unsinnige Frage beantworten, zum Fenster raus schauen, eine Mahnung aussprechen, warten, ein provokatives Arbeitsangebot ablehnen, kommentieren, schweigen, ein weiteres Arbeitsangebot machen, zuhören, warten und eventuell dann selber eine Lehraktivität aufnehmen (z.B. eine

Aufstellung mit Stühlen). Diese ganze 50minütige Sequenz wird nicht protokolliert. Nicht etwa weil sie nicht von Interesse ist, sondern weil die sich darin abspielende Gruppendynamik sich nur schlecht protokollieren lässt. Diese Sequenzen sind aber ganz entscheidend für die Gestaltung eines gefühlssensiblen und gefühlshaltigen Lernarrangement. Die Teilnehmenden können ein relativ offenes Lernarrangement mitgestalten und darin eine konstruktive Rolle im Lernprozess übernehmen.

Von den Therapeuten erfordert die relative Unstrukturiertheit bei der Arbeit mit stark verhaltensauffälligen Jugendlichen viel Geduld, Frustrationstoleranz und eine hohe Kompetenz in der Selbst- und Fremdwahrnehmung emotionaler Befindlichkeiten im Gruppenkontext.

3. Lehrziele

Verhaltensauffällige gewaltbereite Jugendliche, die mehrfache Lebensbelastungen aufweisen, bilden eine äußerst herausfordernde Trainingsgruppe. Diese *Täter-Opfer* sind ‚unbelehrbar'. Sie können aber durchaus lernen. Nur werden sie nicht das lernen, was wir ihnen gerade beibringen wollen, sondern das, was für sie im Moment nützlich erscheint.

In diesem Kapitel spreche ich demzufolge nicht von Lernzielen, sondern von Lehrzielen: ich gebe an, in welchen Disziplinen wir die gewalttätigen Jugendlichen trainieren wollen. Diese ‚Sportarten' sind die Selbstwirksamkeitserwartung, die Stressbewältigung und die moralische Urteilsfähigkeit.

Ich werde diese drei Disziplinen ausführlich beschreiben. Ich betone aber: es handelt sich nicht um eine Auflistung von Zielen, die von den Jugendlichen erreicht werden sollen. Die Täter-Opfer bringen keine guten psychischen Voraussetzungen für diese Disziplinen mit und sie (und wir Trainer) wären mit diesen Trainingszielen völlig überfordert. Es handelt sich bei den Lehrzielen vielmehr um Orientierungshilfen für die Trainerinnen: Wo liegt dringender Handlungsbedarf? Welchen Weg wollen wir einschlagen?

Selbstwirksamkeitserwartung

Eine Falldarstellung

Daniel ist durch seine Verhaltensschwierigkeiten erstmals im Kindergarten aufgefallen und wurde deshalb durch den Schulpsychologischen Dienst abgeklärt. Daraufhin wurde Daniel vom Schulunterricht zurückgestellt und erhielt heilpädagogische Früherziehung. Wegen Verhaltensschwierigkeiten und Entwicklungsdefiziten war der Schulstart in der Primarklasse aber erneut nicht möglich. Die Familie wurde schließlich durch eine interdisziplinäre Gruppe (Schule, Vormundschaft, Familienberatung, Schulpsychologischer Dienst) begleitet. Danach besuchte Daniel die Einführungsklasse, wo er während der Woche bei einer pädagogischen Großfamilie wohnte. Wegen andauernder massiver Störung des Unterrichts, wurde erneute eine Abklärung durch den Schulpsychologen durchgeführt. Diese ergab eine stark retardierte Persönlichkeitsentwicklung. Es wurde klar, dass Daniel nur in einer konsequent geführten Kleingruppe schulisch integriert werden kann. Außerdem konnten die Eltern den erzieherischen Konflikten und Aufgaben allein nicht genügen.

Kinder gleichen Alters sind unterschiedlich weit entwickelt. Das eine Kind ist weiter im Bereich Motorik, das andere in der Sprache, in der emotionalen Entwicklung oder in den Sozialkompetenzen. Gleichaltrige Kinder sind aber nicht nur untereinander, sondern jedes ist in sich verschieden weit entwickelt. Jedes Kind verfügt über ein individuelles Profil an Fähigkeiten.

„Den meisten Kindern gelingt es, eine Balance zwischen ihren Stärken und Schwächen zu finden. Das Kind setzt auf seine Stärken in Familie und Schule und versucht, mit seinen Schwächen über die Runden zu kommen. Den meisten Kindern gelingt dies ausreichend gut. Sie haben ihre Erfolgserlebnisse, können sich sozial integrieren, fühlen sich wohl und entwickeln ein gutes Selbstwertgefühl." (Römer 2002, S. 201)

Daniel hat über Jahre hinweg Versagen in Schule und Familie erlebt. Er konnte zu wenig erfahren, welches seine Stärken sind und wie er diese wirksam einsetzen kann. Daniel hat ein geringes Selbstwertgefühl.

In zahlreichen Untersuchungen aus dem Bereich der pädagogischen Psychologie hat sich bestätigt, dass schulische Selbstwirksamkeitserwartungen Leistungsunterschiede zu erklären vermögen (Satow 2003). Das bedeutet, dass die optimistische Überzeugung, bestimmte Aufgaben lösen zu können, sehr bedeutend ist für den tatsächlichen Erfolg. Die Angst hingegen, die Aufgabe könnte zu schwierig sein („ich bin ja sowieso schwach im Rechnen"), führt zu erhöhtem Misserfolg.

„Unser Gehirn bildet permanent und automatisch Erwartungen, wie es vom jeweiligen Augenblick aus weitergehen wird. Wenn jemand viele negative Erfahrungen gemacht hat, bilden sich bei ihm überwiegend negative Outcome-, Reaktions- und Selbstwirksamkeitserwartungen aus. Er wird also meistens Schlechtes erwarten und traut sich nichts zu. Menschen, die immer wieder Verletzungen ihres Kontrollbedürfnisses erfahren haben, entwickeln keine positiven Kontrollerwartungen (...) Sie neigen stärker zu negativen Emotionen; sie können, wenn einmal negative Emotionen entstanden sind, diese schlechter wieder herunterregulieren; sie regieren mit überschießenden Stressreaktionen schon auf mittlere Belastungen und die Stressreaktionen halten lange an. Ihr autonomes Nervensystem ist sehr oft übererregt." (Grawe 2004, S. 362)

Es ist für die gesunde Kindsentwicklung von großer Bedeutung, zu erfahren, wo die eigenen Stärken liegen und dass Lernen zu positiven Resultaten führen kann. Langerdauerndes Schulversagen ist schrecklich und gesundheitsgefährdend. Nur dank einem guten sozialen Netz (liebevolle Eltern, positiv unterstützende Erziehende und Freunde) kann dieses schwerwiegende Problem bewältigt werden. Kinder hingegen, die nicht über diese soziale Ressourcen verfügen, riskieren in eine Depression zu fallen („ich brauche mich nicht anzustrengen, es kommt sowieso alles schlecht heraus"). Daniel hingegen hat keine Depression entwickelt, sondern gemerkt, dass er im Umgang mit Gleichaltrigen und Erwachsenen eine hohe Wirkung und Aufmerksamkeit erzielen kann, wenn er Gewalt anwendet („wenn ich ungerecht behandelt werde, kann ich dreinschlagen oder etwas zerstören und es verändert sich etwas"). Daniel konnte eine Gefühl der sozialen Selbstwirksamkeit entwickeln: er hat ein optimistisches Vertrauen, durch aggressive Handlungen eigene Interessen durchsetzen zu können. Wenn er verärgert ist oder Stress hat, kann er beschimpfen und zertrümmern – und wenn er gegenüber einer Gruppe von Gleichaltrigen seine Meinung oder Interessen durchsetzen will, so kann er dreinschlagen. Beides bringt manchmal den ersehnten Erfolg.

Diese Erfahrungen der Selbstwirksamkeit durch Gewalt sind ein zentrales Thema in der gruppentherapeutischen Arbeit: einerseits werden die gewaltanwendenden Jugendlichen versuchen, gegenüber den Therapeuten ebenfalls „wirksam" zu sein, mit dem erklärten Ziel, das Therapieprogramm zu zerstören; anderseits werden sie immer wieder Gewalt als wirksame Methode idealisieren (und nicht zu unrecht, wie wir täglich am Bildschirm sehen können).

Eine unabdingbare Voraussetzung für eine effektive psychotherapeutische Intervention mit diesen in ihrem Sozialverhalten schwer gestörten Kindern, ist das stationäre Setting. Auf der Wohngruppe und in der Sonderschule wird den Kindern ermöglicht: wichtige Erfolgserlebnisse zu haben, Verantwortung für ihr Handeln zu übernehmen und über konstruktive Rückmeldungen das Selbstvertrauen zu erweitern.

Auf dieser Entwicklung aufbauend setzen wir im Selbstmanagement-Training folgende Zielsetzung: die Förderung der sozialen Selbstwirksamkeitserwartung in relativ unstrukturierten Gruppen, die auf Zusammenarbeit, gegenseitiger Achtung und Spontaneität in der Interaktion beruhen.

„Soziale Selbstwirksamkeitserwartungen werden hier als das optimistische Vertrauen in die eigenen sozialen Kompetenzen angesichts schwieriger sozialer Konflikt- und Anforderungssituationen definiert. Drei Bereiche bzw. Anforderungen werden für Jugendliche als zentral angesehen: (a) das Durchsetzen eigener Interessen und Meinungen gegenüber einer Gruppe, (b) die sozialverträgliche Regulation von Ärger und Stress sowie (c) die soziale Kommunikation und der Aufbau von sozialen Netzen." (Satow 2003, S. 169)

Ein wichtiger Bestandteil des Gefühls von Selbstwirksamkeit, ist die Erwartung, dass die eigene Person nicht unerwartet angegriffen und verletzt wird. Die Gruppenleitung muss sicherstellen, dass es nicht zu unkontrollierten gewalttätigen Handlungen kommt. Im Extremfall muss sie mit Gewalt zum Schutz der Teilnehmer eingreifen.

Im *Selbstmanagement-Training für Kinder* beispielsweise sind wir Therapeuten praktisch in jeder Sitzung körperlich aktiv mit festhalten, blockieren, wegzerren, isolieren, um körperliche Verletzungen und Sachbeschädigung zu verhindern. Zwar habe ich ein optimistisches Vertrauen in die eigenen sozialen Kompetenzen angesichts schwieriger Gruppensituationen, ich muss aber immer wieder mit Gewalt eingreifen, da ich nicht zulassen will, dass Kinder und Jugendliche, die unter meiner Aufsicht stehen, misshandelt werden. Ich präzisiere dementsprechend Punkt d: Bedrohungen und Verletzungen der physischen und psychischen Integrität (= bedeutende Stressoren) werden nicht akzeptiert und sofort unterbunden.

Praxisbeispiel: in der Gruppe *Selbstmanagement-Training für Kinder* bin ich während der Anfangsrunde („Indianerrunde") aufgesprungen, als völlig unvermittelt ein Teilnehmer seinen Nachbarn heftig mit Schlägen traktiert. Ich habe den Angreifenden blockiert, festgehalten und laut zurechtgewiesen. Darauf habe ich zum designierten Sitzungs-Häuptling (Hauptperson) gesagt, eigentlich sei das sein Job gewesen, „denn ein guter Häuptling gibt seinen Indianern Schutz".

Es scheint mir wichtig, gewalttätige Kinder nicht mit überhöhten und idealisierenden Zielsetzungen zu überfordern. Wenn es uns Professionell-Erziehenden nicht gelingt, schwierige Gruppensituationen gewaltfrei zu regulieren, dann können wir dies auch nicht von den Kindern verlangen. Wir können ihnen aber zeigen, dass es adäquate Formen von Gewaltanwendung gibt. Weiter können wir auch modellhaft aufzeigen, dass es bei inadäquater Gewaltanwendung Schuldgefühle und tätige Reue gibt. Schuldgefühle entstehen aus einer „unnötigen, fahrlässigen oder gar absichtsvollen Verletzung, Zerstörung und Vernichtung der Integrität unserer Umwelt, unnötig, weil weit über das Ziel der Bedürfnisbefriedigung hinausgehend, oder weil dieses Ziel auch mit gewaltloseren und überhaupt geringeren Mitteln erreichbar gewesen wäre. Die Schwierigkeit besteht darin, dass dieses Gefühl gerne vermieden wird; echtes Schuldgefühl ist tätige Reue, die auch dann Gutes bewirken will, wenn eine Restitution des vorhergehenden Zustandes nicht möglich ist. Echte Schuldgefühle müssen ertragen werden; sie verwandeln sich von selbst in eine heilende Aktivität, die nun beschützend und oft auch kreativ ist" (Dreitzel 1995, S. 511). Ich will in diesem Sinne dem Konzept der Selbstwirksamkeitserwartung einen weiteren Punkt anfügen, (e) die Beschäftigung mit Fragen des Unrechts und der Schuld.

Zusammenfassend können folgende *Feinziele* im Bereich Selbstwirksamkeitserwartung formuliert werden:
a) Der Jugendliche kann eigene Interessen und Meinungen in einer Gruppe auch gewaltfrei durchsetzen
b) Er kann Ärger und Stress abführen, ohne dass andere dabei verletzt oder Sachen beschädigt werden
c) Er kann in einer Gruppe den Wunsch nach Beziehungsaufnahme und Beziehungsbeendigung äußern und somit die Sozialkontakte regulieren
d) Zum Schutz der eigenen und anderer Personen kann er so wenig Gewalt wie nötig und so viel wie erforderlich einsetzen
e) Er beschäftigt sich mit Fragen des Unrechts und der Schuld bei Gewaltanwendung

Ich bin immer wieder überrascht, wie vernünftig und einsichtig gewalttätige Jugendliche im Einzelgespräch sind: werden den oben beschriebenen Feinzielen problemlos zustimmen können. Oft sind sie auch der Meinung, dass sie selber diese Ziele längst erreicht haben: „Ich wende Gewalt nur an, wenn es nicht anders geht, oder wenn ich massiv provoziert werde". Auch Daniel (siehe obenstehende Falldarstellung) ist nach begangener Gewalttätigkeit überzeugt, adäquat gehandelt zu haben, „es war notwendig". Im Gespräch mit einer Autoritätsperson kann er dann doch einsehen, dass er unrecht gehandelt hat und die eigene Schuld eingestehen. Oft bleibt es aber fraglich, ob dies tatsächlich Einsicht ist oder nur ein Nachgeben. Beschäftigt er sich wirklich mit Fragen des Unrechtes und der Schuld?

Ich werde im folgenden Teil darstellen, wie wir im Training versuchen, bei den Jugendlichen eine Neubeurteilung des eigenen Handelns in vergangenen, aktuellen oder zukünftigen Belastungssituationen auszulösen. Wir machen dazu einen kurzen Streifzug in die Umwelten von Tieren:

Der Biologe Jakob von Uexküll hat in seinem Buch *Umwelt und Innenwelt der Tiere (1921)* seine Theorie der *Funktionskreise des Lebendigen* entwickelt. Darin wird postuliert, dass es keine für alle Lebewesen gültige Wirklichkeit gibt – sondern die Wirklichkeit entsteht in einem Wechselspiel zwischen Handeln und Wahrnehmen. Objekte werden erst „wirklich", wenn sie wahrgenommen werden. Und sie werden nur dann wahrgenommen, wenn sie für das beobachtende Subjekt eine Bedeutung haben (also eine „Rolle spielen"). Am Beispiel der Zecke, die an der spitze eines vorstehendes Astes sitzend auf ihre Beute wartet, hat er dies ausführlich dargestellt:

„Die Annäherung der Beute wird dem blinden und tauben Wegelagerer (Zecke) durch seinen Geruchssinn offenbar. Der Duft der Buttersäure (1. Merkmal), die den Hautdrüsen aller Säugetiere entströmt, wirkt auf die Zecke als Signal, um ihren Wachtposten zu verlassen und sich herabzustürzen. Fällt sie dabei auf etwas Warmes (2. Merkmal), was ihr ein feiner Temperatursinn verrät – dann hat sie ihre Beute, den Warmblüter, erreicht und braucht nur noch mit Hilfe ihres Tastsinnes eine möglichst haarfreie Hautstelle (3. Merkmal) zu finden, um sich bis über den Kopf in das Hautgewebe ihrer Beute einzubohren. Fällt die Zecke, nachdem das Merkmal der Buttersäure gewirkt hat, auf etwas Kaltes, so hat sie ihre Beute verfehlt und muss wieder auf ihren Wachtposten emporklettern. Die Zecke hängt regungslos an der Spitze eines Astes in einer Waldlichtung. Von der ganzen Umgebung dringt kein Reiz auf sie ein. Da nähert sich ein Säugetier, dessen Blut sie für die Erzeugung ihrer Nachkommen bedarf. Und nun geschieht etwas höchst Wunderbares: von allen Wirkungen, die vom Säugetier ausgehen, werden nur drei, und diese in bestimmter Reihenfolge zu Reizen. Aus der übergroßen Welt, die die Zecke umgibt, leuchten drei Reize wie Lichtsignale aus dem Dunkel hervor und dienen der Zecke als Wegweiser. Die ganze reiche, die Zecke umgebende Welt schnurrt zusammen und verwandelt sich in ein ärmliches Gebilde, das zur Hauptsache noch aus 3 Merkmalen und 3 Wirkmalen besteht – ihre Umwelt. Die Ärmlichkeit der Umwelt bedingt aber gerade die Sicherheit des Handelns, und Sicherheit ist wichtiger als Reichtum." (J. von Uexküll 1956, S. 28)

Diesen Prozess der Anpassung der Zecke an ihre Umwelt, indem sie ihre Umwelt mit „Bedeutungen" ausrüstet, stellt Uexküll mit dem Funktionskreis dar. Es laufen hierbei drei Funktionskreise planmäßig nacheinander ab: Die Buttersäure löst im Merkorgan der Zecke ein Signal aus, das zu einem Impuls im Wirkorgan führt (loslassen der Beine und Herabfallen). Die Zecke fällt auf die behaarte Haut eines Säugetieres. Diese Haut verfügt über das Merkmal Wärme. Dies löst eine zweite Handlung aus: das Herumtasten, bis eine haarfreie Hautstelle gefunden wird. Dieses Merkmal löst eine dritte Handlung aus: das Einbohren und Blutsaugen, usw. Im untenstehenden Funktionskreis ist schematisch dargestellt, wie das Merkmal ‚Temperatur' das erste Merkmal ablöst.

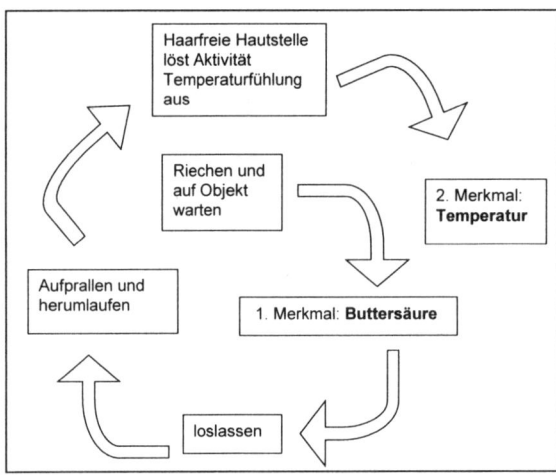

Abbildung 2: Funktionskreis 1

Drei Eigenschaften an dieser im obenstehenden Schema dargestellten Gewalteskalation sind für uns von besonderem Interesse:

- Bei jedem Schritt weist die Zecke einem neuen Merkmal eine Bedeutung zu. Wenn sie auf ihrem Ast sitzt, wird sie auf Wärme nicht reagieren, diese Eigenschaft hat für sie in dieser Lebenssituation keine Bedeutung;
- ein Funktionskreis folgt auf den anderen und die vorhergehenden Merkmale verlieren dabei völlig an Bedeutung – wenn die Zecke mit ihrem Tastsinn nach einer haarfreien Stelle sucht, nimmt sie die Merkmale Buttersäure oder Wärme nicht mehr wahr; sie ist nicht mehr fähig dazu;
- das Objekt Säugetier (Opfer) ist nur insofern an der Handlung beteiligt, als es die nötigen Eigenschaften besitzen muss.

Der gewalttätige Daniel hat eine komplexere Lebensgeschichte und verfügt über weitaus umfassendere emotionale und intellektuelle Ressourcen als eine Zecke. Dennoch erscheint es, dass Daniel in einigen sozialen Konfliktsituationen aus seiner übergroßen Umwelt nur noch einige wenige Merkmale wahrnimmt. Dies insbesondere, wenn er meint, bestimmte Ziele nicht erreichen zu können oder seine Sicherheit gefährdet erscheint. Dann werden bestimmte Wahrnehmungs- und Reaktionsbereitschaften entwickelt – und die Umwelt wird mit Merkmalen ausgestattet. Mit höchster Sensibilität wird Daniel auf das Auftauchen dieser Merkmale wachen und bei Auftreten entsprechend reagieren. Nehmen wir als Beispiel die Anfangssituation einer Gruppensitzung:

Alle sitzen bereits im Kreis, als letzter kommt Daniel in den Raum. Er packt den einzigen noch freien Stuhl aus der Sitzkreisanordnung und stellt eine neue Sitzordnung her: er zwängt sich zwischen zwei Teilnehmer. Die Therapeutin bittet ihn doch in die nun entstandene Lücke zurückzukehren, damit der Kreis geschlossen bleibt und ein Abstand zwischen den Teilnehmenden entsteht. Daniel antwortet mit aggressivem Tonfall: „Ich sitze ja im Kreis, weiß gar nicht was Sie wollen." Die Therapeutin wartet einen Moment ab, und sagt: „Wir können erst anfangen, wenn die übliche Sitzanordnung eingehalten wird."

Im untenstehenden Schema wird diese Entstehung eines Konfliktes anhand des Funktionskreises dargestellt: in einem ersten Schritt löst das Merkmal ‚leerer Stuhl' bei Daniel bestimmte Überlegungen aus. Welche Ideen, Theorien oder Fantasien das sind, wissen wir nicht. Dieses Merkmal verliert aber dann völlig an Bedeutung: Daniel richtet seine Aufmerksamkeit nur noch auf die Therapeutin.

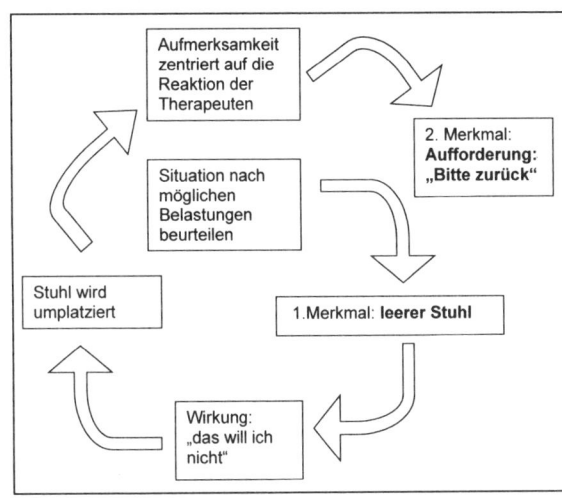

Abbildung 3: Funktionskreis 2

Das 2. Merkmal („Bitte setze den Stuhl an den richtigen Ort zurück") wird von Daniel nur noch als Kampfansage bewertet, dass es im Kreis jetzt eine Lücke gibt, hat für ihn keine Bedeutung mehr. Er wird seine ganze Aufmerksamkeit auf mögliche aggressive verbale und nonverbale Zeichen im Verhalten der Therapeutin suchen. Argumentieren wird jetzt sinnlos, denn Daniel hat seine Aufmerksamkeit nun auf Angriffsmerkmale ausgerichtet.

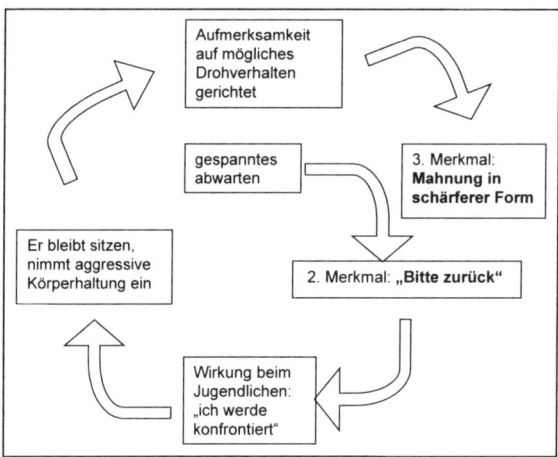

Abbildung 4: Funktionskreis 3

Das 3. Merkmal (eine Mahnung in schärferer Form) wird bei der „Zecke-Daniel" jetzt alle anderen Merkmale der Gruppensituation (inklusive Regeln und Verträge) löschen: er wird sich jetzt nur noch auf den Konflikt mit der Therapeutin einbohren.

Im Selbstmanagement-Training versuchen wir Daniel aufzuzeigen, wie er auf seine Umwelt einwirkt: indem er aus seiner Umwelt ein Merkmal auswählt (leerer Stuhl in Sitzrunde) und auf dieses reagiert (Stuhl wegstellen). Daniel hätte beispielsweise auch auf die freundliche Begrüßung reagieren können oder hundert andere Merkmale. Wir werden nun die Spirale zurückverfolgen und zu verstehen versuchen, warum sich Daniel auf diese bestimmte Art und Weise verhält. Welche Bedeutung gibt er diesem Merkmal? Welche Gefühle (Welt 2) und Theorien (Welt 3) sind mit dem Merkmal Sitzrunde verbunden?

Mit den Techniken des Psychodramas versuchen wir, die Jugendlichen in aktuellen Konfliktsituationen der Trainingsgruppe zu Lernprozessen zu aktivieren. Im Beispiel von Daniel indem wir den leeren Stuhl in der Sitzrunde zum Thema machen. Zielsetzung ist dabei die Erfahrung zu vermitteln, dass jeder Mensch an der Gestaltung seiner Umwelt mitverantwortlich ist. Die Frage, die wir mit Daniel bearbeiten werden ist: „Warum setzt du dich nicht ganz einfach auf den leeren Stuhl, sondern stellst diesen an einen neuen Ort?"

Wir können in der Leitung aber nicht auf alle Störungen eingehen und analysieren, wie der Eskalationsprozess abläuft. Die betreffende Gruppensitzung mit Daniel beispielsweise hat eigentlich noch gar nicht begonnen und der Konflikt ist schon da. In diesem Moment machen wir noch keine psychodramatischen Spiele. Eine andere Möglichkeit, auf diesen Konflikt kurz zu reagieren ist der Leitungs-Dialog: Ich bespreche mit meiner Co-Therapeutin das *Wie* und *Warum* dieses Verhaltens, wir entwickeln humorvoll mögliche Hypothesen („Er ist heute schlecht aufgelegt", „Er will zeigen, dass er kein Schaf ist", „Er braucht die Nähe zu seinen beiden Gehilfen", „Er will zum Fenster rausschauen können", „Er will den Fluchtweg im Auge halten", usw.). Schließlich wählen wir eine dieser Hypothesen aus, vermuten dass für Daniel die neue Sitzordnung zu seinem Wohlbefinden beiträgt und laden zu einem gemeinsamen Stühlerutschen ein, damit wieder ein Kreis entsteht und wir die Sitzung beginnen können.

Stellvertretend für Daniel haben wir Therapeuten also versucht zu formulieren, welche Bedeutung gewisse Merkmale seiner Umwelt für ihn haben. Dabei gehen wir von Hypothesen aus, die wir gemeinsam mit ihm überprüfen wollen.

Wie die Zecke auf dem Ast von all den Dingen, die wir in ihrem Umkreis entdecken – duftenden und farbigen Blumen, die rauschenden Blätter, die singenden Vögeln – nur ein einziges Merkmal wahrnimmt, nämlich den Geruch der Buttersäure, ebenso nehmen wir (wie Daniel) auch nur ganz bestimmte Merkmale unserer Umwelt wahr. Der Unterschied zwischen unseren Bemühungen und denen einer Zecke ist, dass wir die Wechselwirkungen zwischen unserer Wahrnehmung, unseren Handlungen und ihren Ergebnissen kritisch prüfen können.

> „Der Prozess des Lernens oder der Zuwachs des subjektiven Wissens ist im Grunde immer dasselbe. Er besteht aus phantasievoller Kritik. Indem wir neue Situationen zu finden, zu konstruieren, zu erfinden suchen – das heißt Prüfsituationen, kritische Situationen; und indem wir unsere Vorurteile und gewohnheitsmäßigen Annahmen eingrenzen, zu entdecken und in Frage zu stellen versuchen. So ziehen wir uns an unseren eigenen Haaren aus dem Sumpf des Unwissens; so werfen wir ein Seil in die Luft und steigen daran hoch – wenn es an irgendeinem noch so schwachen Zweiglein Halt findet. Der Unterschied zwischen unseren Bemühungen und denen eines Tieres oder einer Amöbe ist nur der, dass unser Seil in einer Welt 3 kritischer Diskussionen Halt finden kann: einer Welt der Sprache, der objektiven Erkenntnis. Das ermöglicht uns, einige unserer konkurrierenden Theorien auszuscheiden. Und wenn wir Glück haben, gelingt es uns, einige unserer falschen Theorien zu überleben (die meisten sind ja falsch), während eine Amöbe (oder Zecke) mit ihrer Theorie, ihrem Glauben und ihren Gewohnheiten zugrunde geht." (Popper, S. 153)

Stressbewältigung

Ausgehend von Poppers Erkenntnistheorie und Uexkülls Bedeutungslehre habe ich dargelegt, dass wir das gewalttätige Verhalten von Jugendlichen nicht als sinnlos-destruktive Tätigkeit, sondern als auf falschen Theorien aufbauendes Verhalten behandeln. So gesehen ist Gewalt ein individueller Problemlösungsversuch von Personen, die nicht über die notwendigen Ressourcen verfügen, ihr Leben gewaltfrei zu gestalten. Damit wird auch verständlich, dass Gewaltanwender oftmals der Meinung sind, der andere habe sie zu dieser unerfreulichen Handlung gezwungen.

Ziel des Trainings ist es kritische Situationen zu schaffen, wo diese Theorien in der Gruppe einer Prüfung unterzogen werden können. Ganz wichtig in diesem Klärungsprozess ist, dass die Bedürfnisse und Motive, die zu einer bestimmten Wahrnehmungsdisposition führen, erkennbar werden. Wir Therapeuten wiegen uns oft in dem Wahne, dass wir wissen was für die Teilnehmenden von Bedeutung ist. Wir gehen leichtsinnig davon aus, dass jeder Mensch die Beziehungen zu seiner Umwelt nach gleichen Kriterien organisiert wie wir. Dem widerspricht Uexküll's Bedeutungslehre: Wie ein Feinschmecker sich aus dem Buffet nur die besten Happen heraussucht, so hat der gewalttätige Jugendliche aus den Dingen seiner Umgebung nur die belastenden Dinge herausgelöst. In der Umwelt dieses Jugendlichen liegt der Akzent der Bedeutsamkeit nicht auf was ihm wohlgesinnt ist, sondern auf dem Merkmal der Bedrohung. Uexküll gibt dazu ein schönes Bild: „Jedes Subjekt spinnt seine Beziehungen wie die Fäden einer Spinne zu bestimmten Eigenschaften der Dinge und verwebt sie zu einem festen Netz, das sein Dasein trägt". (S. 31) Unsere Arbeit besteht nun darin, dieses Spinnennetz erkennbar und veränderbar zu machen.

Das feste „Spinnennetz", das unsere Handeln steuert, ist in einem gewissen Sinn unser persönliches Gehirn. Im Gehirn laufen gleichzeitig hunderttausende von Funktionskreisen ab. Die modernen Neurowissenschaften sehen das Gehirn als ein Netzwerk von Systemen, die zum einen Teil genetisch angelegt sind, zum anderen Teil auf unseren Erfahrungen sich entwickeln. Der primäre Zweck des Gehirns ist die Anpassung an die Umwelt, mit dem Ziel der physischen Gesundheit, des Wohlbefindens und der Fortpflanzung. Storch & Krause (2002) gehen der Frage nach, wie es dem Gehirn gelingt, dafür zu sorgen, dass seine Besitzerin möglichst viel psychobiologisches Wohlbefinden erleben kann:

> „Dies gelingt, indem das Gehirn dafür sorgt, dass die Dinge, die dem Individuum wiederfahren, bewertet werden im Hinblick darauf, ob sie dem Wohlbefinden zuträglich oder abträglich waren, indem es dieses Wissen speichert, und es dann – je nach Situation – entweder ad hoc oder zur Handlungsplanung einzusetzen. Die Grundlage für die selbstorganisierenden Prozesse des Gehirns sind, mit anderen Worten, Erfahrungen. (...) Wenn ein Mensch sich auf eine Art und Weise verhält, die seinem psy-

chobiologischen Wohlbefinden abträglich ist, dann hat er ungeeignetes Wissen darüber, wie man diesen erwünschten Zustand herstellen kann." (S. 28)

Wir können davon ausgehen, dass unsere Zielgruppe – verhaltensauffällige und gewalttätige Jugendliche – viel ungeeignetes Wissen angesammelt haben, indem sie viele schlechte Erfahrungen gemacht haben. Die besondere Schwierigkeit unserer Arbeit liegt darin, dass diese jugendlichen Gehirne mit Merkorganen ausgestattet sind, die aus der Umwelt jene Merkmale herauspicken, die einen subjektiv-bedrohlichen Anteil haben, weil sie damit schlechte Erfahrungen gemacht haben. Ein wichtiger Lernschritt besteht im Erkennen, dass eine und dieselbe Situation von verschiedenen Personen ganz unterschiedlich eingeschätzt werden kann. Im Selbstmanagement-Training benutzen wir als Übungssituationen sogenannte tägliche Widrigkeiten des Alltags.

Die Stressforschung unterscheidet drei Arten von belastenden Erfahrungen: chronische Stressoren (beispielsweise die über Jahre andauernde Überforderung in der Schule, Armut, dauernde Abwesenheit des Vaters, Misshandlung), wichtige Lebensereignisse (z.b. Familienerweiterung, Unfall, Scheidung der Eltern) und die akuten täglichen Widrigkeiten (z.b. Alltagskonflikte, schlechtes Essen, Insektenstich, Hausaufgaben, beim Spiel verlieren, ausgeschlossen werden).

Zwischen diesen Belastungen und der Gesundheit bestehen komplexe wechselseitige kausale Beziehungen. Diese Kausalitätsmechanismen sagen aber nichts darüber aus, welche Stressoren die Gesundheit entscheidend belasten und welche eher sekundär sind. Stressbedingte Belastungen entwickeln sich nicht linear sondern in Quantensprüngen. Ein „kleiner" Stressor kann weitreichende Auswirkungen auf Gesundheit und Wohlbefinden haben:

Kognitive Prozesse haben eine entscheidende Pufferfunktion zwischen Stressor, Stressempfinden und Gesundheit. Eine gesundheitsgefährdende Stressreaktion (wie Rückzug/Vereinsamung oder Angriff/Gewalt) entsteht vor allem dann, wenn der Stressor als unkontrollierbar, unberechenbar, sinnlos, unverständlich oder illegitim erlebt wird. Je mehr so genannte „Selbstwirksamkeitserwartung" die Betroffenen zu haben glauben, umso weniger stressanfällig sind sie. Ebenfalls eine entscheidende Pufferfunktion spielt die soziale Unterstützung (die praktische und emotionale Unterstützung durch Familie, Freunde, Bezugspersonen etc.). Personen, die über ausreichende soziale Unterstützung verfügen, sind eher überzeugt, ihre Umwelt und den ev. Stressor kontrollieren zu können. Das Wissen um die mögliche soziale Unterstützung stärkt das Selbstwertgefühl, das Selbstbewusstsein und die emotionale Stabilität. Je stärker die emotionale Stabilität und der Selbstwert, desto flexibler handelt eine Person in Stresssituationen: sie wird die Situation genau prüfen, die gestellten Anforderungen in Frage stellen,

Ressourcen ausfindig machen und bereitstellen, mit anderen Personen Rückmeldungen und Zwischenbewertungen vornehmen und gegebenenfalls die Handlungsstrategien anpassen (vgl. hierzu Meyer 2000, S. 47ff.).

Die von uns behandelten Jugendlichen sind emotional unstabil, verfügen über wenig Selbstwert, sind vielfach in einer chronisch belasteten Familiensituation aufgewachsen, haben Schulversagen erlebt, sind sozial isoliert, verfügen über bescheidene materielle und soziale Ressourcen. Die sogenannten kleinen Stressoren, also alltägliche Widrigkeiten die im psychosozialen Kontakt mit anderen Personen auftauchen, scheinen oft harmlos und die Reaktion der außenstehenden ist oft „tu doch nicht so, ist ja gar nichts passiert". Für die betroffene Person ist aber bereits zu viel passiert, wie wenn ein zusätzlicher Tropfen das Fass zum überlaufen bringt. Im Selbstmanagement-Training bearbeiten wir kleine Stressoren. Chronische Stressoren und bedeutende Lebensereignisse sind nicht Inhalt dieser Gruppenaktivität. Zwar ist anzunehmen, dass ein großer Anteil von gewalttätigen Kindern und Jugendlichen selber Gewalt erlitten hat. Dieses Thema muss in anderen therapeutischen Settings bearbeitet werden. Unsere Zielsetzung ist also, die *kleinen Stressoren* zu bearbeiten, wie „... der zeigt mir den Stinkefinger / er hat mir Arschloch gesagt / der andere hat mehr bekommen / alle haben mich komisch angeschaut / ich wurde nicht beachtet". Anhand des Funktionskreises will ich nun aufzeigen, wie kognitive Prozesse und soziale Unterstützung eine Pufferfunktion zwischen Merkmal (Stressor) und Wirkung einnehmen können.

Fallbeispiel aus *Selbstmanagement-Training mit gewaltbereiten Jugendlichen* (vgl. hierzu Sitzung 6, S. 166, sowie die Darstellung in Methoden: Rückwärts-Rollenspiele, S. 92)

1. Yvan berichtet, dass er letzte Woche seinem Lehrer gegenüber leicht gewalttätig geworden ist: Yvan habe mit einem anderen Jugendlichen eine heftige verbale Auseinandersetzung gehabt. Darauf habe ihn der Lehrer von hinten an einem Arm gepackt. Yvan wollte sich losreißen und da habe er dem Lehrer mit dem Ellbogen unabsichtlich ins Gesicht geschlagen.

2. Yvan stellt die Auseinandersetzung mit dem Jugendlichen und dem hinter ihm stehenden Lehrer szenisch dar – „so wie es war", aus der Perspektive von Yvan, ohne alternative Lösungssuche.

3. Weitere Elemente der Inszenierung werden hinzugefügt.

4. Zwischenauswertung mit Rückmeldungen: ich formuliere die Hypothese, dass der Lehrer vielleicht gar nicht zupacken wollte, sondern nur die Aufmerksamkeit von Yvan erreichen wollte („... möglicherweise hat er vorher bereits vergeblich mit Rufen versucht, dir etwas zu sagen ..."). Doppeln: ich stelle mich neben Yvan und spreche: „... wenn mich jemand von hinten packt ..." – Yvan ergänzt „das kann ich nicht haben". Yvan erklärt, dass es für ihn wie ein Angriff wirkt, wenn jemand von hinten kommt.

5. Rollentausch: Yvan übernimmt Rolle des Lehrers und probiert aus der Lehrerposition deeskalierende Interventionen aus.

6. Lösungssuche: Yvan beobachtet als Zuschauer das Rollenspiel.

7. Rollenspiel in der Ausgangssituation: spielen einer Lösungsvariante – wie kann Yvan auf das „Packen" des Lehrers gewaltfrei reagieren?

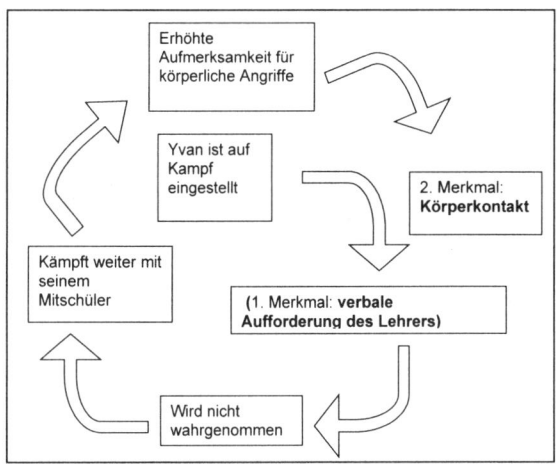

Abbildung 5: Funktionskreis 4

Im Rollenspiel kann Yvan erfahren, dass er das Merkmal 1 (die verbale Aufforderung) gar nicht wahrnimmt: er ist dermaßen erregt und auf Kampf eingestellt, dass verbale Mahnungen nicht beachtet werden. In Arbeitsschritt 4 wurde exploriert, wie die psychische Befindlichkeit (Welt 2) von Yvan in Moment des Konfliktes war. Durch die Arbeitsschritte 5 und 6 kann Yvan die Situation aus anderer Perspektive betrachten und auf mögliche Handlungsmotive und Absichten schließen (Welt 3). In Schritt 7 kommt er zur Erkenntnis: „Wenn ich im Kampf bin und von hinten gepackt werde, sehe ich rot." Er hat insofern einen Lernschritt gemacht, dass die Schuldzuweisung nicht mehr einseitig ist („..er hätte mich nicht anfassen sollen"), sondern Yvan nun erkennen konnte, dass wenn er in einer körperlichen Auseinandersetzung ist, schwer zu stoppen ist und oft „nur noch rot sieht". Dadurch wird eine Suche nach gewaltfreien Handlungsmöglichkeiten überhaupt erst möglich.

An obenstehendem Beispiel sehen wir, wie Merkmale (Mahnen oder Anpacken) wirksam werden oder eben nicht. Auf der Grundlage bereits gemachter Erfahrungen werden Merkmale aus der Umwelt sehr oft direkt bewertet. Dieser Bewertungsprozess ist uns nur dann bewusst, wenn wir unsicher sind und überlegen müssen. Die meisten Bewertungsprozesse (und jede Wahrnehmung beinhaltet eine Bewertung) laufen unbewusst ab in einem modular aufgebauten Prozess-System, das sich in ständiger lernender Auseinandersetzung mit der Umwelt laufend entwickelt.

Die Neuropsychologie geht heute davon aus, dass im menschlichen Gehirn zwei Systeme am Zustandekommen von Handlungen beteiligt sind. Ein System funktioniert sozusagen automatisch, es ist uns gar nicht bewusst. Das andere, ist zuständig für bewusste, als willkürlich erlebte Handlungen. Mischel (2003) bezeichnet das ältere als ‚heiß', automatisch, impulsiv und schnell, es wird unterhalb der Bewusstseinsschwelle gestartet (und wird dementsprechend als ‚adaptives Unbewusstes' bezeichnet). Das andere charakterisiert er als ‚kalt', basierend auf Logik und Verstandestätigkeit, darum etwas umständlicher und auch deutlich langsame. Die Funktionsweisen des bewussten und des unbewussten Verarbeitungssystems sind deutlich verschieden, sie beruhen auch hirnanatomisch auf verschiedenen Strukturen. Diese Unterscheidung zwischen bewussten und unbewussten Steuerungs-Systeme im Gehirn entspricht den expliziten und impliziten Prozessen aus der Gedächtnispsychologie (Schacter, 1986). Explizite Prozesse benötigen Zeit und Aufmerksamkeit, implizite Prozesse laufen wie automatisiert und blitzschnell ab.

„Wenn man an den Unterschied zwischen der ersten Fahrstunde und der Art und Weise, wie man heute Auto fährt, denkt, wird der Unterschied zwischen expliziten und impliziten Prozessen ohne weiteres deutlich. Grundsätzlich ist die Fähigkeit des Gehirns, viele Dinge im impliziten Modus automatisiert abzuwickeln, meistens von Vorteil. Für psychologische Prozesse allerdings kann diese Fähigkeit manchmal zum Problem werden. Dies ist dann der Fall, wenn maladaptive neuronale Netze die Steuerungsfunktion übernehmen und im Menschen Wahrnehmungsbereitschaften, motivationale Bereitschaften und Handlungsbereitschaften hervorrufen, die dem psychobiologischen Wohlbefinden abträglich sind. Dies geschieht besonders in Situationen des ‚Handelns unter Druck' (Wahl 2001), in denen das Gehirn auf das implizite Regulationssystem umstellt. Dann ist kein willkürliches Handeln mehr möglich, das aktivierte Muster läuft automatisch ab." (Storch & Riedener, S. 69)

Anti-Gewalt-Training heißt in diesem Sinne: Lernsituationen erschaffen, die den ‚Drucksituationen des Alltages' ähnlich sind. In diesen Training-Drucksituationen wird versucht zwei Puffer in diese automatisch ablaufende Prozesssysteme einzubauen um so das individuelle, jedem Menschen spezifische „Spinnennetz" sichtbar zu machen:

1. Kognitive Überprüfung der Bewertung:

- die Jugendlichen können die Erfahrung machen, dass ein Ereignis aus verschiedenen Perspektiven bewertet werden kann,
- dass die eigenen Gefühle eine entscheidende Rolle spielen und
- dass die Reaktion auf ein Ereignis ebenfalls unterschiedlich ausfallen kann;
- dadurch entsteht die Erkenntnis, dass neues Verhalten lernbar ist.

2. Soziale Unterstützung:

- Im Rollenspiel und in der Auswertung erfahren die Jugendlichen, dass die eigenen Bedürfnisse und Wünsche wichtig sind (auch bei den anderen), dass es aber verschiedene Möglichkeiten gibt, diese umzusetzen;
- sie erleben, dass auch andere Jugendliche, wie auch die Leitenden, Unsicherheiten bei der Lösung von Alltagskonflikten haben und
- dass es mindestens ebenso viele Lösungen gibt wie Menschen.

Im Methodenteil werde ich beschreiben, wie dies in der Trainingspraxis konkret aussieht. Es soll aber hier ausdrücklich betont werden, dass im Selbstmanagement-Training keine extremen Stresssimulationen gemacht werden. Im Gegensatz zum Anti-Aggressivitäts-Training, bei dem die Teilnehmer auf dem ‚heißen Stuhl' von gleichaltrigen Ex-Gewaltanwendern und TrainerInnen ins Kreuzfeuer der Kritik genommen werden (Weidner 2003), liegt im Psychodramatraining der Akzent nicht bei der Konfrontation, sondern bei der Ressourcenförderung: der Stress wird alleine dadurch erzeugt, dass es sich um eine Gruppenaktivität handelt, bei der problematische Themen in spielerischer Form behandelt werden. Innerhalb dieses Rahmens werden in erster Linie positive emotionale Erfahrungen gefördert. Die Handlungsbereitschaft zu Gewalt, kann nur gehemmt werden, wenn die Jugendlichen das Training als herausfordernd aber nicht bedrohlich empfinden.

Moralische Urteilsfähigkeit

Ein bedeutender Stressfaktor stellt sich in der Jugendzeit mit der Anpassung des Rollenhaushaltes ein. Im Übergang von der Kinder- zur Erwachsenenwelt müssen die Jugendlichen ihre soziale Position mit sozial normierten Verhaltens- und Einstellungserwartungen und Rollenmuster neu definieren. Jeder Mensch hat eine (alters-) spezifische Kombination verschiedener sozialer Rollen (beispielsweise Schüler, Fußballer, Mitbewohner, Sohn, Bruder etc.). Die Summe aller von einem Individuum übernommenen Rollen wird Rollenhaushalt genannt (Meyer, 2000). Im Übergang zur Erwachsenenwelt wird der Rollenhaushalt komplexer und die vorher dominanten Familienrollen verlieren an Bedeutung.

„Die Gefahr dieser Phase liegt darin, dass sie ein Gefühl der Unzulänglichkeit und Minderwertigkeit bilden kann. Wenn das Kind verzweifelt, weil es mit den Werkzeugen und Handfertigkeiten nicht zurechtkommt oder weil es unter seinen Werk-Gefährten keinen eigenen Stand finden kann, so kann es die Hoffnung aufgeben, sich schon mit den Großen identifizieren zu können, die sich im gleichen allgemeinen Rahmen der Werkzeugwelt betätigen. (...) An diesem Punkte wird jetzt die größere Gesellschaft wichtig mit ihren jeweiligen Methoden, das Kind zu einem

Verständnis für bedeutsamere Rollen in der Gesamtökonomie zu führen. Wie viele Kinder erleben einen Bruch in ihrer Entwicklung, weil das Familienleben sie nicht auf Schulleben vorbereitet hat, oder weil das Schulleben die Versprechungen früherer Stadien nicht hielt." (Erikson 1984, S. 254)

Die Integration, die nun in Form der Ich-Identität stattfindet, ist die Anpassung der entwickelten Fähigkeiten an die Möglichkeiten der zur Verfügung stehenden sozialen Rollen. Die Gefahr dieses Stadiums liegt in der Rollenambiguität (die Anforderungen an eine Rolle sind mehrdeutig), in der Rollendisparität (es wird mehr Eigenverantwortung erwartet – ohne dass mehr Rechte zugestanden werden), im Rollenwechsel (vom Schüler in die Lehrlingsrolle), und im Person-Rollen-Konflikt (Widerspruch zwischen den persönlichen Zielen/Werthaltungen und den effektiven Rollenerwartungen und Rollenmöglichkeiten). Die psychodramatischen Theorie postuliert, dass Gewalt eine Folge sein kann von solchen Rollenbelastung. Zu jeder Rolle gehören Aufgaben, Pflichten, Anforderungen, sowie Einschränkungen und Zwang. Wenn nun persönliche Werte und Zielsetzungen im Widerspruch stehen zu gesellschaftlichen Rollenerwartungen, oder wenn der Rollenträger nicht über die Mittel/Fähigkeiten verfügt, die Erwartungen zu erfüllen, oder wenn massive Widersprüche bestehen zwischen mehreren Rollen einer Person, dann wird dies als Rollenbelastung/Stress definiert. Wie stark dieser Stressor als Belastung empfunden wird und zu gewalttätigem Verhalten führt, hängt von verschiedenen Faktoren ab. Eine gewalttätige Stressreaktion wird vor allem dann auftauchen, wenn die Belastung als unverständlich, ungerecht und mit friedlichen Mitteln nicht kontrollierbar erscheint. (vgl. hierzu Meyer 2000)

Um diesen Belastungen zu entgehen, überidentifizieren sich die Jugendlichen zeitweise mit Cliquen, unterwerfen sich einem Clan-Chef oder schwärmen für Massen-Helden. Sie können dabei grausam sein im Ausschluss von all jenen, die anders sind als sie. Diese besondere Form der Stressbewältigung hilft den Ich-schwachen-Jugendlichen die schwierige Zeit der Entwicklung eines adäquaten Rollenhaushaltes zu überstehen.

Eine wichtige Therapietechnik ist hierbei die Aufstellung des Rollenhaushaltes. Sie wird sehr häufig eingesetzt. Sie macht sichtbar und erfahrbar, dass mit sozialen Rollen nicht nur Anforderungen, Pflichten und Aufgaben verbunden sind, sondern auch Ressourcen.

„Zum Ressourcenaspekt gehören die Rechte, Privilegien, der Ertrag, der Lohn und die Ressourcen, die mit der Rolle verbunden sind, sowie die verschiedenen Optionen, insbesondere die Möglichkeit der Entfaltung, Selbstverwirklichung und der identitätsstiftenden Funktion einer sozialen Rolle. Es ist anzunehmen, dass sich der Ressourcenaspekt einer Rolle generell positiv auf Gesundheit und Lebensqualität auswirkt." (Meyer 2000, S. 43)

Und damit sind wir wieder bei der Welt 3 angelangt: wenn ein Jugendlicher sich in einer bestimmten sozialen Rolle gewalttätig verhält, also eine allgemein akzeptierte kulturelle Norm der Gewaltvermeidung verletzt, liegt meistens ein identitätsstiftende Funktion dahinter. Der Gewaltanwender will aufzeigen, dass seine Erwartungen und Bedürfnisse nicht beachtet wurden. Sein Gerechtigkeitsempfinden signalisiert ihm, dass er ein deutliches Zeichen setzen muss: „Hallo, da bin ich und ich will was". Die dabei angewendete Gewalt finden die Aggressoren selbst als zur betreffenden sozialen Rolle gehörend. Die Untersuchung der Moralvorstellungen von Gewaltanwendern ist daher ein ganz zentraler Problembereich.

Der Kinderpsychologe Jean Piaget unterscheidet zwei Arten von Moral: eine Moral des Zwangs und eine Moral der Zusammenarbeit:

> „Der moralische Zwang wird durch die einseitige Achtung charakterisiert. Diese Achtung ist die Quelle der moralischen Verpflichtung und des Pflichtgefühls. Jede Weisung, die von einem Menschen ausgeht, den man achtet, ist der Ausgangspunkt einer verpflichtenden Regel. Die Verpflichtung, die Wahrheit zu sagen, nicht zu stehlen usw. stellen ebenso viele Pflichten dar, die das Kind als solche empfindet, ohne dass sie von seinem eigenen Bewusstsein ausgehen: es sind Vorschriften des Erwachsenen, die das Kind annimmt." (Piaget 1954, S. 221)

Mit der *Moral der Zusammenarbeit* meint Piaget eine weiter entwickelte Moral: ein Gerechtigkeitssinn, der auf gegenseitiger Sympathie und Achtung beruht und von jedem äußeren Druck unabhängig ist. Es ist dies ein Gerechtigkeitsempfinden im Sinne eines autonomen Verständnisses für Regeln der Verteilung von Gütern bzw. Belohnungen/Bestrafungen in einem sozialen System. Dazu gehören die momentane Zurückstellung eigener Interessen und Bedürfnisse gegenüber Anderen, das Erleben von Mitgefühl und die Schuldfähigkeit.

Nach Piaget denken und handeln jüngere Schulkinder nach den Kriterien des moralischen Zwanges. Wenn sie also beispielsweise ihre Lehrperson achten, werden sie sich an die vorgegebenen Regeln halten. Mit etwa 10 Jahren wird die reifere Moral, die der Zusammenarbeit, wirksam. Diese entwickelt sich im kindlichen Bewusstsein, zum guten Teil unabhängig von den Einflüssen der Erwachsenen, da es zu „seiner Entwicklung nur der gegenseitigen Achtung und Solidarität der Kinder untereinander bedarf. Häufig drängen sich die Begriffe von Recht und Unrecht dem kindlichen Bewusstsein trotz und nicht durch den Erwachsenen auf. Im Gegensatz zu einer solchen, zuerst von außen aufgedrängten und von dem Kind lange nicht verstandenen Regel, wie etwa nicht zu lügen, ist das Gebot der Gerechtigkeit eine Art immanente Bedingung oder Gleichgewichtsgesetz der gesellschaftlichen Beziehungen" (Piaget 1954, S. 224).

Wenn nun Rudi seine Lehrerin aufs Übelste beschimpft und bedroht, so geschieht dies aus reinem Gerechtigkeitssinn. Meint er. Und Dank seiner guten Intelligenz und hohen Sozialkompetenzen kann er dies auch gegenüber Außenstehenden einigermaßen glaubhaft darstellen. Die Lehrerin hingegen meint, er sei gestört und habe keine Moral. Rudi kann nicht verstehen, dass er als Sanktion jetzt ein Anti-Gewalt-Training besuchen muss. Dementsprechend beschimpft er den Therapeuten beim Vorgespräch.

Als Gruppentherapeuten haben wir nun die Aufgabe Rudi zu lehren, dass er Lehrpersonen, Therapeuten und andere Erziehende nicht beschimpfen und bedrohen darf. Als Ausgangpunkt nehmen wir seine Aussage „Ich wurde von der Lehrerin provoziert": Mit Sitzpolstern stelle ich die Interaktion Lehrerin – Rudi szenisch dar. (siehe hierzu auch *Selbstmanagement-Training mit Jugendlichen*, Sitzung 1) Ich nehme zwei verschiedenfarbige Polster und stelle sie in einem beliebigen Abstand zueinander auf. Rudi reagiert sofort und stellt die Lehrerin näher zu sich. Damit gibt er sein praktisches Einverständnis für eine szenische Bearbeitung. Ich kann gleich nachfragen, wie Rudi das Distanzverhalten erlebt hat: „... aha, du hast das Gefühl, dass sie zu nahe gekommen ist ...". Es zeigt sich nun, dass Rudi – als Reaktion auf das Merkmal Distanz – aufgestanden ist und eine Beschimpfung ausgesprochen hat und die Distanz selbst noch weiter verkürzt hat. Ich bewege das Polster noch etwas näher.

Wir erfassen damit seine inneres Bild, seine subjektive Welt (sozusagen das *psychische* Bild). Ziel dieser Inszenierung ist nicht etwa herauszufinden, wie die Szene sich in der Realität abgespielt hat (das *physikalische* Bild), sondern uns interessiert sein Gerechtigkeitsempfinden: welche Einstellung, welche Theorie veranlassen Rudi das Verhalten der Lehrerin als Provokation wahrzunehmen?

Für den Philosophen Karl Popper „besteht die Welt aus mindestens drei ontologisch verschiedenen Teilwelten; oder, wie ich sagen werde, es gibt drei Welten: Die Welt 1 ist die physikalische Welt oder die Welt der physikalischen Zustände; die Welt 2 ist die geistige Welt, die Welt unserer psychischen Erlebnisse (Wünsche, Hoffnungen, Gedanken...); die Welt 3 ist die Welt der intelligibilia oder der Ideen im objektiven Sinne; es ist die Welt der möglichen Gegenstände des Denkens: die Welt der Theorien an sich und ihrer logischen Beziehungen." (Popper 1998, S. 160). Wenn also Rudi sagt „Ich weiß, dass sie mich provozieren wollte", so drückt er sein psychisches Erleben aus (Welt 2). Stünde uns nun eine Videoaufzeichnung der Schulstunde zur Verfügung, könnten wir ihm vielleicht aufzeigen, dass die physikalische Welt, so wie sie aufgezeichnet wurde (Welt 1) kaum provokativen Elemente enthält. Wir sind aber keine Schiedsrichter, wir sind Psychotherapeuten. Unser Ziel ist es, eine reife moralische Entwicklung zu fördern: Rudi soll befähigt werden, seine Aussage „Ich weiß, dass sie mich provozieren wollte" zu prüfen: woher weiß er, dass sie provozieren will?

Welche Theorien, Erfahrungen, Bilder sagen ihm das? Die Erfahrung der Welt, unser unmittelbares Selbstbewusstsein, hängt ganz entscheidend von unserer Welt 3 ab, d.h. von unseren Theorien über die Welt mit ihren Normen, Verpflichtungen und Werten. Wie Piaget annimmt, ist Moral nicht einfach vorgegeben, angeboren. Sie entwickelt sich vielmehr durch ausprobieren, erfahren, erleben, und erhält dadurch ein ganz individuelle Logik. Wir werden also versuchen, vermittels szenischen Darstellungen, Gruppenspielen, Metaphern, intermediären Objekten und Gesprächen einen Erkenntnisprozess über individuelle Theorien, moralische Urteile, Vorurteile, Ideale und Lebenseinstellungen in Gang zu setzen.

Bei Rudi haben wir die Konfliktsituation durch eine einfache Aufstellung mit Polstern visualisiert: Wie sieht die Situation aus? Unter Situationsanalyse verstehe wir eine bestimmte vorläufige oder mutmaßliche Erklärung einer menschlichen Handlung aufgrund der Situation des Handelnden: die Situation, so wie er sie sah. Indem wir Rudi darstellen lassen, wie er die „provokative" Situation sieht, versuchen wir seine Überzeugungen und Urteile (seine Welt 3) erkennbar zu machen.

Wir holen damit einen Entwicklungsschritt nach, den die gewalttätigen Jugendlichen in ihrer Kindheit verpasst haben:

„Das Spiel des Kindes ist die infantile Form der menschlichen Fähigkeit, Modellsituationen zu schaffen, um darin Erfahrungen zu verarbeiten und die Realität durch Planung und Experiment zu beherrschen. In gewissen Phasen seiner Arbeit und seines Werkes plant der Erwachsene über den Bereich seiner Erfahrung hinaus, in Dimensionen, die seinem Einfluss zugänglich erscheinen. Im Laboratorium, auf der Bühne und auf dem Skizzenbrett lässt er die Vergangenheit von neuem aufleben und löst so restliche Affekte auf. In der Rekonstruktion der Modellsituation korrigiert er sein Versagen und entwickelt neue Hoffnungen. Er antizipiert die Zukunft vom Standpunkt einer verbesserten und mit anderen geteilten Vergangenheit." (Erikson 1984, S. 216)

In der Modellsituation soll Rudi nicht etwa vorgezeigt werden, wie er sich hätte verhalten sollen (eine Moral des Zwanges). Er kann sich korrekt verhalten, wenn dies von bedeutsamen Erwachsenen gefordert wird. Ein entsprechendes Rollenspiel würde er (sofern er nur will) emotionslos abspulen. Die Modellsituation also nicht als exemplarische Vorzeigesituation, sondern als Experimentierraum, Maquette, Laboratorium. Die Moral ist eine Logik des Handelns. In der Modellsituation kann Rudi spielend explorieren, welches seine Logik ist. Und in diesen Modellspielen wird er (hoffentlich) einen Schritt auf dem Weg zu einer Moral der Zusammenarbeit machen können.

Die Gruppe wird so zum Entdecken und Problemlösen, indem wir in der Phantasie entworfene Möglichkeiten ausprobieren. Indem wir versuchen, unsere Lebenserfahrung durch die Theorien der Welt 3 (Einstellungen, Werte, Normen) darzustellen. Indem wir zu unterscheiden lernen zwischen persönlichen Bedürfnissen, sozialen Rollenerwartungen und Gerechtigkeitsempfinden.

„Solange das Kind sein Ich nicht von den Einflüssen der physischen und der Gesellschaftlichen Welt loslöst, ist es nicht zur Zusammenarbeit fähig, denn um zusammenzuarbeiten, muss man seines Ichs bewusst sein und es in seine Beziehung zum Denken der Gemeinschaft einordnen." (Piaget, S. 100)

Grundannahmen zur moralischen Urteilsfähigkeit

- Aggressiv-dissoziale Jugendliche wollen ihr Verhalten ändern, können dies aber schlecht zeigen.

- Sie sind verantwortlich für ihre Handlungen im Hier-und-Jetzt, sie sind gleichzeitig Opfer von schwierigen Lebensbedingungen.

- Viele unter ihnen haben psychische und physischer Misshandlung erfahren – es soll vermieden werden, dass sie in der Trainingsgruppe wieder in die Opferrolle kommen.

- Jedes Verhalten der Jugendlichen in der Trainingsgruppe wird als Versuch angesehen, das Beste aus ihrer schwierigen Lebenssituation und sozialen Position zu machen. Diese Annahme wird auch mit entsprechender Deutung und Grenzziehung zurückgemeldet.

---

4. Grundtechniken und Methoden

Einführung in das Psychodrama

Psychodrama ist eine Methode der Gruppen- und Einzelpsychotherapie, die von dem Psychiater Jakob Levy Moreno (1889-1974) in den zwanziger Jahren entwickelt und von ihm und seinen Schülern international weiterentwickelt wurde.

Psychodrama ist eine Möglichkeit, durch szenische Darstellung Konflikte und Probleme zu bearbeiten. Mit Hilfe verschiedener Techniken wie Rollenübernahme, Rollenwechsel, Interview, Doppeln, Spiegeln werden reale Konfliktsituationen, Phantasien, Erlebnissen aus der Vergangenheit, Träume oder Zukunftsentwürfe nicht allein verbal abgehandelt, sondern mit verteilten Rollen in Szene gesetzt.

Im Unterschied zur verhaltenstherapeutischen Verwendung des Rollenspieles (wo durch Modell-Rollenspiele eine störendes Verhalten beseitigt wird), versucht das Psychodrama durch die szenische Darstellung, bei der die Verhaltensstörung eine wichtige Rolle einnimmt, die Funktion dieser Störung zu ergründen und Lösungen zu realisieren.

„Wenn wir genau hinschauen, wie jemand mit sich selbst zurechtkommt, obwohl er in großen Schwierigkeiten steckt, kommen wir zu ganz überraschenden Entdeckungen. Wir erkennen viele unangepasste Verhaltensweisen wie etwa Aggression, Zerstörungswut, Selbstverletzung und Zwangshandlungen. Aber daneben sehen wir auch andere Verhaltensweisen, mit denen Menschen versuchen, sich selbst unter Kontrolle zu halten. (...) Es sind dies Arten des Wahrnehmens, der Definition einer Situation, des Handelns und Denkens, mit denen sie sich gerade noch über Wasser halten, gerade noch behaupten können. Wer einmal erkannt hat, dass Menschen mit festgefahrenen Verhaltensweisen auch selbst nach Auswegen suchen, der hat den Schlüssel zur Lösung der Verhaltensprobleme entdeckt. Die Lösung ist die Förderung der selbstbehauptenden und selbstbeschützenden Kräfte." (Heijkoop 1998, S. 18)

Verhaltensauffällige und wiederholt gewalttätige Jugendliche stellen uns aber ‚beim genauen hinschauen' vor eine schwierige Aufgabe. Bereits das Ankommen in der Gruppe ist problematisch und ein von der Leitung gesteuerte Spielhandlung selten möglich. Die Begrüßung ist oft konfliktreich und die Anfangsrunde kann erst nach einigen Störungen eröffnet werden.

Wir können also nicht, wie im Psychodrama üblich, in vier Schritten vorgehen:

1. Gruppenbildung mit Eröffnungsrunde
2. Themensuche und Anwärmung fürs Spiel
3. Psychodramatisches Rollenspiel auf der Bühne
4. Integration und Abschluss.

In unseren Gruppen werden bei Eintritt in den Gruppenraum (wenn nicht schon vorher) Konflikte aktualisiert. Das bedeutet: die Realitätsebene ist bereits Spielebene, ab Eintritt in den Therapieraum sind wir auf der Bühne. Und wie im klassischen Psychodrama wird auf der Bühne die Wahrheit der Seele (*psycho*) durch Handeln (*drama*) ergründet. Auf der Psychodrama-Bühne wird die Welt rekonstruiert und exploriert. Wir gehen davon aus, dass der Mensch ein suchender ist: er versucht seine Lebenssituation zu verbessern und seinem Leben einen Sinn zu geben. Hierbei macht er viele Fehler und bleibt oft in unglücklichen Situationen stecken.

Auf der Bühne (d.h. ab Eintritt in den Gruppenraum) kann der Protagonist seine festgefahrenen Verhaltensweisen prüfen, seine zwischenmenschlichen Beziehungen hinterfragen, das Erlebte mit anderen Augen zu sehen versuchen, unausgesprochene Wünsche und Ziele darstellen, Phantasien entwickeln und korrigierende Probehandlungen testen. Er wird dafür nicht bestraft (wenn er die Grundregeln des Spiels respektiert). Im Gegenteil erhält er von der Gruppe und vom Therapeuten Unterstützung und empathische Teilnahme. Auf der Bühne kann der aggressive Jugendliche seine destruktiven Anteile zu verstehen versuchen und sich selbst verstehen lernen. In diesem Sinne ist Psychodrama Versöhnungsarbeit mit sich selbst:

- Die eigene Person/Geschichte mit den gewalttätigen Anteilen *wahrnehmen,*
- Verhaltensmuster erkennen und bewerten,
- eigene Werte, Einstellungen und Normen erkunden und benennen und somit
- die subjektive *Wahrheit* ergründen.

„Es geht im Psychodrama nicht um die objektive Wahrheit, sondern um die tiefere intersubjektive Wahrheit, um Wahrheit als existenzielle Qualität, die ‚den Stimmen der Unsichtbaren Worte verleiht'. Im Psychodrama entsteht das wahre zweite Mal durch den angemessenen Einsatz von Psychodramatechniken. Sie erweitern die erinnerte Szene zur ‚wahren' Szene, dadurch, dass sie die blockierte Spontaneität in ihr befreien. Moreno spricht davon, dass die Psychodramatechniken ‚Surplus Reality' bewirken, eine Realität, die vorher nicht da war, eine Überschusswahrheit. Ich bin innerlich tief davon überzeugt, dass in der Psychotherapie neben annehmender Liebe auf die Dauer nichts anderes heilsam wirkt als die Wahrheit, Wahrheit in dem Sinn des Versuchs, wahr zu sein. Mit Wahrheit meine ich nicht die sogenannte objektive Realität, im Psychodrama eine die Fakten genau widerspiegelnde Wiederholung der Erinnerung auf der Bühne, bei der der Therapeut wie ein Kriminalkommissar darauf achten würde, dass ja keine Einzelheiten ausgelassen werden. Es geht vielmehr um ein Wahr-Sein, darum, dass im immer neuen Wechsel zwischen Bewusstseinsbildung und Gestaltung etwas Wesentliches der Person oder der konflikthaften Beziehung hier und jetzt zum Ausdruck kommt. Das Gegenteil von Wahrheit ist nicht Lügen, sondern Selbsttäuschung." (Krüger 1997, S. 21)

Das Psychodrama verfügt über verschiedene Grundtechniken, um diese ‚Surplus Reality' zu ermöglichen. Diese habe ich an anderer Stelle ausführlich beschrieben (Schaller 2001, S. 16-53). Weiter unten wird eine kurze Zusammenstellung der zentralen Grundtechniken gegeben: Szenenaufbau, Rollenübernahme, Doppeln, Interview, Spiegeln, Aufstellungen.

Der Wirkfaktor dieser Techniken besteht darin, eine Realität zu erschaffen, die es in der Welt sonst gar nicht gibt. Wenn ein gewalttätiger Jugendlicher sagt: „Ich wurde provoziert", dann können Augenzeugen des Geschehens klarstellen, dass dies in der realen Situation gar nicht der Fall war. Es gab gar keine Provokation. Die Provokation ist keine Realität und dennoch ist sie real wirksam.

Der Philosoph Karl R. Popper war ein Zeitgenosse des Psychiaters J.L. Moreno und beide haben ihre Karriere in Wien begonnen und es gibt keine Hinweise, dass sie gemeinsam philosophiert haben. Sie kommen aber zu einer verblüffend ähnlichen Theorie, was das „Wahr-Sein" betrifft. In Morenos Psychodrama-Theorie ist das Rollenkonzept zentral: Jedes Individuum ist durch eine bestimmtes Repertoire von Rollen gekennzeichnet, die sein Verhalten prägt und jede Kultur ist durch eine gewisse Art von Rollen charakterisiert ist, die sie den ihr angehörenden Menschen auferlegt. Moreno unterscheidet drei Kategorien von Rollen: die somatischen Rollen, die psychischen Rollen und die sozialen Rollen.

Den Philosophen Popper beschäftigte die Frage, wie wir die Welt erkennen, in der wir leben. Er unterscheidet 3 Welten: 1) die Welt der physikalischen Gegenstände oder physikalischen Zustände; 2) die Welt der Bewusstseinszustände oder geistigen Zustände oder vielleicht der Verhaltensdispositionen zum Handeln; 3) die Welt der Fantasien, Ideen, Theorien, Werte.

Vielfach meinen wir, Probleme lösen zu können, indem wir uns nur mit dem sichtbaren Verhalten (somatische Rollen/Welt 1) und der psychischen Befindlichkeit (psychische Rollen/Welt 2) befassen. Moreno und Popper vertreten hingegen folgende Meinung: Wenn wir eine Aussage wie „Ich weiß, dass er mich provozieren will" bearbeiten wollen, können wir nicht auf der somatischen und psychischen Rollenebene bleiben. Um diese Problemsituation zu lösen, müssen wir die ‚Surplus Reality' der Welt 3 erkennbar machen.

„So gesehen ist das Leben ein Problemlösen und Entdecken – Entdecken von neuen Tatsachen, neuen Möglichkeiten, indem wir in der Phantasie entworfene Möglichkeiten ausprobieren. Auf der Ebene des Menschen spielt sich dieses Ausprobieren fast ausschließlich in der Welt 3 ab, indem wir versuchen, unsere Welt 1 durch die Theorien der Welt 3 darzustellen, vielleicht auch unsere Welt 2; und das mit immer mehr Erfolg; indem wir der Wahrheit näher zu kommen versuchen, einer vollständigeren, interessanteren, logisch stärkeren und relevanteren Wahrheit – zu einer für unsere Probleme relevanten Wahrheit." (Popper 1998, S. 153)

Mit den Techniken des Psychodramas (wie beispielsweise der Rollentausch) können wir explorieren, welche Theorie/Fantasie sich hinter dem Satz „Ich weiß, dass er mich provozieren will" verbirgt. In der untenstehenden Darstellung wird exemplarisch ein Trainingsverlauf in fünf Phasen dargestellt.

Tabelle 5: Phasenmodell des Psychodramatrainings

Trainingsverlauf in 5 Phasen	Handlungsebene: Symptom/ Veränderung	Handlungsleitende Fragen für die Gestaltung des Lernprozesses
Welt 1 oder somatische Rolle: das konkrete Verhalten	„X hat mich provoziert, er hat mich nicht beachtet"	Was ist das Problem? Welche Themen oder Ereignisse beschäftigen dich? Wie ist die körperliche Befindlichkeit?
Welt 2 oder psychische Rolle: Gefühle, Bedürfnisse	„Ich weiß, dass er mich provozieren will" „Ich hasse ihn"	Wie ist die psychische Befindlichkeit? Was spürst du? Welche Bilder kommen dir?
Welt 3 oder soziale Rolle: Ideen, Ziele, Werte, Fantasie	„Er steht immer im Mittelpunkt und lässt mir keinen Platz in der Gruppe"	Ist das gerecht? Wie erklärst du dir das? Welche Werte, Normen und Einstellungen sind wichtig?
zurück zu Welt 2: motivationale Ziele	„Ich will wissen, ob er das absichtlich macht"	Wie ist deine Befindlichkeit jetzt, mit diesen neuen Erkenntnissen? Was möchtest du verändern?
zurück zu Welt 1: Umsetzung	„Ich werde ihm folgenden Vorschlag machen ..."	Was brauchst du an Unterstützung, um das umzusetzen? Willst du das hier spielerisch üben?

Wir sehen, dass der Beginn immer beim beschriebenen oder realen Verhalten ist (Welt 1). Im Selbstmanagement-Training sind dies das beobachtbare Verhalten in der Trainingsgruppe, Informationen die von den Jugendlichen gegeben werden oder von Lehrpersonen/Erziehern. Die Grundtechnik hierbei ist die Eröffnungsrunde und das unstrukturierte Gespräch.

In einer zweiten Phase wird die Welt 2 der Gefühle und Bedürfnisse mit Techniken wie Szenenaufbau, Aufstellung, Symbolarbeit, Interview usw. exploriert.

In einer dritten Phase erfolgt die Aktualisierung der sozialen und transzendenten Rolle: dies ist der Kernpunkt der Arbeit. Der Jugendliche muss hier positive Selbstwirksamkeitserfahrungen machen können wie: Orientierung, Erkenntnisgewinn, Klärung der Schuldfrage, Überprüfung von Bewertungen, Verantwortung übernehmen, Ambivalenzen klären, Theorien überprüfen. Alle unten aufgeführten Grundtechniken können in dieser Phase eingesetzt werden. Wichtig ist aber, dass die Leitung nicht in einen Aktionismus fällt: als Grundprinzip gilt Abwarten – besser Wenig als Zuviel.

In der Integrationsphase (4) werden die Erkenntnisse den Bedürfnissen und Ansprüchen der sozialen Rolle angepasst: was ist wünschenswert, dringend, möglich, umsetzbar? Hier erweisen sich unter anderen vor allem folgende Techniken als wirksam: Interview, Doppeln, imaginativer Szenenaufbau, imaginative Rollenübernahme.

In der Transferphase (5) sind das aktuelle Verhalten im Hier-und-Jetzt der Gruppe und die Gruppenspiele und Gruppengespräche von großer Bedeutung. Hier zeigt sich, ob eine Verhaltensänderung erkennbar ist. Mit Vorwärts-Rollenspielen können erwünschte Verhaltensweisen vorbereitet werden.

Nachfolgend finden Sie eine kurze Beschreibung der Grundtechniken des Psychodramas. Daran anschließend eine Methodensammlung für die praktische Umsetzung im Selbstmanagement-Training. Diese Methoden stamme aus dem Psychodrama und aus verschiedenen psychoedukativen Ansätzen.

Für eine ausführliche und theoretisch fundierte Darstellung der Grundlagen und Grundtechniken des Psychodramas empfehle ich von Ameln et al. (2004) und Fürst et al. (2004).

Grundtechniken des Psychodramas

Szenenaufbau

Unsere individuelle Konstruktion der Realität, was Popper als die Welt 3 bezeichnet (Erlebnisse, Träume, Fantasien, Zukunftsperspektiven, Ideen, usw.) und unser Bewusstsein, unsere psychische Welt (Welt 2) können durch einen Szenenaufbau eine physikalische Gestalt erhalten (Welt 1) und sichtbar gemacht werden. Der Szenenaufbau ist eine Art visuelle Sprache: wir versuchen nichtmaterialisierten Dingen der Welten 2 und 3 eine physikalische Form zu geben, damit wir darüber reden können. Der Szenenaufbau kann in unterschiedlichsten Varianten durchgeführt werden:

- Der Szenenaufbau kann die Form einer Theaterbühne annehmen („... wir brauchen einen Tisch, drei Stühle, da ist der Eingang, hier das Fenster, und vor dem Fenster steht ein großer Kaktus ...") – hier wird beispielsweise eine erlebte Konfliktsituation nachgestellt, indem der Raum, wo der Konflikt stattfand, mit Einrichtungsgegenständen imitiert wird

- Figurativer Szenenaufbau: mit Miniaturfiguren, Holzklötzen, kleinen Steinen usw. kann eine erlebte Konfliktsituation ebenso nachgestellt werden. Diese Vorgehensweise hat den Vorteil der Distanzierung und der Handhabbarkeit: die Situation kann wie auf einem Schachbrett analysiert und einfach verändert werden

- Imaginativer Szenenaufbau: auf eine leere weiße Wand oder auf ein leeres Blatt Papier wird die Szene, „so wie sie in meinem Kopf aussieht" projiziert – es wird aber nicht richtig gezeichnet sondern die betreffende Person beschreibt einfach das imaginierte Diapositiv: „da steht ein Tischtennis in einem Kellerraum – an der Wand hat es Poster von Sportlern, auf dem Tisch sitzen zwei Personen, sie sprechen miteinander, auf der rechten Seite stehen ich und ...". Dieses Vorgehen eignet sich gut, um aus einer sicheren Distanz Gefühle der dargestellten Personen zu erkunden: „Wie geht es Dir hier auf dem Bild? Was meinst du, wie fühlt sich dieser Junge da, mit dem Schläger in der Hand?"

- Symbole: abstrakte Konstrukte der Welt 3 (wie beispielsweise der Begriff Gerechtigkeit) lassen sich oft nur schwer in Worte fassen. Als wirksame „Surplus-Sprache" erweist sich hier die Arbeit mit Symbolen: so kann ich für das, was ich unter Gerechtigkeit verstehe, einen Gegenstand auswählen (eine Pflanze, Farbstifte, Schmuck, usw.) und erklären, warum ich gerade diesen Gegenstand ausgewählt habe. Auch zur Darstellung der psychischen Befindlichkeit (Welt 2) eignen sich Symbole wie Steine, persönliche Gegenstände, Büromaterialien usw. („ich fühle mich wie ein Klebestreifen ... ich funktioniere, klebe und bleibe kleben ...").

- Aufstellungen sind eine reduzierte Form des Szenenaufbaues: nur bestimmte Dimensionen eines Erlebnisses (oder einer fantasierten Situation) werden mit Gegenständen im Raum dargestellt. So kann ich beispielsweise aufstellen, wie ich die Beziehungen in meiner Familie beurteile nach dem Kriterium der Nähe/Distanz: für jedes Familienmitglied wähle ich ein Steinchen und positioniere sie so, dass die Distanzen zueinander für mich stimmig sind. In Aufstellungen können auch bestimmte Fragestellungen räumlich dargestellt werden, wie etwa die Frage: „Wer möchte heute etwas lernen?" (vgl. weiter unten Motivationsskala).

- Standbilder sind die Sprache der Gefühle: Indem bestimmte Körperhaltungen und mimischer Ausdruck als „lebendige Skulpturen" dargestellt werden, wird die psychische Welt sichtbar. Wenn ich meine Familie als Standbild aufstelle, dann kann ich dies mit ausdrucksstarken Miniaturfiguren machen oder mit Personen, deren Mimik und Körperhaltung von mir geformt werden.

Rollenübernahme

Wenn wir die aufgebaute Szene in ein Rollenspiel überführen wollen (um einen Lern- und Veränderungsprozess zu initiieren), müssen die Teilnehmenden Rollen übernehmen. Dabei gibt es verschieden Möglichkeiten der Rollenübernahme:

- Ein Jugendlicher kann sich selber spielen in einem *Rückwärts-Rollenspiel*, um die Konfliktsituation wieder zu beleben, die er selber erlebt hat.

- Im *Vorwärtsrollenspiel* kann ein zukünftiges Verhalten in einer kritischen Situation geübt werden.

- Die Rollenübernahme kann *figurativ* sein: beispielsweise nach einer Aufstellung einer Konfliktsituation mittels Tierfiguren lasse ich die Teilnehmer die betreffenden Tierrollen übernehmen.

- Die Rollenübernahme kann *imaginativ* sein (vgl. weiter oben: imaginativer Szenenaufbau): „angenommen du bist jetzt dieser Tischtennis-Spieler, du bist jetzt in diesem Bild, in dieser Situation, was wäre dein nächster Schritt ...?"

- Im *Rollenwechsel* kann ein Jugendlicher die Rolle einer anderen am Konflikt beteiligten Person übernehmen; oder auch fiktive Rollen aus der eigenen Fantasie, Rollen von Tieren, Pflanzen, Gegenständen usw. Auch verschiedene Rollen des eigenen Rollenhaushaltes können gespielt werden. Eine viel eingesetzte Technik ist, die beiden Anteile einer Ambivalenz als Rolle spielen zu lassen: so kann ein Jugendlicher hinter sich zwei Spieler erleben, die ihm zwei gegensätzliche Handlungsvarianten empfehlen („ich schlage am besten einfach zu ..." und „ich will nicht schon wieder ..."). Wie Lammers (2004, S. 236) ausführt, kann der Rollenwechsel ermöglichen, „neue Sichtweisen auf die Welt oder bestimmte Problemstellungen zu erfahren und eventuell auch andere Verhaltensstrategien oder Problemlösefähigkeiten zu erkunden, die in einer bestimmten Rolle enthalten sind". Im Protokoll von *Training mit Jugendlichen, Sitzung 6* wird ein Rollenwechsel beschrieben. Ich mache ausdrücklich darauf aufmerksam, dass es sich in diesem Beispiel nicht um traumatisierende Rollen handelt: gewechselt wurde in die Rolle des Lehrers. Der Rollenwechsel muss bei gewalttätigen Jugendlichen mit höchster Vorsicht eingesetzt werden, da eine Re-Traumatisierung oder (als gesunde Abwehr) eine Glorifizierung von Gewalttaten erfolgen kann.

- Der Rollentausch ist die Methode der Wahl wenn es um die konkrete Beziehungsklärung zwischen zwei Personen geht: die beiden tauschen im Spiel die Rollen und versuchen die Gestik, Mimik Körperhaltung und Handlungsweisen zu imitieren. Indem sie die Rolle ihres Konfliktpartners übernehmen, erhalten sie möglicherweise Aufschluss über die Denkweise, Werte, Gefühle und Ziele ihres Gegenübers. Sie schlüpfen sozusagen in die Haut des anderen und sehen sich mit den Augen des anderen. Bei der Zielgruppe gewalttätige Jugendliche mit mehrfachen Lebensbelastungen ist der Rollentausch nur indiziert, wenn es sich um Rollenspiele handelt, die kleine Widrigkeiten des Alltages zum Thema haben und kein hohes Gewaltpotential erkennbar ist. Bei einem konfrontativen Rollenspiel hingegen, wo eine Gewalttat in Szene gesetzt wird, lasse ich Täter und Opfer nie die Rollen tauschen (vgl. hierzu Krüger 2003).

Doppeln

Mit der Technik des Doppelns im Rollenspiel können die Leitenden auf spielerische Art einzelne Teilnehmende darin unterstützen, eigene Handlungsmotive und Ziele zu aktivieren. Dabei stellt sich der Leiter neben die Person, deren Handlung irgendwie ins Stocken geraten ist und spricht für sie, an ihrer Stelle einen inneren Monolog („Eigentlich bin ich ganz gerne hier ..."). In den Trainings setze ich die Doppeltechnik meistens in den Gesprächsrunden ein, wenn einzelne Jugendliche durch ihr Verhalten die ganze Gruppe blockieren. Lammers (2004) unterscheidet zwischen zwei Arten von Doppeln:

- das *stützende Doppeln* ermöglicht einer Person zu ihrer Handlungsfähigkeit zurückzufinden, indem eigene Gefühle verbalisiert werden. Durch das Doppeln wird sie im Erkennen und Ausdrücken von Gefühlen und Wünschen unterstützt und das Gefühl wird vermittelt, mit dem eigenen Erleben nicht allein zu sein (... das finde ich ungerecht ...", „... ich komme mir vor wie im Kindergarten ...")

- das *aktivierende Doppeln* ermöglicht die Exploration von Handlungsmöglichkeiten, indem nachforschende Fragestellungen oder überraschende Ideen formuliert werden („... eigentlich frage ich mich, warum ich immer provozieren muss, irgendwie bin ich immer ...", „... am liebsten würde ich jetzt alles in die Luft sprengen ...").

Interview

Im Gegensatz zu anderen Rollenspielformen, bei denen der Leiter nicht ins Spiel eingreift, ist im psychodramatischen Rollenspiel der Leiter immer auch auf der Bühne. Er bleibt in ständigem Kontakt zur Hauptperson und führt mit diesem eine Art fortdauerndes Interview:

„Es kommt hier innerhalb der psychodramatischen Gruppentherapie eine Komponente der Einzeltherapie mit ins Spiel, das therapeutische Gespräch. Dieses Gespräch wird in der Regel als dialogisches Interview geführt. Der Therapeut versucht, sich in die Persönlichkeit und die Probleme des Patienten einzufühlen und ihm Wege zu eröffnen, seine Schwierigkeiten nicht nur auszusprechen, sondern auch auszuspielen." (Petzold 1993, S. 141)

Mit dem Interview können unterschiedliche Themenbereiche angesprochen werden, beispielsweise:

- Selbstwahrnehmung – „Wie geht es dir dabei?", „Ist das nicht schwierig auszuhalten?", „Was fühlst du im Bauch?", etc.
- Hemmungen – „Da gibt es wohl Sachen, die du lieber nicht sagst ..."
- Werte – „Findest du das gerecht, dass ...", „Entspricht das deiner Grundhaltung?"
- Motive – „Wenn du hier etwas verändern könntest, was?"
- Kontrollerwartung – „Hast du da geahnt, was jetzt passiert?"
- Ressourcen – „Du strahlst aber irgendwie eine Kraft aus, was ist das?", „Hast du nicht in einer ähnlichen Situation bereits gezeigt, dass du das kannst?"

Spiegeln

„Wie siehst du mich?", „Wie wirke ich auf dich?" und „Was denkst du von mir?" sind ganz zentrale Fragen im Jugendalter. Aus der Sicht der Neuropsychologie baut sich ab dem 10. Lebensjahr ein neues Selbstbild auf: Gehirnareale die es ermöglichen, über sich selbst nachzudenken, reifen jetzt aus und werden miteinander gut verkoppelt (Storch 2005, S. 34). Sich das eigene Verhalten wie in einem Spiegel anzusehen, ist daher eine spannende und entwicklungsfördernde Aktivität für Jugendliche. Die Wirkung des Spiegelns wird bereits durch den Szenenaufbau, eine Rollenübernahme (und hier vor allem durch den Rollentausch) und das Doppeln erreicht. Dieses Spiegeln kann noch verstärkt werden durch:

- Konfrontatives Spiegeln: Der Leiter imitiert das Verhalten einer Person. Er wird sozusagen zum Karikaturisten, indem er Sitzposition, Körperhaltung, Mimik, Stimme, Sprachmelodie, Lautstärke etc. einer Person nachmacht. Das konfrontative Spiegeln ist eindrücklich in lautstarken konflikthaften Auseinandersetzungen: „Schrei mich nicht an" – „Ich schrei dich nicht an, du schreist mich an" – „Ich schrei gar nicht, ich rede ganz normal, du schreist ..."
- Integratives Spiegeln: Um die eigene Person als Objekt betrachten zu können wird die Hauptperson aus der Inszenierung herausgenommen und durch einen anderen oder einen Gegenstand (z.B. Stuhl) ersetzt. Aus einer Distanz wird die Szene nun betrachtet und besprochen („Was fällt dir auf? Was gefällt dir? Was möchtest du verändern?"). Durch die räumliche Distanz gewinnt der betreffende Jugendliche auch eine innere seelische Distanz zu einer konflikthaften Situation. Er kann sich von außen in dem aktuellen Gruppenzusammenhang sehen und besser Ordnung in sein Gefühlschaos bringen.

- Videoaufnahmen eignen sich sehr gut, um das eigene Selbstbild einer Realitätsprüfung zu unterziehen. Wir nehmen periodisch die Sitzungen auf Video auf und schauen uns auch einzelne Sequenzen mit den Jugendlichen an. Dabei überlassen wir das kommentieren den Jugendlichen und beschränken uns auf das Fragestellen: „Was bedeutet das, wenn du so dasitzt? Was wolltest du hier eigentlich erreichen? Hast du das als Provokation empfunden?".

Aufstellungsarbeit

Die Qualität von Beziehungen zwischen Menschen lassen sich mit Worten beschreiben. Prägnanter ist aber immer eine Aufstellung: ich kann einen Schüler auffordern, mit Knöpfen seine Schulklasse aufzustellen. Für jeden Schüler, wie auch für sich selber, wählt er einen Knopf (mit einer bestimmten Farbe, Form und Größe) und legt diese auf den Tisch. Die Struktur die dabei entsteht und die Position des Selbst-Knopfes darin ergeben eine Bild der Schulklasse, so wie es von diesem Schüler gesehen wird. Im anschließenden Interview kann ich den Schüler fragen, wieso er einen gelben Knopf für sich gewählt hat, unter einer Mehrheit von braunen und grauen Knöpfen. Oder: Wieso sind diese Knöpfe ganz nahe beieinander, ist das eine Art Untergruppe?

Beziehungen zwischen Menschen sind abstrakt und theoretisch, sie sind nicht direkt sichtbar, sie sind nichtmaterialisierte Gegenstände der Welt 3. Wie Popper in seiner *Theorie der objektiven Erkenntnis* ausführt, gehören zur Welt 3 alle unsere Theorien, Fantasien und Ideen. Zur Welt zwei gehören unsere Gefühle und Empfindungen. Sowohl Welt 2 wie Welt 3 sind unkörperlich und daher nicht messbar oder sichtbar. Durch die Sprache können sie kommunizierbar und erkennbar gemacht werden. Noch einfacher und treffender können Beziehungen durch Aufstellungen zu sichtbarer und bearbeitbarer Materie (Welt 1) werden. Beispielsweise mit Knöpfen: die Beziehungen in einer Klasse erhalten eine Form, eine Struktur, Farben und Distanzen.

Aufstellungen sind ein zentrales Instrument des Psychodramas. Mit Aufstellungen kann in kurzer Zeit und mit wenig Aufwand eine präzise Bestandesaufnahme der emotionalen Beziehungen, der Hierarchie und der Struktur einer Gruppe gemacht werden. Ebenso wirkungsvoll kann eine Konfliktsituation gestellt werden: mit Knöpfen, Stühlen, Spielfiguren, Steinen, etc. kann eine soziale Situation symbolisch dargestellt werden und verschiedene Beziehungsqualitäten werden dadurch einfacher erkennbar: Nähe/Distanz, Beziehungskonstellation, Zu-/Abwendung.

Positive Beziehungsgestaltung

Bei den hier beschriebenen Trainings handelt es sich um verordnete Maßnahmen – umso wichtiger erscheint es, dass zwischen Teilnehmer und Leitung eine positive Bindung entsteht. In dieser positiven Bindung muss Ressourcenförderung und konfrontative Pädagogik eingebettet sein. Gelingt die positive Bindung nicht, ist das Training sinnlos. Gelingt die positive Bindungsgestaltung im Ansatz, so kann das Training beginnen. Aber an jeder Sitzung werden die Teilnehmer erneut die Vertrauensfrage stellen: mit aggressiven Provokationen. Wir können davon ausgehen, dass die Teilnehmer in ihrem bisherigen Leben wenig stabile Beziehungen und Bindungen zu Gleichaltrigen und Erwachsenen aufbauen konnten. Die Beziehung zu den Geschwistern ist meist ebenfalls problematisch und oft von Gewaltepisoden geprägt. Sie verfügen über geringe soziale Kompetenzen um eine Beziehung positiv zu gestalten und landen oft in der Außenseiterposition. Nicht selten haben sie in ihrem familiären Umfeld chronischen Stress und sogar Misshandlungen erfahren. In der Schule war die Beziehung zu den Lehrpersonen ebenfalls oft sehr schwierig.

Auf Grund negativer Lebenserfahrungen tendieren diese Jugendlichen dazu, Beziehungsangebote als bedrohlich wahrzunehmen und sie schreiben den anderen oft feindselige Motive zu. So wird jedes Lachen als Auslachen interpretiert oder eine korrekte Begrüßung als Abwertung. Diese mangelnde Fähigkeit, Vertrauen und positive Bindungen zu entwickeln, ist die Hauptschwierigkeit für jede Behandlung. Die weiter unter aufgelisteten Methoden sind alle untauglich, wenn es nicht gelingt mit den Teilnehmern eine positive und sichere Bindung zu gestalten.

Für die schwierige Aufgabe der positiven Beziehungsgestaltung hier einige Empfehlungen:

- Das Leitungspaar funktioniert nach dem Vater/Mutter-Modell, d.h. eine Person konfrontiert und die andere sorgt für Sicherheit und Unterstützung.
- Die Leitenden begrüßen die Teilnehmer freundlich und verabschieden sie – auch wenn die Sitzung schwierig war – möglichst freundlich.
- Wir Leitenden sind nicht distanziert und kalt, sondern emotional beteiligt, d.h. wir sind manchmal erfreut, verärgert, sorgenvoll, bedrückt, humorvoll etc.
- Die Trainerinnen geben Ich-Botschaften und nicht „Wir von der Leitung meinen ...“
- Die Trainerinnen kommen ohne vorbestimmtes Programm in jede Sitzung und sind offen für Vorschläge der Teilnehmer
- Jede Sitzung wird zusammen mit den Teilnehmern geplant und beurteilt, möglichst viele Entscheide treffen die Teilnehmer selber
- die Leitung hat immer Arbeitsangebote für eine Auslösung und Fortsetzung des Lernprozesses bereit

- die Teilnehmer sollen möglichst viele positive Wahrnehmungen der eigenen Selbstwirksamkeit und Lernfähigkeit machen können
- Anzeichen von Widerstand, Lernblockaden und sozialen Ängsten werden ernst genommen und führen zu einer Änderung im Trainingsablauf
- die Teilnehmer werden nicht zu Übungen verführt, die sie eigentlich nicht tun wollen
- die Teilnehmer müssen immer wieder hören und spüren, dass es um die Verwirklichung der eigenen Zielsetzung geht
- in jeder Sitzung müssen die Teilnehmer einige wohltuende Erfahrungen machen können
- in jeder Sitzung muss gelacht werden können
- die Leitenden zeigen Interesse an den Teilnehmern mit all ihren Fragen, Sorgen, Problemen aus dem Alltag und unterbrechen ihre Gespräche nicht.

Methoden des Selbstmanagement-Trainings

Raum und Einrichtung

- Ein möglichst großer freier Raum (leeres Schulzimmer, kleine Turnhalle o.ä.) mit wenig Mobiliar und zerbrechlichen Gegenständen.
- Bei Jugendlichen Stühle für die Eröffnungs- und Abschlussrunde, bei Kindern Sitzkissen oder Sitzwürfel aus Schaumstoff.
- Konstruktionsmaterial: Gummimatten, Gymnastikbälle, Sitzwürfel und Polster aus Schaumstoff, Seile, Tücher, Decken, Matten.
- Bei Kindern farbige Gewänder und Kopfbedeckungen für die Verkleidung beim psychodramatischen Gruppenspiel.

Vorgespräch

Vorbemerkung: Aus organisatorischen Gründen finden nicht bei allen Gruppensettings Vorgespräche statt. Teilweise erfolgt die Anmeldung über Schulleitung oder Internatsleitung und mit diesen wird auch Auftrag, Dauer und Zielsetzung definiert.

Das Vorgespräch zum *Selbstmanagement-Training mit Jugendlichen* findet mit dem/der Jugendlichen und einer zuweisenden Person statt (Sozialpädagoge/-in oder Lehrperson). Die Teilnahme der zuweisenden Person ist wichtig, da es sich um verordnete Gruppentherapien handelt und eventuelle Sanktionen bei Verweigerung/Abbruch (Arbeitseinsatz im selben zeitlichen Umfang) angekündigt werden. Ein weiterer Grund ist die Thematisierung des Zuweisungsgrundes: die gewalttätigen Handlungen werden von den Jugendlichen oft bagatellisiert oder idealisiert – die zuweisende Person kann hier eine weitere Perspektive hinzufügen.

Beim Selbstmanagement-Training handelt es sich um eine Kurzzeitintervention mit dem Fokus auf Ressourcenförderung und Lösungssuche. Der lösungs- und ressourcenorientierte Ansatz ist heute in verschiedenen Psychotherapieschulen (Systemische Therapie, Verhaltenstherapie, Gesprächstherapie, Psychodrama, Integrative Therapie, Positive Therapie, Kurzzeitpsychotherapie) fest verankert. Auch in der somatischen Medizin ist eine Abkehr von der Belastungsforschung und Ausrichtung auf die Ressourcenforschung erkennbar. Die Frage ist nicht: „Was ist die Ursache einer Krankheit?", sondern vielmehr: „Was hilft uns gesund zu bleiben oder wieder gesund zu werden?"

Bei aggressiv-antisozialem Verhalten bedeutet dies nicht: „Was ist die Ursache dieser Störung?", sondern: „Welche Lösungsmöglichkeiten sind in der vom Klienten präsentierten Problembeschreibung enthalten und wie können die vorhandenen Ressourcen aktiviert werden?"

Ein zentrales Postulat der themenzentrierten Interaktion – „Sei dein eigener Chairman" – wird im lösungsorientierten Ansatz aufgenommen: die Klienten selbst sind verantwortlich und kompetent für die Suche nach neuen Verhaltensweisen und übernehmen die Regie bei der Lösungssuche. Aufgabe der Trainer ist es, dem Klienten die für Perspektivenwechsel und Selbsterkenntnis notwendige Distanzierung zu ermöglichen.

Im Vorgespräch wird geprüft, ob der Jugendliche fähig ist, eine minimale Behandlungsbereitschaft zu formulieren. Wenn er dies kann, wird er ins Training aufgenommen. Dies bedeutet aber nicht, dass wir eine Einsicht in die eigene Störung und den Wunsch nach Veränderung voraussetzen. Folgende zwei Fragen müssen aber von uns positiv beantwortet werden können:

- Sind in der Problembeschreibung versteckte Handlungspotentiale erkennbar?
- Können im Vorgespräch Ressourcen aktiviert werden?

Der folgende Leitfaden zur Durchführung des Vorgespräches greift diesen Ansatz auf und legt dar, wie dieser umgesetzt werden kann.

1. Begrüßung, Vorstellung der Funktion und Dauer dieses Vorgespräches und der Rollen der Gesprächsteilnehmer.
2. Kurzbeschreibung und Rahmen des Selbstmanagement-Trainings (siehe Angaben im Praxisteil).
3. Abgabe der Gruppenregeln (siehe Praxisteil): Über die Regeln wird weder diskutiert noch verhandelt, sie gehören zur vorgegebenen Struktur des Trainings. Ich erachte es als falsch, die Kinder und Jugendlichen aus unserer Zielgruppe an der Ausarbeitung von Gruppenregeln zu beteili-

gen, da dies zu einer ungünstigen Gruppendynamik führt und eindeutig Sache der Leitungsautorität ist.

4. Interview zum aggressiv-antisozialen Verhalten (siehe unten): Aus dem Interview kann geschlossen werden, ob der Jugendliche bereit ist, an konkreten Zielsetzungen zu arbeiten.

5. Durchführung der Entscheidungsbalance (siehe unten): Diese soll dem Teilnehmer deutlich machen, dass er für das Training einen motivationalen Einsatz leisten muss.

6. Zielvereinbarung und Therapievertrag: ausgehend von der Entscheidungsbalance wird eine einfache und überprüfbare Zielsetzung getroffen. Diese Zieldefinition ist provisorisch, da sich im Verlaufe des Trainings neue Erkenntnisse ergeben können. (Muster des Vertrages im Praxisteil)

7. Abgabe des Fragebogens: Fremd- und Selbstbeurteilungsbogen für Störungen des Sozialverhaltens.

8. Verabschiedung mit der Haltung: „Ich freue mich auf die Zusammenarbeit mit Dir."

Interviewleitfaden zur Gewalttat

- Wann, wo und wie warst du letztmals gewalttätig?
- Was war der Grund, dass du in jener Situation Gewalt angewendet hast?
- Bist du öfters gewalttätig?
- Was glaubst du, was sind die Ursachen für diese Schwierigkeiten?
- Hast du manchmal den Wunsch, etwas gegen deine gewalttätigen Impulse zu unternehmen?
- Wenn ja, was?
- Hast du selbst schon versucht, diese Probleme in den Griff zu bekommen?
- Was muss passieren, damit du am Schluss des Trainings sagen kannst, das war erfolgreich?

Entscheidungsbalance	*Vorteil*	*Nachteil*
In Konfliktsituationen wende ich Gewalt an		
Ich löse Konflikte gewaltfrei		

Auswertungsgespräch

Das Auswertungsgespräch wird mit derselben Grundhaltung wie das Vorgespräch durchgeführt.

Im Auswertungsgespräch werden die im Training gemachten Erkenntnisse und die beabsichtigten Verhaltensänderungen thematisiert. Hierbei wird Bezug genommen auf das Vorgespräch und die Entscheidungsbalance.

Es wäre übereilt im Auswertungsgespräch Aussagen zu machen über den Erfolg des Trainings. Dies kann nur längerfristig von den Erziehenden beurteilt werden.

Leitfaden für das Auswertungsgespräch:

1. Begrüßung, Zielsetzung und Dauer des Auswertungsgespräches.
2. Die Leiterin beurteilt die Einhaltung der Rahmenbedingungen, wie sie auf dem Regelblatt und im Therapievertrag festgehalten sind.
3. Der Teilnehmer wird nach dem „Lernzuwachs" durch das Training befragt.
4. Der Teilnehmer wird gefragt, ob er im Alltag das Gelernte bereits anwenden konnte.
5. Die Entscheidungsbalance wird noch einmal angeschaut und eventuelle Veränderungen werden festgehalten.
6. Die Leiterin beschreibt den individuellen Lernprozess aus seiner Sicht und die Rolle des Jugendlichen in der Gruppe.
7. Die Leiterin erwähnt die Ressourcen, die im Verlaufe des Trainings erkennbar wurden.
8. Offene Fragen.
9. Verabschiedung.

Anfangs- und Schlussrunde

Die Anfangs- und Schlussrunden sind das einzige verbindliche und strukturierte Ritual des Trainings. Außerhalb dieser Anfangs- und Schlussrunde können sich die Teilnehmenden im Raum frei bewegen, jede Tätigkeit und Haltung, die andere nicht stört, ist erlaubt, sie dürfen aber den Raum nicht verlassen. In der Anfangsrunde werden Zielsetzungen und Arbeitsweise definiert. In der Schlussrunde geben die Leitenden Deutungen, Feedback und spüren offenen Fragen nach.

Lehrziel
Durch die Anfangsrunde wird der Arbeitskontrakt implizit geschlossen: indem sich die Teilnehmer im Kreise auf einen Stuhl setzten, deklarieren sie stillschweigend, dass sie versuchen werden, sich an die Gruppenregeln zu halten.

Ziel der Schlussrunde ist die Integration der Gruppenteilnehmer nach der geleisteten Arbeit im psychodramatischen Spiel zurück in die Realitätsebene.

Bezug zum Thema Gewalt
Das didaktische Prinzip der relativen Unstrukturiertheit stellt für Jugendliche mit aggressiv-antisozialen Auffälligkeiten eine große Herausforderung bezüglich Impulssteuerung dar. Mit der ritualisierten Anfangs- und Schlussrunde wird den Teilnehmenden eine Unterstützung angeboten, um eine Gruppenaktivität adäquat beginnen und beenden zu können.

Rahmenbedingungen
Die Teilnehmenden müssen sich auf einen Stuhl im Kreis setzen. Bis wir anfangen können, d.h. bis alle ruhig sitzen, kann es durchaus Minuten gehen. Im Extremfall wird die Sitzung gar nicht angefangen.

In der Anfangsrunde wird folgendes thematisiert: Befindlichkeit, besondere Ereignisse aus der Zwischenzeit in Zusammenhang mit Gewalt, heutige Hauptperson, Gruppenaktivität.

In der Schlussrunde findet eine Auswertung statt. Meistens sagen die Jugendlichen nichts. Die Therapeuten geben Deutungen des Gruppenprozesses. Manchmal wird auch einfach 2 Minuten geschwiegen oder eine kurze Sitzmeditation wird durchgeführt.

Anleitung und Durchführung
„Bitte setzt Euch auf einen Stuhl in den Kreis." (Warten – Eventuell die Anleitung wiederholen – Warten – usw.). Ist die Sitzrunde realisiert, werden Arbeitsangebote formuliert und Erwartungen/Zielsetzungen der Jugendlichen abgefragt. Ev. wird eine Hauptperson bestimmt (siehe unten).

Für das Aufräumen und die Schlussrunde genügend Zeit reservieren (mindestens 5 Minuten). Minimalablauf der Schlussrunde ist 1 Minute im Kreis sitzen und relative Ruhe. Je nach Verlauf können die Leitenden Deutungen und Feedback geben.

Hauptperson

Ein Jugendlicher übernimmt für die Dauer einer Sitzung jeweils die Hauptrolle: er kann mitbestimmen, welche Gruppenaktivität unternommen wird. Er steht auch im Fokus der Therapeuten. Sie werden ihm vorschlagen, eine Konfliktsituation aus dem Alltag szenisch darzustellen. Auch wird er in seiner Sitzung speziell viele Deutungen zu seinem Verhalten von den Therapeuten erhalten.

Lehrziel
Dieses Vorgehen hat sich in verschiedener Hinsicht bewährt:

- Mindestens ein Jugendlicher kann seine destruktive Rolle ablegen und einen konstruktiven Beitrag an die Gruppe leisten
- Der betreffende Jugendliche kann neues Rollenverhalten in der Gruppe ausprobieren
- Die Hauptperson kann Selbstwirksamkeit erfahren, indem sie in die Gruppenleader-Position (Alpha) gehoben wird
- Es wird erkennbar, dass die Verantwortung für den Gruppenprozess nicht an die Therapeuten delegiert werden kann
- Die Entscheidungsfindung („Was machen wir heute?") wird wesentlich verkürzt.

Bezug zum Thema Gewalt
Wiederholt gewalttätige Jugendliche nehmen in Trainingsgruppen oft passiv-destruktive Rollen ein. Die Gruppendynamik kann wesentlich verbessert werden, indem ein Teilnehmer in eine Rolle gehoben wird, die Mitverantwortung für den Gruppenprozess und das Wohlbefinden der Teilnehmer beinhaltet.

Rahmenbedingungen
Diese Methode wird nur eingesetzt, wenn die Gruppendynamik sehr ungünstig ist.

Anleitung und Durchführung
„An jeder Sitzung ist ein Teilnehmer Hauptperson, d.h. er kann mitbestimmen was wir heute machen und er muss sein persönliches Thema einbringen. Also beispielsweise eine konkrete Konfliktsituation, die zur Gewaltaktion eskaliert ist. Heute bist Du (Name) Hauptperson, und an der nächsten Sitzung kommt ein anderer dran."

Das unstrukturierte Gespräch

Das unstrukturierte Gespräch ist eine zentrale Methode des Trainings. Rollenspiele sind weit spektakulärer und für die Leitenden befriedigender. Das unstrukturierte Gespräch erscheint meist bedeutungslos, oft wird nicht einmal gesprochen, sonder geschwiegen. Das Schweigen kann mehrere Minuten dauern und bei allen Ungeduld und Unzufriedenheit auslösen. Im unstrukturierten Gespräch unterhalten sich die Jugendlichen oft über Dinge, die in meinen Augen gar nichts mit den Zielsetzungen der Gruppentherapie zu tun haben. Diese Gespräche können als ein Vermeidungsverhalten oder Provokation gesehen werden: indem die Teilnehmenden über Themen sprechen wie Fußball, Videospiele, Kleidung, Taschengeldprobleme usw., demonstrieren sie Ablehnung; oder auch indem sie schweigen. Aus einem humanistischen Therapieansatz heraus kann angenommen werden, dass die Teilnehmenden schon das richtige Thema zum richtigen Zeitpunkt hervorholen. Daher lassen wir diese Diskussionen wohlwollend, aufmerksam aber oft auch etwas gelangweilt zu – und intuitiv klinken wir uns dann ein, wenn wir das Gefühl haben, dass dieses Thema von Interesse für das Training sein kann.

Lehrziel
Die Teilnehmer können eigene Interessen und Meinungen in einer Gruppe einbringen und trainieren hierbei die Kommunikationsfähigkeit. Das *unstrukturierte Gespräch* wirkt unstrukturiert und ziellos, hat aber eine große Bedeutung: Selbstwirksamkeit erfahren.

Bezug zum Thema Gewalt
„Achte auf die Stille. Was geschieht, wenn sich in einer Gruppe nichts ereignet? Das ist die Wirklichkeit der Gruppe.
Lerne die Leere – das Nichts – zu erfassen. Wenn du ein leeres Haus betrittst, vermagst du den dortigen Geist zu spüren? Mit einer Vase oder einem Topf verhält es sich gleich: Lerne dessen innere Leere zu verstehen, denn sie ist es, die dem Gefäß Brauchbarkeit verleiht.
Sprache und Bewegung vermitteln der Gruppe Form und Inhalt. Stille und Leere jedoch offenbaren die wahre Stimmung der Gruppe – den Zusammenhang allen Geschehens." (Tao Te King, nach Heider 1996)

Rahmenbedingungen
Die Leitung achtet darauf, dass gegenseitige Achtung und Respekt gegenüber Drittpersonen, fremden Gruppe, Kulturen und Institutionen eingehalten werden.

Anleitung und Durchführung
Keine Anleitung. Das *unstrukturierte Gespräch* kann die ganze Dauer einer Sitzung einnehmen. In diesem Fall werden die Teilnehmer am Schluss kritisieren, dass in „dieser Gruppe gar nichts passiert". Die Leitung verweist hier kurz und bündig auf die Formulierung von Arbeitsangeboten und auf die Eigenverantwortung der Hauptperson und jedes einzelnen.

Diese Methode kann nicht mit Kindern durchgeführt werden, das würde sie überfordern und zu offener Aggression führen.

Variante
Auch die Therapeuten führen ein unstrukturiertes Gespräch: Sie können sich fragen, wie lange diese Diskussion wohl noch gehen wird, oder ob das alle Anwesenden interessiert was die zwei da laut besprechen, oder sie wundern sich, wieso Z nichts sagt, usw. Diese Methode führt oft zur para-

doxen Situation, dass die Gesprächsteilnehmer selber, nach einer gewissen Zeit fragen, was wir hier denn eigentlich machen, das habe ja nichts mit dem Thema Gewalt zu tun. Die therapeutische Antwort: „doch, irgendwie schon, sonst würdet ihr doch hier nicht so lange darüber sprechen".

Die Arbeit mit Symbolen

Wir arbeiten oft mit Gegenständen, die ein Gefühl, eine Handlung eine Idee oder eine Person symbolisieren. In den verordneten Therapien zeigen die verhaltensauffälligen Kinder und Jugendlichen große Widerstände auf direkte Fragen und Fragebogen. Sie lassen sich aber problemlos ein auf Tätigkeiten wie: „Sucht euch hier im Raum einen Gegenstand aus, der irgendwie zu eurer jetzigen Stimmung passt", oder „... ein Gegenstand, der für euch Gewalt darstellt", oder „... ein Gegenstand, der sichtbar macht, warum ihr in diese Gruppe kommen müsst".

Sie werden dann aufgefordert, diesen Gegenstand in der Hand zu halten oder vor sich auf den Boden zu legen. Meistens kommentieren wir Therapeuten dann diesen Gegenstand, wohlwollend und ressourcenorientiert. Wir geben vorsichtige Deutungen, warum wohl Max einen *Lineal* ausgewählt hat und fordern so die Teilnehmenden zu Widerspruch und Kommentar heraus.

Lehrziel
Symbole eignen sich hervorragend, um den immateriellen „Gegenständen" aus unserer psychischen Welt (Befindlichkeit, Stimmung, Gefühl – Welt 2) und aus unserer geistigen Welt (Ideen, Theorien, Werte, Moral – Welt 3) eine sichtbare Form zu geben.

Bezug zum Thema Gewalt
Gewalt ist eher selten das Ergebnis von geplanten Handlungen. Meist entsteht Gewalt aus einem Zustand der Absichtslosigkeit/Sorglosigkeit. Das menschliche Verhalten ist in diesem sorglosen Zustand gesteuert durch unbewusste Bedürfnisse, Motive und Werte (Welt 3). Durch die Arbeit mit Symbolen wird das Erkennen und Erleben der Handlungsursachen ermöglicht.

Rahmenbedingungen
Symbolarbeit ist eine wirksame Einstiegsmethode. Als Symbole eignen sich Gegenstände aller Art, die im Raum zur Verfügung stehen: Kleinmöbel, Pflanzen, Büropartikel, Schreibmaterial, Kleidungsstücke, Bücher etc. – aber auch spezifische Gegenstände wie Figuren, Bilder, Münzen, Knöpfe, Steine etc. Wichtig ist, dass die Wahl eines Gegenstandes ziemlich spontan geschieht, zu langes Überlegen soll vermieden werden.

Anleitung und Durchführung

Beispiel einer Anleitung: „Wir beschäftigen uns heute mit dem Thema Gerechtigkeit. Wählt doch bitte einen Gegenstand aus, der das, was ihr unter Gerechtigkeit versteht, irgendwie darstellen kann. Ihr könnt jeden Gegenstand nehmen, der hier im Raum ist, außer natürlich persönliche Gegenstände von anderen Personen." Die Teilnehmenden werden aufgefordert, ein Symbol für ihre Befindlichkeit, ein Ereignis, eine Idee, ein Konzept (wie Gerechtigkeit) usw. zu finden. Auswertung: Es ist falsch, die Teilnehmenden dann zu fragen, wieso sie dieses Objekt gewählt haben. Dies verleitet zu Rechtfertigungen und Schönfärberei. Wirkungsvoller ist es, zusammen mit den Teilnehmenden, die Objekte zu kommentieren und hinterfragen, im Sinne des entdeckenden Lernens. Beispiel: Warum Peter für den Begriff Gerechtigkeit einen gelben Gymnastikball ausgesucht hat – wissen wir nicht und weiß er nicht. Wir können aber zusammen darüber laut nachdenken: „ist immer in Bewegung...steht nicht still...ist auffällig...gut sichtbar...kann bedrohlich sein...". In einer Art „Brainstorming" wird zu erfassen versucht, was für Peter Gerechtigkeit bedeutet.

Praxisbeispiel 1:

In der Einheit 1 des Selbstmanagement-Training mit Jugendlichen wird die Symbolarbeit als Einstiegsmethode angewendet. Die Aufforderung lautet: „Sucht euch einen Gegenstand aus, der etwas mit Gewalt zu tun hat". Die Lernatmosphäre ist nicht gut, die Jugendlichen sind frech und recht provokativ. Es fallen Bemerkungen wie: „Was soll dieser Scheiß ...", „... dann nehme ich halt irgend etwas ...", „... ich nehme etwas, das man in den Arsch stecken kann ...", usw. Die Teilnehmer setzen sich wieder, mit ihrem Objekt in der Hand. Das Aussuchen der Gegenstände hat mehrere Minuten gedauert und in der Zwischenzeit habe mit meiner Kollegin das weitere Vorgehen besprochen (ein offenes gut hörbares Zwiegespräch). Wir haben uns für die Grundtechnik des aktivierenden Doppelns entschieden, da wir eine respektlose und provokative Rückmeldungsrunde befürchten: Ich werde stellvertretend für die einzelnen Teilnehmer sprechen und interpretieren, wieso das jeweilige Objekt ausgesucht wurde. Ich gebe folgende Rückmeldungen:

- „Ich habe diese Schere genommen, weil ich damit Sachen aufschlitzen oder den Boden beschädigen kann. Ich kann die Schere einfach so, mit der Klinge nach unten, auf den Boden fallen lassen – das nervt die Therapeuten"

- „Ich habe die Schere genommen, weil Gerd auch eine Schere genommen hat, das fand ich frech, damit kann man recht blöd tun"

- „Ich habe das Lineal genommen, weil es da in der Nähe war, einfach so. Aber im Notfall kann ich damit auch zurückschlagen"

- „Das Klebeband ist ganz praktisch – da kann man etwas ankleben oder jemanden fesseln, wie wir das letzthin gemacht haben – auch noch den Mund zukleben"

- „Ich habe den Stuhl genommen, weil ich bin meistens einfach dabei – ich bin nicht gewalttätig, aber ich bin halt dann auch dabei, wenn was passiert"

- „Das Seil ist ganz praktisch, da kann man jemanden fesseln, aufhängen, so einen Strick machen, das finde ich ganz lustig"

- „Ich habe den Ball gewählt, weil bei mir muss immer etwas laufen – ich habe nicht gerne, wenn es langweilig ist".

Voraussetzung für diese Deutungen ist, dass ich aus den Vorgesprächen weiß, welche Gewalttaten die Jugendlichen begangen haben und welche Rolle sie im Gruppenverband einnehmen. Mit diesem aktivierend-provokativen Doppeln haben wir den Jugendlichen aufzeigen wollen, dass ihr provokatives Verhalten von uns akzeptiert wird (sofern keine Sachen oder Personen beschädigt werden). Wir akzeptieren es nicht nur, wir beschäftigen uns mit dem Sinn dieses Verhaltens, indem wir ihr Verhalten im Hier-und-Jetzt unter die Lupe nehmen. In diesem Sinne bedanken wir uns bei den Jugendlichen für die gute Mitarbeit in dieser ersten Trainingsrunde: „Diese Gegenstände zeigen die verschiedenen Arten von Gewalt. Ich finde, ihr habt hier ein interessantes Bild von Gewalt zusammengestellt. Erkennt ihr in den Gegenständen auch eine Verbindung zu eigenen Gewaltanwendungen?" Mehrere Jugendliche nehmen zu dieser Frage Stellung und es entwickelt sich daraus das Thema für die nächste Intervention: die Aufstellung eines Konfliktes.

Praxisbeispiel 2:
Im *Training mit jugendlichen Sexualstraftätern* (siehe Protokoll der 1. Sitzung) wird als Einstieg die Frage gestellt: „Warum seid ihr in dieser Gruppentherapie? Sucht euch einen Gegenstand, der dastehen kann für diese Ursache". Es werden ausgesucht eine Decke, ein Fußball und zwei Plüschtiere (Hund und Löwe). Darauf folgt die Frage: „Welche Eigenschaften hat dieser betreffende Gegenstand?". In den Antworten werden ganz unterschiedliche Qualitäten der Schuldfähigkeit deutlich: von der Decke, die ein Schamgefühl ausdrückt bis zum Ball, der einfach irgendwo hinrollt. Die beiden Plüschtiere zeigen ein aggressives Potential. Der Jugendliche, der den Hund gewählt hat, meint, „er habe nur etwas Spaß haben wollen". Der Kommentar zum Löwen lautet: „Ich wurde von ihr provoziert". Mit dieser Einstiegsrunde erhält der Therapeut ein Bild von den Erklärungsversuchen der Jugendlichen über die Tatursache. Diese Symbolarbeit wird am Ende der Sitzung noch einmal aufgenommen zur Ressourcenaktivierung: eine Gegenfigur zum Löwen oder zum Ball wird ausgewählt. Damit sollen die Jugendlichen erfahren, dass in ihnen beide Kräfte vorhanden sind (dieses Motiv wird später in Sitzung 4 auch mit der Geschichte *Die 2 Wölfe in mir* aufgenommen). Diese positiven Gegenfiguren zur Tatursache werden in den anschließenden Sitzungen mit Tatkonfrontation eingebaut: „Wann hätte deine positive Figur, der Delfin, zum ersten mal merken können, dass hier etwas schief läuft?"

Rückwärts-Rollenspiele

Antisozial-aggressives Verhalten tritt häufig auf dem Hintergrund einer hyperkinetischen Störung auf. Bei diesen Jugendlichen hat sich die Förderung der Selbstbeobachtung und des Selbstmanagements als wirksam erwiesen (vgl. Döpfner 2000, S. 7-26). Eine Methode der Wahl – und das wurde im Didaktikteil eingehend begründet – ist hierbei das psychodramatische Rollenspiel. Dies in seiner Form als Rückwärts-Rollenspiel: erfahrene soziale Situationen werden inszeniert, um zu klären, warum sich jemand so und nicht anders verhalten hat und um zu explorieren, ob nicht eher andere Verhaltensweisen geeignet und wünschenswert erscheinen. Es sind gewissermaßen Rückwärts-Rollenspiele mit einer Vorwärts-Perspektive.

Vorgehen: eine Hauptperson stellt die belastende Situation aus ihrer Sicht szenisch dar. Die Hauptperson ist dabei sowohl Regisseur wie Hauptdarsteller. Das eigene Spiel fördert einerseits das Erleben von Selbsteffizienz und Selbstregulation, der Jugendliche wird im Spiel zum Schöpfer und Umgestalter seiner Wirklichkeit. Durch die Externalisierung innerer Zustände oder die Darstellung konflikthafter Beziehungen mit den imaginativen Techniken des Psychodramas werden zudem neue Perspektiven eröffnet und mehr Distanz zum Erlebten erreicht.

Lehrziel

In simulierten Alltags-Problemsituationen kann die Erfahrung gemacht werden,

- dass die eigene Wahrnehmung einer Situation immer auch eine Bewertung ist
- dass hierbei immer mehrere Bewertungen möglich sind
- dass es in jeder Problemsituation mehrere Verhaltensmöglichkeiten gibt
- dass es sich lohnen kann, das eigene Verhalten zu beobachte und zu reflektieren
- und dass aggressives Verhalten oft inadäquat ist.

Bezug zum Thema Gewalt

Charakteristisch für aggressive Jugendliche ist eine mangelnde Impulskontrolle. Dies führt in Konfliktsituationen zu schnellen Reaktionen, die oft übereilt und unüberlegt erscheinen. Vor der Ausführung einer aggressiven Handlung werden keine zusätzlichen Informationen eingeholt, sondern es wird gleich gehandelt, ungeachtet der Konsequenzen. Auslöser für die impulsiven aggressiven Reaktionen sind oft komplexe Situationen, die falsch interpretiert werden oder Enttäuschungen (d.h. Situationen die nicht den Erwartungen und Wünschen entsprechen).

Rahmenbedingungen

Die Hauptperson spielt die eigene Rolle im Konflikt. Es empfiehlt sich, die anderen Rollen durch die Trainer oder mittels Objekten darzustellen. Wegen ihrer mangelnden Impulskontrolle, können die anderen Gruppenmitglieder die zusätzlichen Rollen oft nur ungenügend übernehmen – sie können sich schlecht in den Dienst der Hauptperson stellen. Die Zuschauerrolle fällt ihnen daher leichter. Kontraindiziert ist es, die Opferrolle durch ein Gruppenmitglied zu besetzen. Dies könnte eigene Opfererfahrungen aktualisieren und zu unkontrolliert-aggressiven Handlungen im Spiel führen.

Anleitung und Durchführung

1. Themensuche: In der Anfangsrunde erkundige ich mich, ob es neue Vorfälle mit Gewalt gegeben hat. Ein Jugendlicher (nennen wir ihn Yvan) berichtet lachend, dass er mit einem Lehrer „ziemlich Zoff" gehabt habe. Ich frage nach: „Was ist passiert? Kannst du das beschreiben?". Yvan berichtet, dass er mit einem Schulkollegen gestritten habe und „der Lehrer hat sich dann eingemischt. Das hätte er besser nicht getan, denn so hat er eins in die Fresse bekommen".

2. Start der Rollenspieles: Wie bei einem Formel 1-Rennen muss sekundenschnell von Null auf Hundert beschleunigt werden. Für eine genauere Schilderung der Situation, Bühnenaufbau, Wahl der Mitspieler etc. bleibt keine Zeit, da sonst die Jugendlichen auf ihr altbewährtes provokatives Verhalten „abfahren". Ich stehe also sofort auf, fordere Yvan auf mir das doch schnell zu zeigen (bisweilen helfe ich ihm sogar beim Aufstehen, indem ich ihn „kollegial" am Arm nehme). Ich fordere auch gleich einen anderen Jugendlichen auf, den streitbaren Kollegen zu stellen („du musst nur dastehen, nichts machen, du bist der Kollege mit dem Yvan streitet"). Jetzt wiederhole ich die Ausgangsfrage: „Kannst du nocheinmal sagen, was passiert ist?". Wenn Yvan jetzt, auf der improvisierten Rollenspiel-Bühne nochmals zu erzählen beginnt, dann ist dies ein impliziter Arbeitsauftrag an mich. Yvan zeigt damit, dass er mit dem Vorgehen einverstanden ist, das Rollenspiel kann beginnen.

3. Aufbau der Szene: Jetzt erkundige ich mich nach Ort, Zeit und weiteren Beteiligten dieser Szene. Ich bitte die Co-Leiterin die Rolle des Lehrers zu übernehmen, da dieser das Opfer des gewalttätigen Konfliktes sein wird. Wenn diese Rolle mit einem anderen Jugendlichen besetzt wird, kommt es garantiert zu massiven Störungen des Rollenspieles – keiner würde es auf sich nehmen, ein zukünftiges Opfer zu sein. Yvan beschreibt weiter, dass die Situation im Durchgang zur Garderobe stattfand, es war also ziemlich eng. Diese Enge erscheint mir wichtig und ich stelle Stühle auf, um den engen Raum zu markieren.

4. Originalversionen durchspielen: Die Konfliktsituation wird nun in der Originalversion, also so wie sie gemäß Yvan aussieht. Es zeigt sich, dass Yvan mit dem Ellbogen den Lehrer – der von hinten kommend den Streit

schlichten wollte – ins Gesicht getroffen hat. Er sieht die Schuld beim Lehrer, der hätte nicht eingreifen sollen.

5. Rollentausch: Yvan übernimmt die Rolle des Lehrers. Dabei kann er dieselbe Situation aus einer anderen Perspektive erleben.

6. Lösungssuche: Ich fordere einen Zuschauer auf, die Rolle von Yvan in der Originalversion zu übernehmen. Ich nehme anschließend Yvan zur Seite und wir betrachten die Szene von außen, kommentieren und diskutieren mögliche gewaltfreie Lösungen. Wichtig ist es, in dieser Phase keine Modelle vorzugeben, denn die würde Yvan problemlos übernehmen und wieder vergessen. Die Lösung muss den Bedürfnissen und Zielen von Yvan entsprechen. Die Lösung liegt in seinem gewalttätigen Verhalten versteckt: wir müssen herausfinden, wieso diese heftige Reaktion mit dem Ellbogen geschehen ist; was war das Ziel dieser Handlung? Erst dann kann der Versuch unternommen werden, andere Verhaltensweisen zu explorieren.

7. Lösungsversion: Yvan übernimmt wieder seine Rolle in der Originalversion und versucht in mehreren Durchgängen, mit aktiver Unterstützung von mir, eine gewaltfreie Reaktion auf das Eingreifen des Lehrers zu finden, die seinen Bedürfnissen und Zielen entspricht.

8. Die Auswertung erfolgt weitgehend ressourcenorientiert: auf die vielen aufgetretenen Störungen durch Yvan selber und die anderen Jugendlichen wird nicht eingegangen. Vielmehr wird die Bereitschaft und Fähigkeit gelobt, eine Konfliktsituation szenisch darzustellen und so zu reflektieren. Konstruktive Rückmeldungen von den anderen Jugendlichen sind nicht zu erwarten.

Variante

Eine ausführliche Beschreibung des psychodramatischen Rollenspieles, eingebettet in eine strukturiertes Trainingsprogramm zur Förderung des ressourcenorientierten Selbstmanagements bei Jugendlichen, geben Storch & Riedener (2005, S. 194ff.). Sie gehen dabei sehr strukturiert nach 9 Schritten vor. Für unserer Zielgruppe (gewalttätige,verhaltensauffällige und wenig gruppenfähige Jugendliche) ist dieses Vorgehen zu anspruchsvoll. Als Strategie für die Leitung ist dieses Vorgehen aber von großer Hilfe, daher hier eine Zusammenfassung:

1. Schilderung der Situation: Zunächst schildert die Hauptperson die Situation möglichst genau.

2. Bühnenaufbau und Rolleneinführung: Die Hauptperson bestimmt eine Bühne und richtet diese entsprechend ein (z.B. Tisch, Stuhl, Telefon etc.). Weiter wählt sie die Mitspielerinnen aus, gibt ihnen Namen und beschreibt ihr Verhalten und spezielle Eigenschaften.

3. Rollenspiel ohne Ressourceneinsatz: die Konfliktsituation wird ein erstes Mal durchgespielt, so wie sie im realen Alltag sich ereignet hat oder ereignen könnte.

4. Entrollen der Hauptperson: die Leitung unterstützt die Hauptperson dabei, aus ihrer Rolle herauszutreten und wieder im Hier-und-Jetzt zu sein.

5. Aufbau der persönlichen zielbezogenen Ressourcen: mit Unterstützung der Kursleitung werden die persönliche Zielsetzung und die vorhandenen Ressourcen aktiviert.

6. Rollenspiel mit Ressourceneinsatz: die Situation wird nochmals durchgespielt – diesmal mit Einsatz der Ressourcen. Nötigenfalls kann es mehrere Durchgänge geben, bis die Ressourcen voll zum Einsatz kommen.

7. Nach dem Rollenspiel ist es wichtig, dass alle Spieler ihre Rollen gründlich abstreifen. Die einzelnen Ex-Rollenspieler werden von der Leitung mit ihrem richtigen Namen angesprochen („Du bist jetzt wieder der Alex, danke für das mitmachen, Alex").

8. Rollen-Feedback: Die Hauptperson schildert ihre Erlebnisse, Eindrücke, Gefühle. Danach berichten die Mitspieler, was sie in ihren Rollen erlebt haben. Zum Schluss berichten die Zuschauer und die Leitung, was sie an Veränderung wahrgenommen haben.

9. Sharing-Runde: die Leitung und die anderen Jugendlichen berichten über ähnliche Situationen aus dem eigenen Leben – so dass die Hauptperson nicht ausgestellt und alleine dasteht, sondern emotionale Unterstützung erfährt.

Vorwärts-Rollenspiele

Vorwärts-Rollenspiele stellen Als-ob-Situationen her, wie sie die Teilnehmer in Zukunft erleben könnten. Ziel ist es herauszufinden und auszuprobieren, welche Möglichkeiten es gibt, sich in einer bestimmten Situation anders als bisher zu verhalten.

Vorwärts-Rollenspiele bilden das Rückgrat von allen Trainingsprogrammen für gewalttätige Kinder und Jugendliche (vgl. Übersicht der Präventionsprogramme). Hierbei werden in der Regel in einem ersten Schritt in Modellrollenspielen angestrebte prosoziale Fähigkeiten vorgeführt (durch die Leitungspersonen oder auf Video). In einem zweiten Schritt werden die Teilnehmer selber in Rollenspielen die vorher besprochenen positiven Verhaltensweisen üben. Mit unserer schwierigen Zielgruppe ist dieses kognitiv-modellhafte Vorgehen nicht durchführbar, da die Bedürfnisse und Motive der Teilnehmenden zu wenig berücksichtigt werden. Das psychodramatische Rollenspiel berücksichtigt demgegenüber auch die Befindlichkeit, Bedürfnisse und Gefühle der Teilnehmenden und verwebt diese in eine prozessorientierte Inszenierung.

Lehrziel

Wie im Abschnitt Didaktik ausführlich beschrieben wurde, ist es die Zielsetzung dieses Trainings, dass die Teilnehmenden in der Gruppe positive Erfahrungen machen mit friedlicher Kommunikation: sie können auf Imponiergehabe und Drohgebärden verzichten und können dennoch eigene Bedürfnisse und Ziele im Rahmen des Gruppensettings realisieren. In der Simulation von Vorwärts-Rollenspielen können sie in einer fantasierten Konfliktsituation eine positive friedfertige Rolle spielen und dabei ein gutes Gefühl erleben.

Bezug zum Thema Gewalt

Kinder und Jugendliche mit dauerhaften aggressiv-antisozialen Störungen in ihrem Verhalten haben in der Regel viele Probleme und Misserfolge in ihrem Leben erfahren. Aber auch positive Erlebnisse und einige dieser positiven Erlebnisse sind mit Gewalt verbunden: ihr gewalttätiges Verhalten hat wiederholt zu den erwarteten positiven Ergebnissen geführt. Dieser gewalttätigen positiven Kontrollerwartung kann mit Vorwärts-Rollenspielen eine friedliche positive Kontrollerwartung entgegengesetzt werden. Sie machen im Rollenspiel eine positive Erfahrung, bei der sie zukünftige Konfliktsituationen mit Herz und Verstand friedfertig lösen.

Rahmenbedingungen

Gewalt hat den Vorteil des kurzfristigen Erfolges. Es muss darauf geachtet werden, dass die Jugendlichen diesen Vorteil nicht ins Rollenspiel einbringen und Gewaltfantasien verherrlichen.

Dieses Rollenspiel kann durchgeführt werden als Einzelübung (jeder Teilnehmer bringt eine eigene Geschichte) oder als Gruppenübung (in Kleingruppen wird eine Geschichte erfunden mit einer positiven Identifikationsfigur).

Anleitung und Durchführung

1. Themenvorgabe: „Bitte stellt euch eine schwierige Situation vor, die ihr in Zukunft einmal erleben könntet. Ich meine, wirklich etwas schwieriges und es sollten mehrere Personen daran beteiligt sein (mindestens zwei). Erfindet eine Geschichte und stellt euch vor, dass ihr in dieser Geschichte eine wichtige Rolle spielt. Wichtig ist, dass es eine persönliche Geschichte ist, in der nicht andere aus dieser Gruppe eine (schlechte) Rolle spielen. Es kann durchaus etwas fantasievolles sein, das nicht jeden Tag passiert oder vielleicht gar nie passieren wird. Nehmt eine Situation, die euch einfach so in den Sinn kommt".

2. Kontrolle der Themen und Vorbereitung: Nach ein bis zwei Minuten des Nachdenkens lasse ich die Geschichte kurz erzählen. Dabei schließe ich Geschichten aus, die sich aus technischen oder ethischen Gründen für ein Rollenspiel nicht eignen. Wurde eine Geschichte ausgeschlossen, gebe

ich noch eine kurze Bedenkzeit, um eine neue zu finden. Ich kann auch Ideen für eine Geschichte liefern. Anschließend wird der zeitliche und organisatorische Ablauf der Rollenspiele definiert.

3. Bühnenaufbau und Rolleneinführung: Die jeweilige Hauptperson bestimmt eine Bühne und richtet diese entsprechend ein (z.b. Tisch, Stuhl, Telefon etc.). Die Leitung wählt die Mitspielerinnen aus, um Negativwahlen zu vermeiden. Die Hauptperson gibt ihnen Namen und beschreibt ihr Verhalten und spezielle Eigenschaften.

4. Rollenspiel: es fällt den Jugendlichen unserer Zielgruppe schwer, ein persönliches Thema im Rollenspiel mit Selbstdisziplin und Ernsthaftigkeit durchzuführen. Es braucht eine sehr direktive Begleitung durch die Leitung, damit nicht ein Geblödel oder eine Gewaltverherrlichung stattfindet.

5. Nach dem Rollenspiel ist es wichtig, dass alle Spieler ihre Rollen gründlich abstreifen. Die einzelnen Ex-Rollenspieler werden von der Leitung mit ihrem richtigen Namen angesprochen.

6. Feedback: Die Hauptperson schildert ihre Erlebnisse, Eindrücke, Gefühle. Danach berichten die Mitspieler, was sie in ihren Rollen erlebt haben. Zum Schluss berichten die Zuschauer und die Leitung, was ihnen am Spiel und den besonderen Ressourcen der Hauptperson gefallen hat.

Praxisbeispiel

1. Themenvorgabe: „Wir haben in den letzten Sitzungen einige schwierige Situationen wie im Theater dargestellt. Ich schlage vor, dass wir heute uns mit zukünftigen schwierigen Situationen befassen. Stellt euch vor, ihr seid irgendwo und es passiert etwas schwieriges. Erfindet eine Geschichte, in der ihr eine wichtige Rolle spielt."

2. Kontrolle und Vorbereitung: Ein Teilnehmer hat keine Geschichte. Es werden fünf Geschichten kurz erzählt, davon ist eine unpassend. Nach einer kurzen Zeit haben alle eine passende Geschichte außer einer. Das wird so akzeptiert. Wir besprechen den Ablauf. Beat wird beginnen. Seine Geschichte: Ich stehe am Fenster und sehe wie unten auf der Straße einige Jugendliche einen Mann zusammenschlagen.

3. Bühnenaufbau und Rolleneinführung: Ich wähle 3 Jugendliche als Mitspieler aus für die Schlägertruppe. Die Opferperson wird mit Kissen und einer Decke simuliert. Eine Spielbühne wird definiert und mit einfachen Mitteln ausgestattet.

4. Rollenspiel: Beat steht am Fenster und schaut auf die Straße hinunter. Er sieht wie ein Mann zusammengeschlagen wird. Es entwickelt sich folgendes Interview zwischen Leiter und Beat:

L: Was machst du, wenn du das siehst?
B: Ich hole mir ein Päckchen Chips.
L: Ernsthaft?

B: Nein, ich warte ab.

L: Du willst nicht eingreifen?

B: Ich weiß ja nicht, wieso der zusammengeschlagen wird, ich warte mal ab.

L: Die Polizei alarmieren willst du nicht?

B: Nein.

L: Warum?

B: Vielleicht sind sie im Recht, sie müssen sich rächen.

L: Dann schaust du einfach zu?

B: Wenn sie dann weggehen mache ich was.

L: Gut, dann warten wir mal ab bis sie weggehen.

(und weiter mit dem Rollenspiel).

Aus dem obenstehenden Interview wird der Unterschied zum Modelllernen mit vorgegebenen Rollenspielen klar: die Jugendlichen bestimmen die Handlung, die Leitung fragt nach den Motiven und Zielen, aber gibt kein korrektes Handeln vor. Der Leiter kann aber kommentieren, wenn ein Verhalten unethisch ist oder das Spiel abbrechen, wenn bestimmte Personengruppen verletzt oder Gewalt verherrlicht wird. Im vorliegenden Beispiel hat Beat im Rollenspiel, wie er dann bei der verletzt am Boden liegende Person war, deren Taschen untersucht. Im Interview kam heraus, dass er nach Geld suchte:

L: Was machst du da?

B: Ich schaue mal nach was er so hat.

L: Willst du ihn etwa bestehlen?

B: Nein, einfach mal so schauen...

L: Das machst du aber jetzt zum provozieren, oder nicht?

B: Ja, das ist nur ein Witz.

L: Mach doch mal hier etwas, das diesem Verletzten nützlich ist, eine Hilfestellung irgendwelcher Art.

B: Wir könnten zusammen eine Zigarette rauchen, ich schaue mal nach ob er Zigaretten hat.

L: Die Idee ist nicht schlecht, aber es ist nicht der Moment, zuerst müsstest du Erste Hilfe leisten – vielleicht ihn erst mal ansprechen.

B: Hallo – Hallo.

L: Und jetzt frag ihn doch, ob du etwas für ihn tun kannst, die Zigarette kommt dann eventuell später.

Aus diesem kurzen Dialog wird ersichtlich, dass Beat im Rollenspiel viel Unterstützung braucht, um das Spiel mit einer positiven Handlung abzuschließen zu können. Es handelt sich gewissermaßen um ein wenig strukturiertes und entdeckendes Modelllernen.

5. Die Spielrollen abstreifen – Der Leiter spricht: ‚Du bist jetzt nicht mehr der Beat am Fenster, du bist jetzt wieder der Beat hier in der Gruppe. Und du bist nicht mehr in der Rolle eines jugendlichen Schlägers, sondern bist wieder der Peter hier in dieser Gruppe (usw.).'

6. In der Rückmeldung lobt die Leitung die von Beat geleistete Opferhilfe (er hat den verletzten gefragt, ob er Hilfe brauche und dieser hat ihn gebeten seinen Freund anzurufen, damit er ihn mit dem Auto holen komme – was Beat dann auch gemacht hat). Ich weise auch kurz darauf hin, „dass es dir Beat offensichtlich schwer fällt, dich als „good guy" in der Gruppe zu zeigen; viel lieber zeigst du dich als „bad guy" und holst dir damit viele Lacher. Aber ich habe gesehen, dass du im entscheidenden Moment das richtige und hilfreiche machen kannst. Das hast du gut gemacht. Und jetzt gehen wir zur nächsten Situation, zum nächsten Rollenspiel ..."

Die Rollenspiele werden ohne weitere Auswertung abgeschlossen. Als nächste Lerneinheit ist ein unstrukturiertes Gespräch oder eine kognitive Aktivität angezeigt. Im Praxisteil, unter *Training für jugendliche Sexualstraftäter* (Sitzung 6, S. 179) kann eingesehen werden, wie das obenstehende Vorwärts-Rollenspiel in ein Trainingsprogramm eingebettet ist.

Das freie Gruppenspiel

„Man sollte sich immer wieder daran erinnern, dass Spielen an sich schon Therapie ist. Kinder dazu bringen, dass sie spielen können, ist bereits Psychotherapie, die unmittelbar und ganz allgemein angewandt werden kann, wenn wir zu einer positiven sozialen Einstellung gegenüber dem Spielen kommen. Eine solche Einstellung muss von der Erkenntnis ausgehen, dass Spielen stets beängstigend wirken kann. Spiele mit Spielregeln müssen als Teil eines Versuchs betrachtet werden, diesem beängstigenden Aspekt des Spielens zuvorzukommen. Wenn Kinder spielen, müssen verantwortliche Personen dabei sein; dies bedeutet jedoch nicht, dass die verantwortliche Person in das Spielen der Kinder eingreifen muss. Wenn derjenige der das Spiel organisiert, leitend einbezogen werden muss, dann heißt das, dass das Kind oder die Kinder nicht schöpferisch (im Sinne der vorliegenden Abhandlung) spielen können. Der wesentliche Gedanke dieser Abhandlung ist, dass Spielen eine Erfahrung, und zwar stets eine schöpferische Erfahrung ist, eine Erfahrung im Kontinuum von Raum und Zeit, eine Grundform von Leben. Das Wagnis des Spiels ergibt sich daraus, dass es stets an der theoretischen Grenze zwischen Subjektivem und objektiv Wahrgenommenem steht." (Winnicott, S. 62)

Lehrziel
Im gemeinsamen Spiel prosoziale Erfahrungen von Selbstwirksamkeit machen:

- eigene Interessen und Meinungen gewaltfrei einbringen
- diese gewaltfrei durchsetzen oder gegebenenfalls an die Gruppenbedürfnisse anpassen können
- in einer Gruppe die Sozialkontakte adäquat regulieren können

- mit Fehlern und Frustrationen ohne gewalttätige Wutausbrüche umgehen lernen
- erkennen, wenn das Spiel beendet ist.

Bezug zum Thema Gewalt
Es ist anzunehmen, dass viele antisozial-aggressive Jugendlichen in ihrer Kindheit nur wenig gespielt haben. Sie konnten das Wagnis des Spiel oft nicht eingehen, oder sie beendeten die Spielversuche vielfach mit aggressivem Verhalten.

Rahmenbedingungen
Die Trainingsgruppe ist wie andere Kinder- und Jugendlichengruppen ein Experimentierfeld. In der Gruppe können neue Formen von Beziehung ausprobiert werden. Der experimentelle Charakter entsteht nicht durch vorgegebene Inhalte oder Aufgaben, sondern durch spontan entwickelte Spiele, mit Regeln und Abmachungen, die diskutiert und verhandelt werden müssen. Dabei gelten zwei Grundsätze: keine körperliche Verletzung und keine Sachbeschädigung. Die Rolle der Leitung besteht darin, den Rahmen und die Regeln zu garantieren und dafür zu sorgen, dass alle Teilnehmenden positive Erfahrungen im freien Gruppenspiel machen können. Die Kinder und Jugendlichen sollten so viele positive Emotionen erleben können, wie dies in diesem schwierigen – weil unstrukturierten – Setting möglich ist. Diese positiven Gruppenerfahrungen sind heilsam und wirkungsvoll, wenn sie möglichst nicht aufgrund von Interventionen der Leitung geschehen, sondern sich im Gruppenspiel spontan ergeben. Die Leitung greift ein, wenn Teilnehmende riskieren, zu viele negative Emotionen zu erleben. Dazu ist es notwendig, dass zuvor die STOPP-Regel eingeführt wurde: wenn ein TN oder die Leitung STOPP ruft, werden die (aggressiven) Handlungen sofort unterbrochen.

Anleitung und Durchführung
Es gibt keine Anleitung, die Idee zur Aktivität entsteht im unstrukturierten Gespräch.

Das freie Gruppenspiel im Psychodramatraining besteht meistens aus Kampf: mit Kissen, Schaumstoff-Sitzwürfeln, Gymnastikbällen, Liegematten und weiteren weichen Objekten bewerfen sie sich gegenseitig, in immer neuen Koalitionen. Eine beliebte Variante dazu ergibt sich, wenn ein Teilnehmer am Boden liegen bleibt: er wird unter einem Berg von weichen Objekten begraben und bleibt oft so lange darunter liegen, bis ein anderer diese Position einnehmen will.

Erstaunlich ist, dass diese Form des freien Gruppenspieles bei Jugendlichen der Altersgruppe 13 bis 16 sehr beliebt ist. Kinder hingegen wählen eher Zweikämpfe in der Gruppe.

Variante
Wenn das freie Gruppenspiel zu starker körperlicher Aktivität führt und die
spielerische Aggressivität in Gewalt zu kippen droht, kann – wenn die Sitzmeditation als Entspannungsverfahren bereits bekannt ist (siehe dazu weiter
unten) – das Spiel zum Training der Selbstkontrolle mit kurzen Sitzmedita-
tionen unterbrochen werden.

Das themenzentrierte Gruppenspiel

Das themenzentrierte Gruppenspiel ist eine Variante des freien Gruppenspieles und wie dieses eine zentrale Methode des Selbstmanagement-
Trainings. Die Teilnehmer werden dabei gedanklich, emotional, körperlich
und verhaltensmäßig gefordert und gefördert. Bei dieser erlebnisorientierten
und körperbezogenen Methode lernen die Teilnehmer neue prosoziale
Kompetenzen, ohne dass sie sich bewusst sind, in einen Lernprozess einge-
bunden zu sein. Wenn wir die Gruppendynamik aber als zu unruhig für ein
freies Gruppenspiel einschätzen, wählen wir die Form des themenzentrierten Gruppenspieles. Mögliche Themen sind: eine Burg bauen, einen
Wohlfühl-Ort einrichten oder eine Schlacht spielen.

Lehrziel
Im gemeinsamen Spiel prosoziale Erfahrungen von Selbstwirksamkeit machen:

- eigene Bedürfnisse zurückstellen können, wenn sie nicht mit Gruppen-
bedürfnissen übereinstimmen
- in einer Gruppe die Sozialkontakte adäquat regulieren können
- mit Frustrationen konstruktiv umgehen können.

Bezug zum Thema Gewalt
Die Kinder und Jugendlichen unserer Zielgruppe haben in der Regel äußerst
problematische Gleichaltrigenbeziehungen: ihr aggressives Verhalten bewirkt, dass sie von Gleichaltrigen als „Störenfriede" abgelehnt werden und
mit der Zeit nur noch Kontakte zu anderen aggressiven Kindern und Jugendlichen finden. In der Folge wird ihr gestörtes Sozialverhalten stabilisiert: sie sind es gewohnt, ständig zu imponieren, drohen und provozieren.
Für das eigene Wohlbefinden können sie im Gruppenverband kaum noch
sorgen: das Imponier- und Drohverhalten lässt dem kaum noch Zeit. Und
schon gar nicht kann auf das Wohlbefinden anderer Rücksicht genommen
werden. Durch die erlebnisorientierte, körperbezogene Methode des themenzentrierten Gruppenspieles können die Teilnehmer in realen Gruppensituationen prosoziale Erfahrungen von Selbstwirksamkeit machen: Spaß und
Freude entwickeln ohne dass andere darunter leiden müssen.

Rahmenbedingungen
Wie im freien Gruppenspiel.

Anleitung und Durchführung
Das themenzentrierte Gruppenspiel ergibt sich aus dem unstrukturierten Gespräch. Es kann aber sein, dass der Vorschlag der Gruppe aus Rücksicht auf eine gefährliche Gruppendynamik thematisch genauer definiert werden muss.

- Beispiel *Wohlfühlort*:
  Die Teilnehmer sagen: „Wir wollen nichts tun". Die Leitung präzisiert dann: „Das geht in Ordnung, aber was bedeutet nichts tun? Könnte es bedeuten, dass jeder sich einen Ort hier im Raum aussucht und einrichtet, an dem er einfach da sitzt, steht oder liegt, so wie es ihm gerade wohl ist? Und dabei die anderen in Ruhe lässt?" Wenn dies bejaht wird, präzisiert die Leitung: „Ziel ist also, dass jeder sich einen Wohlfühl-Ort sucht, diesen minimal einrichtet mit Stuhl, Liegematte, Kissen oder ähnlichen Gegenständen und dort die freie Zeit genießt. Ohne dabei andere zu stören, weder körperlich, noch mit Worten, Geräuschen oder Zeichen. Einfach nur da sein, nichts machen müssen, den Ruhemoment genießen."

- Beispiel *Schlacht*:
  Die Teilnehmer sagen: „Wir wollen eine Schlacht machen". Wenn die Leitung das Gefühl hat, das Spiel könnte außer Kontrolle geraten, dann sind einige genauere Spielregeln notwendig. Die Leitung fragt: „Wir sind aber eine gewaltfreie Trainingsgruppe. Wie kann eine Schlacht gewaltfrei gestaltet werden?" Die Jugendlichen werden daraufhin meist konstruktive Vorschläge bringen, wie die Schlacht in einem gewaltfreien Rahmen durchgeführt werden kann.

- Beispiel *Burg*:
  Die Leitung kann den Wunsch der Teilnehmer, eine Schlacht zu machen auch weiterentwickeln: „Vielleicht wäre dabei eine Burg praktisch. Eine Burg aus der heraus die Angriffe vorgenommen werden können. Eine Burg, die einen gewissen Schutz bietet, einen vorläufigen Schutz. Ich schlage vor, dass ihr zuerst alleine oder in Kleingruppen je eine Burg baut. Wenn alle eine Burg haben, wollen wir diese kurz bestaunen und dann kommt das Startzeichen für die Kampfhandlungen."

Das psychodramatische Gruppenspiel mit Kindern

Verhaltensauffällige Kinder mit aggressiven Störungen des Sozialverhaltens verfügen über geringe Kompetenzen, ein freies oder themenzentriertes Gruppenspiel konstruktiv zu gestalten. Ebenso ungünstig ist es, ihre Schwierigkeiten im Sozialverhalten direkt anzusprechen. Lernwirksamer ist hingegen das psychodramatische Gruppenspiel: Fantasiegeschichten erfinden und im Rollenspiel erlebnisorientiert gestalten – wie dies im obenstehenden Burg-Beispiel ansatzweise gemacht wurde.

Wie Biegler-Vitek (2004) ausführt, sind alle Geschichten, die von den Kindern zum Spielen vorgeschlagen werden und auf die sich die Kinder schließlich einigen können, von Bedeutung für den therapeutischen Prozess. Es ist hierbei unwichtig, ob die Therapeuten den Sinn der Geschichte erkennen und einen kognitiven Zusammenhang mit der Problematik der Kinder herstellen können. Ausschlaggebend ist, dass Spielfreude entsteht und dass das Spiel keinen destruktiv-antisozialen Charakter hat. Spielfreude muss also auch bei den Therapeuten entstehen: sie müssen Garanten sein für die festgesetzten Grenzen von Zeit, Raum und Regeln, innerhalb deren sich das freie Gruppensiel bewegt. Innerhalb dieser Grenzen ist die Freiheit – auch für die Therapeuten – aber grenzenlos: es kann alles gespielt werden, was nicht die physische und psychische Integrität der Beteiligten und ihnen vertrauten Personen verletzt.

Die Methode des psychodramatischen Gruppenspieles mit Kindern wird ausführlich von Aichinger & Holl (2002) und Pruckner (2001) beschrieben.

Lehrziel
Wie Oerter (1997) darstellt, konstruiert sich das Kind im Spiel eine Realität, in der das Selbst überhöht wird. Dadurch kann das spielende Kind bei komplexen Anforderungen verschiedene Handlungen ausprobieren und beurteilen. Befreiung von Angst und eine positive Kontrollerwartung erreicht das Kind im Spiel durch Änderung eines Handlungsablaufes in Form einer Geschichte, die einen wunschgemäßen Ausgang erhält. Das Eintauchen in die Fantasiewelt kann Ressourcen freisetzen und zur Entwicklung des moralischen Urteils beitragen.

Bezug zum Thema Gewalt
Bei den Kindern unserer Zielgruppe tritt die aggressiv-antisoziale Störung meist bereits sehr früh in der Kindheit auf. Oft sind diese Kinder im Kindergarten auffällig, zeigen zusätzlich eine hyperkinetische Störung. Ihr Umgang mit anderen Kindern ist oft geprägt durch Feindseligkeit, Dominanz und unzureichendes Einfühlungsvermögen. Zusätzlich sind sie in ihren sprachlichen Entwicklung oft etwas zurückgeblieben, was die Kommunikation auch nicht fördert. Diese Kinder sind nicht beliebt und werden im Spiel oft ausgegrenzt, da sie eine zu dominante und zerstörerische Position einnehmen. Gruppenspiele sind für diese Kinder eine große Herausforderung. Eine Einzeltherapie kann diesbezüglich wenig bewirken, das Training muss in der spielenden Gruppe stattfinden.

Rahmenbedingungen
Gruppengröße: von minimal 4 bis maximal 8 verhaltensauffällige Kinder.

Anfangs- und Schlussrunde: jeweils im Kreis am Boden sitzend.

Raum: ein großer fast leerer Raum. Einige mobile Tische und Stühle können als „Baumaterial" nützlich sein, sonst eher sparsame Einrichtung. Eine kleinere Turnhalle wäre ideal.

Material: Sitzwürfel aus Schaumstoff, Kissen, Decken, farbige Tücher, Seile.

Leitung: idealerweise zwei Personen; ein Leiter spielt mit und übernimmt Rollen, die eine Gruppenkohäsion bei den Kindern erleichtern (Vermittlerrolle oder Antagonist).

Anleitung und Durchführung

Die Aufforderung lautet: „Wir könnten eine spannende Geschichte spielen." Und zur Hauptperson gerichtet: „Was möchtest du spielen? Wer möchtest du sein. Held, König, Prinz? Oder ein Star, ein Sportler, ein ichweiß-nicht-was? Oder ein Tier, eine Fantasiefigur ...? Und welche Rollen spielen die anderen?"

Bei unserer Zielgruppe braucht es in der Entwicklung der Geschichte eine aktive Unterstützung und Kontrolle durch die Leitung:

- Ideen liefern zu ressourcenorientierten Rollen (Ritter, König, Zauberer, Held)
- Darauf achten, dass die Rollenverteilung nicht zu einer Stigmatisierung in negativ-besetzten Rollen benutzt wird („Du ‚Jugo' kannst den Dieb spielen")
- Ideen liefern, damit die Geschichte zu einem guten Ende führen kann.

Beispiel 1 aus der Selbstmanagement-Training mit Kindern (Sitzung Nr. 6):
Daniel ist heute die Hauptperson. Wir schlagen ihm vor, eine schöne-spannende Geschichte zu spielen. Dazu haben wir einige Requisiten mitgebracht (Tücher, Seile, Kleider). Daniel möchte ein König sein. Er will die anderen Mitspieler besiegen und töten. Trainerin: „Oder die anderen könnten deine mutigen Ritter sein, die für dich Kopf und Kragen riskieren. Und ihr könntet zusammen gegen einen gefährlichen Feind kämpfen." Ernst findet diese Idee nicht schlecht. Wir schlagen vor, dass wir zwei Trainerinnen die Feinde spielen. „Wer/was sollen wir sein?".

Es entwickelt sich folgende Geschichte: Ein König hat einen Ritter und zwei Diener. Diese sind im Thronsaal. Zwei Drachen greifen sie an und stehlen ihnen das Essen (Hähnchen und Pommes). Daraufhin werden die vier dies wieder zurückkämpfen. Doch es gelingt ihnen durch einen Trick die zwei Drachen (gespielt durch die Trainerinnen) zu vergiften. Am Schluss kommen 2 Könige aus den Nachbarländern (Trainerin) und bedanken sich für die Vernichtung der gefährlichen Drachen. Sie beschenken den König reichlich mit allen möglichen Esswaren und Spielsachen.

In diesem Spiel war es für die Trainerinnen leicht aus den Drachenrollen heraus das Spiel in eine konstruktive Bahn zu lenken: jedes Mal wenn die

Kinder drauf und dran waren aufeinander aggressiv-destruktiv loszugehen, konnten sich die Drachen freuen („ha ha, die schlagen sich ja untereinander tot – wie wollen denn die uns besiegen?"). Solche Bemerkungen führten dazu, dass der König und die Ritter sich wieder zusammenrauften und einen Plan ausheckten, die Drachen zu töten.

Beispiel 2 aus der Sitzung Nr. 8

Gerhard ist die Hauptperson. Er ist zu Beginn der Sitzung aggressiv und bedroht immer wieder zwei Gruppenmitglieder (F und E). Gerhard möchte kein Spiel machen. Die anderen Kinder schlagen ihm vor, doch eine Burg zu bauen und König zu sein, da könne er machen was er wolle. Gerhard willigt ein. Mit Tischen, Stühlen, Kissen, Decken und Tüchern bauen sie eine Burg. Gerhard und D in Burg (auf Tischen), darunter F und E im Kellerverlies (unter den Tischen), sie wurden aber mit Matten und Decken gut versorgt – E darf später nach oben gehen, F bleibt alleine unten. Die Therapeuten befürchten, dass F nun ganz ausgeschlossen wird und das Spiel eskalieren könnte. Ein Therapeut tritt als Diener auf: „Haben eure durchlauchte Hoheit einen Wunsch? Eure Hoheit ist berühmt für seine Großzügigkeit und seine Fürsorglichkeit seinen Untertanen gegenüber – kann ich Eure Hoheit oder die Untertanen mit irgendetwas dienen?" Der Trainer öffnet das Fenster und sagt: „Beispielsweise mit diesen frisch herumfliegenden gebratenen Hähnchen?" Die Fantasie und Kreativität der Kinder ist nun angeregt, die Untertanen machen Vorschläge, der König gibt Anweisungen. Der Diener zaubert Essen nach Wunsch her – alle bekommen fantasierte Hähnchen, Pommes, Ketchup, Pudding und Schokoladencreme im Übermaß.

Das Lehrziel *moralische Entwicklung* wurde in dieser Sitzung nur mit großem spielerischen Einsatz der Trainer erreicht. Gerhard könnte für seine fürsorgliches Verhalten (gerechtes Verteilen des Essens an seine Untertanen) gelobt werden. Selbstverständlich wäre es auch spannend zu sehen, wie sich das Spiel entwickelt, wenn einer der Untertanen im Burgkeller verhungert. Da wir aber von der Hypothese ausgehen, dass die Kinder in dieser Gruppe selber traumatisiert sind, muss als oberste Regel gelten, dass die Kinder im Spiel keine traumatischen Rollen übernehmen. Der Einsatz des Dieners war durch diese Regel vorgegeben.

Konfliktsituationen stellen

Oft erscheint die Bereitschaft zu Lernaktivitäten bei den Jugendlichen im Selbstmanagement-Training sehr klein. Die Jugendlichen wollen einfach sitzen bleiben, von Rollenspielen wollen sie schon gar nichts hören. Sie berichten von Konfliktsituationen, wollen aber nichts machen. Die Leitung kann bei derartigen Lernblockaden von sich aus die berichtete Konfliktsituation durch eine Aufstellung visualisieren. Dadurch kann ein Lernprozess in Gang gesetzt werden.

Lehrziel

Erkennen, dass eine soziale Situation aus verschiedenen Perspektiven betrachtet werden kann und dabei nicht immer gleich aussieht. Auseinandersetzung mit Fragen der Schuld: welches ist mein Anteil an der Gewalteskalation?

Bezug zum Thema Gewalt

Bei Kinder und Jugendlichen mit antisozial-aggressiven Verhaltensauffälligkeiten ist eine deutliche Tendenz erkennbar, in sozialen Situationen nach bedrohlichen und feindseligen Signalen Ausschau zu halten. Dies führt zu Fehlinterpretationen von bestimmten Verhaltensweisen anderer Personen, die dann als feindselig angesehen werden. Jeder Mensch sieht die Dinge aus seiner persönlichen Perspektive, mit seiner eigenen Sichtweise; bei aggressiven Jugendlichen ist dies eben dann oft aus einer aggressiven Perspektive. Die Aufstellungsarbeit ist ein Versuch, das Bild, das wir uns von einer bestimmten Situation gemacht haben, einmal aus einer anderen Perspektive zu betrachten und somit die eigene Wahrnehmung zu überprüfen.

Rahmenbedingungen

Die Aufstellung kann mit verschiedensten Gegenständen oder mit Personen gemacht werden. Die kleinsten Gegenstände die ich mitführe sind Knöpfe. Diese Sammlung von Knöpfen kann ich einsetzen, wenn ich mir für mich ein Bild machen will: ich mache eine Aufstellung mit Knöpfen um eine bestimmte Situation zu visualisieren. Ich mache das in der Gruppe, aber nicht in erster Linie für die Gruppe. Absicht ist, die Neugierde zu wecken.

Für Aufstellungen, die für die ganze Gruppe sichtbar sein sollen, benutze ich meist Sitzpolster (diese sind rechteckig oder quadratisch, Seitenlängen von 30 bis 60 cm, mit verschiedenfarbigen Stoffüberzügen). Diese Sitzpolster haben den Vorteil dass sie ziemlich groß sind, leicht und verschiedene Größen/Formen/Farben haben.

> *Praxisbeispiel (aus dem Training mit Jugendlichen, Einheit 1):*
> Eine Konfliktaufstellung ergibt sich aus einem Gespräch heraus. So berichtet beispielsweise Toni, dass er mit der Lehrerin eine heftige Auseinandersetzung gehabt habe. Ich erkundige mich was das heißt. Toni erzählt, dass er sie angeschrien und gewürgt habe. Auf Grund des bisherigen Sitzungsverlaufes und der Art, wie Toni dies berichtet hat, schätze ich, dass er Widerstände hat, diese Situation zu bearbeiten. Ich signalisiere ihm aber mein Interesse an einer Bearbeitung: „Das scheint mir aber ziemlich heftig. Da möchte ich aber genauer verstehen, was da abgegangen ist." Ich stehe auf und beginne eine Konfliktaufstellung, die ihm auch eine Möglichkeit zur Distanzierung gibt. Ich nehme zwei unterschiedliche Polster: „... also das bist du und das ist deine Lehrerin." Toni korrigiert: „Nein, das Blaue da bin ich." Damit zeigt er, dass er mit einer Bearbeitung des Themas einverstanden ist. Ich frage wo das stattgefunden hat, ob es noch andere Personen oder Gegenstände

braucht, wie die Distanzen waren. Toni meint, es brauche noch ein Pult zwischen ihm und der Lehrerin. Ich nehme ein weiteres Polster und stelle es dazwischen.

Ausgehend von dieser Aufstellung kann nun die Konfliktsituation besprochen werden. Wir können die Situation zurückspulen („Wo hat der Konflikt angefangen? Wo warst du und wo die Lehrerin? Was hast du da gesagt oder gemacht?") und wir können auch die verschiedenen Eskalationsstufen bildlich festhalten („Wann hast du festgestellt, dass du wütend wirst? Was hast du da gefühlt").

Toni hat sich bei dieser Aufstellung nie aktiv beteiligt, er blieb auf seinem Stuhl sitzen und ich habe die betreffenden Polster verschoben. Ich stelle mich auch stellvertretend zu einem bestimmten Polster und kann aus dieser Rolle heraus sprechen („also das finde ich ungerecht ...").

Das Stellen von Konfliktsituationen wird von den Betroffenen immer gut akzeptiert. Offensichtlich wird diese räumliche Darstellung nicht als bedrohlich, sondern vielmehr als hilfreiche Distanzierung erlebt.

Rollenhaushalt

Ganz zentral für die gesunde Entwicklung der Persönlichkeit ist das Erkennen von Rollen. Kinder lernen im Alltag und im Spiel, dass verschiedene Lebenssituationen ganz verschiedene Verhaltensweisen erfordern (die Rollen des Schülers, des Muttersöhnchens, des mutigen Kameraden, des schnellen Spielers etc.). Dies wird mit der Übung Rollenhaushalt erkennbar gemacht.

Lehrziel
Die Jugendlichen können zwischen verschiedenen Rollen die normierten Einstellungs- und Verhaltenserwartungen unterscheiden. Sie erkennen, dass einzelne Rollen mehr mit Alltagsstressoren behaftet sind als andere. Daraus können sie Vorschläge zur Stressbewältigung entwickeln.

Bezug zum Thema Gewalt
Eine gute Entwicklung bedeutet, dass eine große Anzahl an verschiedenen Rollen mit entsprechend unterschiedlichem Verhalten zur Verfügung steht. Von zentraler Bedeutung bei der Entwicklung von Rollen ist die Peer-Gruppe. Hier lernen die Heranwachsenden neue Rollen kennen und ausüben und hier lernt der Einzelne sich so zu sehen wie die Anderen ihn sehen. Die Wahrnehmung und Strukturierung der eigenen Persönlichkeit durch die Brille der sozialen Gruppen führt zur Formung des sozialen Selbst mit einem Repertoire an sozialen Rollen.

Aggressive Jugendliche tendieren dazu, über ein eingeschränktes Rollenrepertoire zu verfügen. Sie können auch nicht erkennen, dass ihr Verhalten nicht rollenadäquat ist. Gesundes Verhalten kann als die Fähigkeit beschrieben werden, auf interpersonale und situative Anforderungen durch die verfügbaren Verhaltens- und Erlebensmuster (Rollen) angemessen zu reagieren. Gestörtes Verhalten kann dementsprechend folgendermaßen beschrieben werden: auf neue Herausforderungen wird mit alten, starren und unangemessenen Rollenmustern reagiert.

Rahmenbedingungen

Ich habe diese Methode im Rollenspiel-Buch (Schaller 2001, S. 49) unter der Bezeichnung *Lebensrollen* dargestellt, so wie sie in der Erwachsenenbildung eingesetzt wird. Mit aggressiv-antisozialen Jugendlichen benutze ich eine angepasste Anwendungsform, die ich anhand der Sitzung Nr. 8 des *Training mit Jugendlichen* beschreiben will: Eine Therapiesitzung, die von den Jugendlichen mit viel Passivität, Schweigen und Ablehnung von Arbeitsangeboten gestaltet wird. Nach etwa einer halben Stunde wird es mir zu langweilig. Ich beginne eine Aufstellung des Rollenhaushaltes, ohne die Teilnehmer direkt miteinzubeziehen. Die Tatsache, dass ich etwas für mich mache, lenkt die Aufmerksamkeit der Gruppe auf die Aufstellung.

Anleitung und Durchführung

Ich verlasse die Sitzrunde und beginne in einem leerstehenden Teil des Raumes eine Aufstellung mit kleinen Sitzwürfeln, die an der Wand aufgereiht stehen. Zuerst lege ich einen großen Gymnastikball in die Mitte. Dann stelle ich die verschiedenfarbigen Sitzwürfel in unterschiedlichen Distanzen zum Ball auf. Ich bin in meine Arbeit vertieft, überlege, verändere, korrigiere. Dazwischen habe ich die Hauptperson auch mal gefragt, was sie in der Freizeit eigentlich so mache. Damit wecke ich die Neugier. Nach mehreren Minuten hat sich die Aufmerksamkeit der Jugendlichen auf meine Tätigkeit gerichtet. Einer fragt schließlich was das Ganze soll. Ich erkläre, dass es die verschiedenen Lebensrollen von Hans (der Hauptperson in dieser Sitzung) sind, die ich symbolisch mit farbigen Sitzwürfeln dargestellt habe: Hans als Schüler, als Mitbewohner, als Videogamer, als Sohn seiner Mutter – hier mache ich eine Rückfrage an Hans: „Hast du noch Kontakt zu deinem Vater?" – auf seine Antwort hin stelle ich noch einen weiteren Würfel auf, für Hans als Sohn seines Vaters, den er nur sehr selten sieht – und fahre fort in der Beschreibung der Rollen. Dann komme ich zum Gymnastikball in der Mitte: „Das hier ist das *Selbst*, die eigentliche Person, also der eigentliche Hans, so wie wir ihn nie kennen und sehen werden – für mich tritt er nur in der Rolle als Gruppenteilnehmer auf, und für euch vielleicht auch noch als Mitschüler, Kollege oder Mitbewohner. Aber wer er eigentlich ist, sein ,wahres Ich', das können wir nicht sehen. Und in seiner Rolle als Teilnehmer erlebe ich Hans oft als abwertend, freudlos, aber auch als neugierig, überraschend, versteckt warmherzig". Dann frage ich Hans, ob es noch Rollen gibt, die ich vergessen habe. Ich weise auch auf die Bedeutung der Distanzen hin: Rollen die eine große persönliche Bedeutung haben, sind näher beim *Selbst*, die anderen weiter weg. Es entwickelt sich ein konstruktives Gespräch mit Hans über positiv besetzte Rollen. So wird deutlich, dass Hans sich auf der Wohngruppe eigentlich sehr wohl fühlt – auch wenn dies wegen seinem aggressiven Verhalten von den Erziehenden nicht erkannt werden kann. Ich weise darauf hin, dass Erwachsene fähig sein müssen, in verschiedenen Rollen auch verschieden zu denken und zu handeln (so bin ich als Vater anders als in meiner Rolle als Gruppenleiter) – es gibt Rollen wo man mehr Gefühle zeigen darf, und andere wo man *cooler* sein sollte. Ich fordere ihn auf, in der Wohngruppe doch irgendwie zu zeigen, dass es ihm wohl ist.

Ich beende die Übung mit der Frage an alle, ob sie die Rolle als Gruppentherapie-Teilnehmende jetzt gerade so ausfüllen, wie sie es eigentlich möchten.

Mit gesunden, lernmotivierten Jugendlichen wäre es jetzt durchaus möglich, als Einzelarbeit die Übung Rollenhaushalt in Auftrag zu geben. Mit den Jugendlichen aus unserer Zielgruppe muss nach dieser kurzen aber intensiven Arbeit eine Gruppenaktivität folgen, die eine spielerische Emotionsregulierung erlaubt.

Tierfiguren

Tiere haben unterschiedlichste Verhaltensweisen, auf Bedrohung erfolgreich zu reagieren. Jedes Tier tut dies anders: Die Feldmaus verkriecht sich, das Schaf rennt zu den anderen, der Igel macht sich klein und stachelig, das Chamäleon tarnt sich mit Farbanpassung, die Wespe sticht, der Schwan schlägt um sich, der Löwe brüllt. Wir beschäftigen uns mit der Frage: Gibt es Parallelen zwischen meinem Verhalten in Bedrohungssituationen und dem Verhalten meines Lieblingstieres?

Lehrziel
Erkennen, dass es immer mehrere erfolgreiche Verhaltensstrategien gibt, um auf bedrohliche Situationen reagieren zu können.

Die spezifischen Eigenschaften des eigene Verhaltens in Bedrohungssituationen erkennen und eventuell Veränderungsziele formulieren.

Bezug zum Thema Gewalt
Konrad Lorenz vertritt in seinem Klassiker *Das sogenannte Böse* (1963) die Theorie, dass Aggression eine triebhafte Energie ist, die sich in den Nervenzentren ansammelt, und regelmäßig entladen werden muss. Dafür bieten sich dem Menschen und dem Tier viele Möglichkeiten im Alltag (Kämpfe um Macht, Rangordnung, Sexualpartner, Ernährung etc.). Aggression ist also primär keine Reaktion auf äußere Reize, sondern eine innere Erregung, die nach Entladung verlangt. Dieser Theorie entsprechend hängt das auftreten von Aggression nicht von äußeren Reizen ab. Lorenz hat dieses trieb-

hafte Verhalten, das bei Tieren zur Arterhaltung dient, mit vielen anschaulichen Beispielen belegt. Der Aggressionstrieb dient so beispielsweise dem Zweck, dass die Tiere einer Art, sich den zur Verfügung stehenden Raum durch Territorialkämpfe so aufteilen, dass die Ernährungsmöglichkeiten möglichst optimal genutzt und erhalten bleiben. Beim Menschen jedoch, so Lorenz, scheint dieser Trieb „aus dem Geleise geraten zu sein" und führt zu Selbstzerstörung, sinnloser Gewaltanwendung und Krieg.

Unabhängig davon, ob wir die ‚Dampfkochtopf-Theorie' von Lorenz übernehmen wollen oder nicht, ist es nützlich, mit Modellen aus der Tierwelt zu arbeiten:

Flucht oder Abwehr? Aktiv drohend oder reaktiv? Wie ist das Distanzverhalten? Wie ist die Kampf- oder Fluchttechnik? Es ist einfacher diese Fragen anhand von Tierbeispielen anzugehen, als sie direkt und auf eigenes Verhalten bezogen zu beantworten.

Rahmenbedingungen
Erforderliches Material: eine große Auswahl an Tier-Spielfiguren (oder Zeichnungen/Fotografien von verschiedensten Tieren). Diese werden vor der Sitzung auf einem Tisch am Rande des Gruppenraumes ausgelegt.

Die Tierfiguren aus Holz oder Kunststoff sind in Spielwarengeschäften erhältlich. Für den mobilen Einsatz ist ein schönes und praktisches Sortiment an 55 Micro-Tieren im Stoffbeutel bei www.mvsv.de erhältlich.

Anleitung und Durchführung
„Ich habe hier auf dem Tisch eine Sammlung von Tierfiguren. Bitte wählt ein Tier aus, das euch irgendwie gefällt. (Wenn alle eine Figur genommen haben:) Bitte legt diese Tierfigur vor euch auf den Boden. Meine Frage an jeden von euch: Was gefällt euch an diesem Tier?"

Weitere mögliche Fragen sind:
- Ist es ein Fluchttier oder ein Abwehrtier?
- Wenn es ein Fluchttier ist, welche Art von Flucht? Weggehen oder abwarten?
- Hat dieses Fluchttier spezielle Fertigkeiten für die Flucht? Wie beispielsweise Schnelligkeit, Zickzack-Kurs, Tarnung, etc.?
- Wenn es ein Abwehrtier ist, welche Art von Abwehr? Drohen oder Angreifen?
- Welche Drohgebärden macht dieses Tier?
- Verfügt dieses Tier über „spezielle Waffen" wie Stachel, Krallen, Gift, scharfe Zähne, Gestank, Brüllen, etc.?
- Haben wir Menschen ähnliche Fähigkeiten?

Variante 1

Die Aufforderung ein Tier auszuwählen kann bereits als zu bedrohlich erscheinen: man muss etwas von sich zeigen. In Einheit 5 des *Täter-Opfer-Trainings* wird diese Übung von einer kognitiven Seite her aufgenommen: „Ich habe hier eine Sammlung von Tierfiguren: Hund, Katze, Huhn, Pferd, Kuh, Stier, Delfin, Schlange, Bär, Hirsch, Wolf, usw. – wir wollen diese Tiere aufstellen nach ihren verschiedenen Reaktionen auf Bedrohung. Ist es ein Fluchttier oder ein Abwehrtier? Wenn es ein Fluchttier ist, welche Art von Flucht? Weggehen oder abwarten? Hat dieses Fluchttier spezielle Fertigkeiten für die Flucht? Wie beispielsweise Schnelligkeit, Zickzack-Kurs, Tarnung, etc.?

Am Schluss der Aufstellung kommen wir zu den Fragen: „Wie ist es beim Menschen? Gibt es ähnliche Unterschiede? Kennt ihr Menschen die ganz typisch wie ein Bär oder wie ein Pferd sich verhalten? Wie ist es bei euch?"

Variante 2

Die oben beschriebene Übung kann auch mit einem persönlichen Fragebogen durchgeführt werden:

Fragebogen Gewaltarten

Was machst du wenn du bedroht bist? Ergreifst du die Flucht oder bist du bereit zur Abwehr? Oder greifst du als erster an? ....
....

Welche Art von Gewalt wendest Du an, wenn du bedroht wirst? ....
....

Wann findest Du es gut? ....
....

Wann findest Du es schlecht? ....
....

Gibt es noch andere Arten von Gewalt, die Du anwendest? ....
....

Welche Tiere haben ähnliche Flucht- oder Abwehrtechniken wie du? ....
....

Variante 3 (mit Kindern)

Diese Übung kann mit Kindern auch als Pantomime durchgeführt werden.

Anleitung: „Wenn ihr ein Tier wäret, welches Tier wäre das? Bitte nur denken und nicht sagen. Wenn jeder ein Tier ausgewählt hat, machen wir ein Ratespiel. Abwechselnd spielt jeder sein Tier und zwar so, wie wenn das Tier wütend ist. Was macht dieses Tier wenn es wütend ist? Stellt euch vor, wie es sich bewegt, was mit seinem Körper passiert, was man hört."

Praxisbeispiel Tierfiguren 1

In Sitzung 3 des *Selbstmanagement-Training mit Jugendlichen* ist die Gruppenaktivität von Passivität, Tendenz zu Isolierung und Abwertungen geprägt. Nach einer halben Stunde beschließe ich, einen Impuls zu geben. Ich gehe zur Schachtel mit den Tierfiguren und wähle für jedes Gruppenmitglied ein Tier: Hund, Schlange, Walfisch, Pferd, Krokodil, Schaf, Stier. Mit diesen Figuren mache ich in einer ruhigen Raumecke eine Aufstellung. Ich beobachte die Gruppe und stelle die Figuren entsprechend meiner Wahrnehmung der Gruppendynamik. Ein Jugendlicher kommt hinzu und erkundigt sich nach der Bedeutung meiner Aufstellung. Ich erkläre ihm die verschiedenen Positionen in der Gruppe und welches die Figur ist, die ich ihm zuweise (Hund). Er kommentiert meine Interpretation und verändert etwas an der Aufstellung. Kommentieren will er nicht. Dann zieht er sich wieder in seine Abwarte-Position zurück.

Praxisbeispiel Tierfiguren 2

Ignaz, Hauptperson einer Trainingseinheit von *Selbstmanagement-Training mit Jugendlichen*, beschwert sich, dass man in dieser Gruppe nichts lernt und es todlangweilig ist: „Jetzt sitzen wir schon eine Viertelstunde rum und machen gar nichts". Auf die Frage, was er denn gerne lernen würde, berichtet er folgendes: „Auf der Wohngruppe habe ich immer wieder Streit mit jüngeren Kindern. Dann kommt die Gruppenleiterin, die ich eigentlich gut mag, aber in diesem Moment kommt es dann auch mit ihr zu einer massiven Auseinandersetzung. Irgendwie ist mir das nicht recht."
Ich schlage vor, dass wir uns eine derartige Konfliktsituation mal figurativ anschauen und bitte ihn, Tierfiguren für alle Beteiligten auszuwählen. Es kommt zu einer Einzelarbeit im Plenum. Die anderen Teilnehmer sind alle eher in einer oppositionellen Grundstimmung, provozieren sich gegenseitig, liegen irgendwo herum oder blättern in einer mitgebrachten Zeitschrift.
Im Verlauf der Aufstellungsarbeit mit den Tierfiguren wird erkennbar, dass Ignaz (Pferd) ständig von einer Position zur anderen wechselt. Es gelingt uns nicht eine Lösung zu finden, aus jeder Konfliktsituation ergibt sich eine neue. Wir sind ratlos, da kommt ein Schwamm geflogen und wirft einige Figuren um. Ich bin in einem ersten Moment verärgert ob dieser Störung, kann meinen aggressiven Impuls aber sofort kontrollieren und Frage, was dieser Schwamm hier soll. Es entwickelt sich ein lösungsorientiertes Gespräch mit Ignaz: er erkennt, dass der Schwamm eine Art Filter sei, der ihm fehle. Wir bauen diesen Schwamm in die Aufstellung ein. Ich kommentiere, dass es für Pferde Sichtblenden gibt, damit sie sich auf den Fahrweg konzentrieren können und nicht von anderen Dingen erschreckt werden.
Weiter kommen wir in dieser Einzelarbeit nicht, da neue Störungen auftreten und Ignaz bereits wieder in einen neuen Konflikt verwickelt ist.

Gewalt hat viele Gesichter

Gewalt ist nicht nur wenn Blut fließt. Neben der physischen Gewalt, sind auch psychische und strukturelle Gewalt bedrohlich und gesundheitsschädigend. Und die Täter von physischer Gewalt, sind oft Opfer von psychischer oder struktureller Gewalt. In dieser Übung setzen sich die TN mit dem Thema Gewalt auseinander: Was ist Gewalt? Welche Arten von Gewalt gibt es? Wo bin ich Gewalttäter und wo Gewaltopfer?

Lehrziel

Die TN erweitern ihre moralische Beurteilungsfähigkeit von verschiedenen Arten von Gewalt. Sie erkennen, dass sie in ihren verschiedenen Lebensrollen auch unterschiedliche Arten von Gewalt anwenden oder erfahren.

Bezug zum Thema Gewalt

Wiederholt gewalttätige Jugendliche neigen dazu, ihr Gewaltpotential zu idealisieren. Dies ist nur möglich, wenn sie einzelne Arten von Gewalt zusammenhangslos anschauen. In dieser Übung wird Gewalt in Bezug zu sozialen Rollen gesetzt.

Rahmenbedingungen

Zur Einführung ins Thema benutzen wir den Video „25 Bilder der Gewalt" (aus „Gewalt hat viele Gesichter" des *Institut Jugend Film Fernsehen*). In 25 kurzen Sequenzen werden verschiedene Gewaltformen dargestellt: eine Schießerei in einem Western, Autoabgase, Gewalt Gegen Frauen in der Werbung, schlechte Wohnverhältnisse usw.

Auswertung und Durchführung

1. Schritt: „Wir befassen uns heute mit der Frage: Welche Arten von Gewalt gibt es? Als erstes hier ein kurzer Fragebogen. Dieser Fragebogen ist für euch und er bleibt bei euch. Er soll nur zum Denken anregen. Ich bitte euch diese Fragen zu beantworten."

Fragebogen: Gewalt hat viele Gesichter

Welche Arten von körperlicher Gewalt wendest du an? (wie z.B. Schlagen, Würgen, Beinstellen, Waffengebrauch, Sachbeschädigung ...).....................
....
....

Welche Arten von psychischer Gewalt wendest du an? (wie z.B. Auslachen, Bedrohen, rassistische Bemerkungen, Ausschließen, Ignorieren, Liebesentzug, sexualisierte Sprache, etwas wegnehmen, Lügen ...).........................
....
....

Welchen Arten von struktureller Gewalt kennst du aus eigener Erfahrung? (z.B. schlechte Schulnoten, zu wenig Lehrstellen, Trennung von Familie, Hunger, Armut, wenig Freizeit, ungenügende Betreuung, Ausländerstatus ...)
....
....

---

2. Schritt: In einem unstrukturierten Gespräch werden verschiedene Themen aus dem Fragebogen indirekt angesprochen. Es ist wichtig, dass es bei einem unstrukturierten Gespräch bleibt und nicht doziert wird. Es wird auch nicht gefragt: „Was hast du geschrieben?", sondern „Habt ihr Fragen, Gedanken, Bemerkungen?" . Wenn nichts kommt, kann die Leitung auch das Gespräch ankurbeln: „Ich denke, dass Stress in der Schule sehr belastend sein kann. Das ist eine Art von struktureller Gewalt. Ich selber habe das als Schüler erlebt. Meine Muttersprache ist Italienisch und ich musste in eine deutschsprachige Schule. Ich war in den ersten Jahren ein ganz schlechter Schüler. Das war schrecklich."

Familienwappen

Im Übergang von der Kinder- zur Erwachsenenwelt müssen die Jugendlichen ihre soziale Position mit entsprechenden Normen und moralischen Einstellungen neu definieren. Die Herkunftsfamilie ist prägend bei der Bildung dieser Grundeinstellungen. Die Jugendlichen werden in dieser Übung aufgefordert die familiären Grundwerte symbolisch mit einem Familienwappen darzustellen.

Lehrziel
- Orientierung im Spannungsfeld zwischen familiären Werthaltungen und persönlichen, sich entwickelnden Werthaltungen
- Die persönlichen Werthaltungen in Worten beschreiben können
- In einer Gruppe von Gleichaltrigen zu persönlichen Werthaltungen stehen können

Bezug zum Thema Gewalt
Gewalt kann verstanden werden als inadäquaten Versuch, eigene Bedürfnisse und Wünsche zu realisieren. Im Zentrum jedes Trainings mit gewaltbereiten Jugendlichen steht die Aufgabe, die meist unbewussten Bedürfnisse und Wünsche zu erkennen. Die Übung Familienwappen ist ein Versuch, unbewusste handlungssteuernde Bedürfnisse und Wünsche sichtbar zu machen, damit ihr Einfluss auf die Lebensgestaltung erkennbar wird.

Gewalttätige Jugendliche zeigen eine Tendenz zu Idealisierung: sie sehen sich als eine Art ‚Robin Hood', Kämpfer für bestimmte Werte (vielleicht familiäre Werte). Mit dieser Imaginationsübung können die TN in der Gruppe Stellung beziehen für bestimmte Grundwerte, die auf einem imaginären Familienwappen symbolisch abgebildet sind.

Rahmenbedingungen
Mit dieser Imaginationsübung können innere Ressourcen erschlossen werden, die im Gespräch nicht erfassbar sind. Es ist immer wieder erstaunlich, wie problemlos sich Kinder und Jugendliche auf diese Übung einlassen:

wie wenn sie schon lange darauf warten würden, endlich etwas wichtiges loszuwerden. Oft führt die Imagination anfänglich über ein provokatives Symbol (beispielsweise ein Penis, ein Strick, eine Faust). Einfaches ernsthaftes Nachfragen führt dann meist zu einem neuen Bild.

Anleitung und Durchführung

1. Schritt: „Früher hatten die Ritter und Adeligen ein Familienwappen, das sie auf ihrem Schild trugen oder als Fahne zu erkennen gaben. Ein Familienwappen ist die bildliche Darstellung von etwas verbindendem: mit Farben und Symbolen wird etwas dargestellt, das eine Familie moralisch verbindet. Ein Wappen kann beispielsweise aus zwei Farbflächen bestehen oder auch Gegenstände/Lebewesen abbilden. Angenommen eure Familie – und jetzt gehen wir in der Fantasie viele Generationen zurück – hat ein Wappen; wie sieht dieses Wappen aus. Stellt euch dieses Wappen mit dem inneren Auge vor: welche Farben? Welches Muster? Welche Figur? Ich lasse euch eine Minute Zeit, euch dies vorzustellen."

2. Schritt: „Nun stellt euch vor, euer Wappen hängt hier an der Wand, großformatig. Projiziert das Wappen mit der Kraft der Vorstellung an die Wand. Lasst es da an der Wand erscheinen, schaut es euch gut an. Und jetzt stellt jeder sein Wappen vor. Wie sieht es aus?"

3. Schritt: ein themenzentriertes Gespräch über Werthaltungen und moralische Einstellungen.

Variante

Als Variante kann das Wappen auch gezeichnet und anschließend vorgestellt werden. Eine weitere Möglichkeit ist ein Rollenspiel: die Teilnehmer werden aufgefordert als Wappen hinzustehen und sich zu beschreiben. Diese Variante bietet den Vorteil, dass im Gespräch die Ziele/Werte des Wappens exploriert werden können („du bist also ein Wappen mit einem goldenen Schwert auf einem blauen Hintergrund – ein schönes Schwert, wann wird es eingesetzt?").

Achillesferse

Mit dieser kognitiven Übung kann das Erkennen kleiner Alltagsstressoren („empfindliche Stellen") erleichtert werden. Jeder Mensch reagiert ganz individuell auf bestimmte Provokationen. Wenn wir wissen, was uns empfindlich trifft, können wir adäquater reagieren.

Lehrziel

Die TN können erkennen, dass sie empfindliche Stellen haben, bei denen sie impulsiv-aggressiv reagieren. Sie erkennen, wie sie mit ihren empfindlichen Stellen umgehen. Sie erkennen auch, dass sie oft andere an ihren empfindlichen Stellen zu treffen versuchen.

Bezug zum Thema Gewalt

Wenn empfindliche Stellen getroffen werden, wird die Gewalteskalation beschleunigt. Wenn die TN erkennen, wo ihre Empfindlichkeiten liegen, können sie Strategien entwickeln, um konstruktiv bei gezielten Angriffen umzugehen.

Rahmenbedingungen

Zur Einführung ins Thema kann eine Kurzversion der Geschichte von Achilles erzählt werden. Auf den Film *Troja* mit Brad Pitt kann Bezug genommen werden oder sogar eine Filmsequenz gezeigt werden.

Anleitung und Durchführung

„Achilles war einer der bedeutendsten Helden im Trojanischen Krieg. Er galt als unverwundbar. Seine Mutter hatte ihn nach der Geburt im Fluss der Unterwelt Styx gebadet; dadurch wurde sein Körper undurchlässig für alle Pfeile und Schwerter. Einen wunden Punkt hatte Achilles: seine Mutter hielt ihn beim Eintauchen in den Fluss an der Ferse fest, damit er nicht abtauchte. An dieser Stelle, der Achillesferse, konnte man ihn verwunden. Wer also gegen Achilles gewinnen will, musste herausfinden, wo sein wunder Punkt war.

Auch wir sind Helden. Helden beim Herausfinden welches die empfindlichen Stellen von anderen sind. Und Helden, weil wir für viele Angriffe unverwundbar sind. Aber auch wir haben alle unsere empfindlichen Stellen. Und dazu wollen wir uns jetzt einige Gedanken machen."

Fragebogen: Achillesferse

Mit welchen Worten, Gesten, Mimik kann ich andere am leichtesten provozieren? ....
....
....

Welche Worte, Gesten, Mimik machen mich wütend? ....
....
....

Welches ist meine „Achillesferse"? ....
....
....

Wie regiere ich, wenn ich an meiner „Achillesferse" getroffen werde?..........
....
....

Werte-Übung

Die Frage nach den ‚richtigen' Werten steht im Zentrum der erzieherischen Aufgaben. Ebenso wie gesellschaftliche Werte sich den sozialen Veränderungen und Entwicklungen anpassen, so müssen auch die eigenen persönlichen Werthaltungen dem sich verändernden sozialen Umfeld angepasst werden. Die Persönlichkeitsentwicklung und das Selbstbewusstsein sind mit der Entwicklung der Wertvorstellungen eng verknüpft. Deshalb ist es besonders wichtig, sich der eigenen Werte bewusst zu werden und diese im Gruppenprozess zu überdenken.

In dieser kognitiven Übung können sich die Teilnehmenden mit ihren eigenen Werten und denen der anderen auseinander setzen.

Lehrziel
Verhaltensauffällige und aggressive Jugendliche sprechen selten über ihre persönlichen Werte. Sie thematisieren dies eher über Idole und prahlerisches Verhalten. Hier erhalten sie Gelegenheit, dies auszuprobieren.

Bezug zum Thema Gewalt
Eine wichtige Bedingung für die Entstehung von Gewalt ist der Mangel an Kommunikationsmöglichkeiten über unterschiedliche Werte und Einstellungen. Wer nicht gelernt hat, über unterschiedliche Werte zu streiten, wird in bedrohlichen Konfliktsituationen auch weniger Kompetenzen haben, um den Wertekonflikt gewaltfrei zu lösen.

Rahmenbedingungen
Erforderliches Material: Je ein Blatt Papier Format A3, Moderationskarten, Filzstifte.

Anleitung und Durchführung
1. Schritt – Die Teilnehmenden erhalten fünf kleine Karten, einen Filzstift und folgende Anweisung: „Was ist das Wichtigste im Leben? Was brauche ich, um sagen zu können, dass es mir gut geht? Schreibt auf die Karten einen Begriff, der für euch absolut wertvoll ist. Es gibt materielle Werte (wie Geld, Kleider, Reisen, etc.), geistige Werte (wie Gerechtigkeit, Disziplin, Glaube, etc.) und psychische Werte (wie Glück, Zufriedenheit, Humor, etc.). Pro Karte ein Begriff. Schreibt maximal 5 Werte auf, die ihr anstrebt. Bitte jeder für sich, anschließend werden wir die Karten auf den Boden legen und anschauen/vergleichen".

2. Schritt – Die Karten werden am Boden ausgelegt und betrachtet. Bei Unklarheiten wird auch nachgefragt. Sicherlich werden auch provokative Werte aufgelistet sein („ficken", „töten", „X-Box" etc.). Hier kann die Leitung nachfragen („Wie ist das gemeint?"), die Werte werden aber keinesfalls bewertet oder gar abgewertet, sondern als persönliche Stellungnahmen stehen gelassen.

3. Schritt – Jeder Teilnehmer erhält ein A-3-Blatt, mit folgender Anleitung: „Wir haben jetzt eine ganze Reihe von Werten gesehen. Schreibt nun auf das Blatt euren Namen und die drei Werte, die für euch ganz wichtig sind. Ihr könnt auch anstatt Worte Symbole zeichnen. Anschließend wird jeder sein Blatt vorstellen und kurz kommentieren."

Variante: Symbolarbeit
In Einheit von *Training mit Sexualstraftätern* wird die Werte-Übung mit Symbolen durchgeführt (siehe Protokoll im Praxisteil). Die Durchführung ist sehr einfach, da es keine besondere Vorbereitung braucht. Die Anleitung lautet: „Sucht euch zwei bis drei Gegenstände, die Folgendes ausdrücken: Das ist mir im Leben besonders wichtig."

Heißer Stuhl

Diese Methode hat sich als Bestandteil des Anti-Aggressivitäts-Trainings etabliert (vgl. Weidner 2000). Dabei wird die Hauptperson (Gewaltanwender sitzt auf dem „heißen Stuhl") verbal hart provoziert und soll so die Fähigkeit zur Selbstkontrolle verbessern. Diese provokative Form des Rollentrainings ist lernpsychologisch gesehen notwendig, um bei Personen, die auf Belastungen impulsiv-gewalttätig reagieren eine Verhaltensänderung ermöglichen zu können.

Lehrziel
Die neuronalen Verbindungen in unserem Hirn, die für das Überleben notwendig sind (wie die Kontrolle des Herzschlages, der Körpertemperatur, der Atmung etc.) sind schon bei der Geburt angelegt, aber viele andere werden durch den stärksten Umweltfaktor in unserem Leben bestimmt, dem Lernen. Hierbei stehen die Neuronen in einem unablässigen Wettstreit um neue Verknüpfungen. Positiver Stress stellt für das Gehirn eine Herausforderung dar und erlaubt die ständige Erweiterung von neuronalen Verknüpfungen. Verhaltensmuster die zur Routine werden, werden in den subcortikalen Hirnbereich verlagert und dort fest ‚verdrahtet' abgelegt. Eine solche Verdrahtung ist beispielsweise *Beschimpfung-Dreinschlagen.* Diese Fähigkeit des Gehirnes, gleichzeitig Verbindungen ‚fest zu verdrahten' und ständig neue Verknüpfungen zu bilden, bedeutet im Prinzip, dass der Mensch immer lernfähig ist und sich auch von Störungen und Verletzungen erholen kann. Wollen wir aber Einstellungs- und Verhaltensänderungen von bereits lange Zeit gelebten Verhaltensmustern herbeiführen, wird es schwierig diese ‚festen Verdrahtungen' zu lösen (vgl. Ratey 2002). Reden nützt hier meist wenig. Erfolgsversprechender ist Handeln: durch wiederholtes Üben von neuen Denk- und Verhaltensweisen im Rollentraining können neue neuronale Verbindungen geformt und verstärkt werden. So können beispielsweise Gewaltanwender üben, auf dem heißen Stuhl ruhig zu bleiben:

„Eingekreist von den übrigen Gewalttätern und Trainern werden dabei die empfindsamen Stellen attackiert, die Gemeinheiten werden bis an die Schmerzgrenze gesteigert und Gewaltrechtfertigungen massiv infrage gestellt." (Ahrends, zitiert aus Weidner 2000, S. 14)

Diese Form des Rollentrainings bietet den Vorzug, komplizierte Verhaltensweisen in kleine Einzelelemente zu unterteilen, diese Lernschritte zunächst einzeln zu üben und sie dann wieder zu einer ganzen Verhaltenssequenz zusammenzusetzen. Dieses wiederholte Durchspielen von Verhaltensmustern führt zu neuen stabilen neuronalen Verknüpfungen, die eine Chance haben, alte Muster abzulösen. Die Devise lautet hierbei: üben, üben, üben.

Bezug zum Thema Gewalt
Themen der Heißen-Stuhl-Sitzungen sind die Gewaltauslöser wie Feindbilder (z.b. Ausländer, Freaks), nonverbale Kommunikation (z.b. feindseliger Blick, aufgeblasene Brust, inadäquates Distanzverhalten) und Beschimpfungen oder deren Andeutung. Die Teilnehmer können üben, auf diese Gewaltauslöser friedfertig zu reagieren.

Rahmenbedingungen
Voraussetzung ist die Interventionserlaubnis durch die Teilnehmer: Sie müssen ihr Einverständnis für die Konfrontation auf dem Heißen Stuhl geben.

Mit Jugendlichen unter 15 Jahren kann der *Heiße Stuhl* nicht mit starken Provokationen durchgeführt werden, die bis an die Schmerzgrenze gehen.

Im Selbstmanagement-Training setzen wir eine spielerische Variante ein, bei der die Art der Provokationen vorher vereinbart werden und etwas milder sind. Dies kann auf das Aussehen/Herkunft bezogen sein („du fetter Sack", „Drecksalbaner", „Neger"), auf sexuelle Schimpfwörter („schwule Sau", „Arschficker") oder auf familiäre Beschimpfungen („deine Mutter ist eine Nutte"). Ziel ist es, auf diese Provokationen anders als mit Gewalt reagieren zu lernen.

Mit Kindern kann diese Methode in den unten angegebenen Varianten angewendet werden.

Anleitung und Durchführung
Ein Stuhl wird in die Mitte gestellt und als „heißer Stuhl" bezeichnet.

„Ihr seid Großmeister im Provozieren. Es fällt euch leicht, bei einem anderen eine empfindliche Stelle zu treffen. Jetzt wollen wir den Spieß einmal umkehren: Wer von euch wagt es, sich auf den heißen Stuhl zu setzen. Wir werden dann versuchen, diesen an seinen empfindlichen Stellen zu treffen. Ziel ist es, auf dem heißen Stuhl friedfertig und gelassen zu bleiben. Wer das während drei Minuten schafft, ist Sieger."

Variante: Schimpfwörter-Wettkampf

Eine weitere spielerische Variante ist der Beschimpfungswettkampf: Es werden Wettkampf-Paare gebildet. Die Paare haben nun einige Minuten zur Verfügung, um sich Beschimpfungen für die anderen auszudenken. Darauf werden zwei heiße Stühle aufgestellt. Es nimmt jeweils eine Partei darauf Platz. Diese müssen während 2' die Beschimpfungen der anderen anhören, ohne dabei aggressiv zu reagieren. Bei diesem Win-Win-Spiel können alle gewinnen: sowohl die guten Beschimpfer wie die gelassenen Opfer (und beide erhalten beispielsweise eine Schokolade als Belohnung).

Je nach Gruppendynamik kann dieser Wettkampf auch so durchgeführt werden, dass die ganze Gruppe abwechselnd je eine Person beschimpft. Im Gegensatz zum Heißen Stuhl geht es bei dieser Variante aber nicht um ein provokatives Rollentraining; vielmehr steht das Thema *Schimpfwörter* im Vordergrund. Die Jugendlichen setzen sich mit der Frage auseinander: Was ist verletzend an Beschimpfungen?

Variante: Ruhiger Stuhl

Der ruhige Stuhl kann im Verlauf eines konflikthaft verlaufenden Gruppenspieles oder eines aggressiven Gruppengespräches eingeführt werden. Hierbei schlagen wir einem Teilnehmer, der sich in einer aggressiv-eskalierenden Phase befindet, folgendes vor: „Dies hier ist der ruhige Stuhl. Versuche jetzt, auf diesem Stuhl während fünf Minuten eine Auszeit zu nehmen: einfach nur ruhig dasitzen."

Warme Dusche

Ein Grundprinzip der Trainingsgruppe ist es, positive bedürfnisbefriedigende Erfahrungen zu vermitteln. In Gruppen mit aggressiven Jugendlichen wird untereinander viel provoziert und abgewertet. Ein Schwerpunkt ist daher auf positive gegenseitige Rückmeldungen zu setzen: „Was finde ich an dir gut?"

Lehrziel

In dieser Übung können die Jugendlichen erleben, dass das Senden und Empfangen von positiven Rückmeldungen zu Wohlbefinden führt.

Bezug zum Thema Gewalt

Das problematische Verhalten aggressiver Jugendlicher bewirkt, dass die von Gleichaltrigen oft abgelehnt werden und wenige entspannte Beziehungen haben. Dies führt langfristig zu massiv auffälligen Gleichaltrigenbeziehungen, wodurch langfristig ein gestörtes Sozialverhalten stabilisiert wird, das auf negativen Rückmeldungen beruht.

Rahmenbedingungen

Diese Übung kann beispielsweise im Anschluss an eine Übung wie *Achillesferse* oder *Schimpfwörter-Wettkampf* eingesetzt werden. Die Rückmeldungen können der Reihe nach gegeben werden (A zu B, B zu C ... F zu A) oder es kann ein ‚warmer Stuhl' installiert werden.

Die Leitung muss darauf achten, dass die Rückmeldungen keine negativen Botschaften enthalten. Im Zweifelsfall sofort eingreifen und nachfragen. Ebenso werden nicht-authentisch erscheinende Rückmeldungen kritisiert.

Anleitung und Durchführung

„Es fällt uns komischerweise schwer, positive Rückmeldungen zu geben. Viel einfacher ist es, jemandem zu sagen, was der andere nicht gut kann und was wir an ihm nicht mögen. Auch hier in dieser Gruppe fallen viel öfter Ausdrücke wie ‚du bist daneben, hör auf mit diesem Blödsinn, du bist blöd, ...'. Wir wollen jetzt zur Abwechslung mal nur das Gute betonen, so eine Art warme Dusche geben. Die Grundaussage ist: „Du kannst gut .../Du bist gut in .../Gut finde ich an dir, dass .../Mir gefällt an dir, dass ...".

Variante: Video-Werbespot

Zu einer doppelten warmen Dusche kommt es, wenn diese als Rollenspiel *Werbespot* inszeniert werden. Abwechslungsweise spielt jeder Teilnehmer die Rolle des TV-Moderators, der ‚Duschperson' und des Kameramannes: Teilnehmer A stellt B in positiven Worten vor und holt auch in kurzen Interviews („was kannst du Positives über B sagen?") Rückmeldungen von anderen Teilnehmern. Das ganze wird von C aufgenommen. Dann werden die Rollen gewechselt, bis alle mal eine warme Dusche erhalten haben.

Meine Stärken

Selbsteinschätzung ist ein schwieriges Fach. Noch schwieriger ist die positive Selbsteinschätzung: entweder gelingt sie uns gar nicht, oder sie ist völlig abgehoben.

„70% der Jugendlichen halten ihre Führungsqualitäten für überdurchschnittlich und nur 2% für unterdurchschnittlich. Alle von einer Million befragten Jugendlichen hielten ihre Fähigkeit, mit anderen Jugendlichen klar zu kommen, für überdurchschnittlich, 60% hielten sich in dieser Hinsicht für die besten 10%, und 25% glaubten sich unter den besten 1%. Wer meint, nur die aufgeplusterten Egos junger Menschen brächten derart grobe Verzerrung der Wahrnehmung von sich selbst im Vergleich zu anderen zustande, der irrt: 94% aller Professoren halten sich für besser als der Durchschnitt ihrer Kollegen." (Spitzer 2004, S. 144)

Auch ich halte mich für einen der besten Psychologen. Daher schreibe ich ja auch dieses Buch. Und ein deutscher Verlag, der sich zu den bedeutendsten zählt, hat mir ermöglicht, diese Fehleinschätzung aufrechtzuerhalten, indem er mein Manuskript akzeptiert und mein unschätzbar wertvolles Wissen und Können veröffentlicht.

Ebenso denken die allermeisten Gewaltanwender: sie sind alle überdurchschnittlich ‚clever und cool' und sie wenden Gewalt nur an, wenn es ‚objektiv gesehen' wirklich notwendig ist. Wie Spitzer feststellt, gibt es ein Vorurteil dahingehend, dass man selbst besser und glücklicher ist als die anderen. Dieses Vorurteil macht das Leben einfacher und befähigt uns, alltägliche Widrigkeiten mit einer gewissen Gelassenheit anzugehen.

Dennoch ist es nützlich, ab und zu einen Vergleich zwischen Selbst- und Fremdeinschätzung vorzunehmen.

Lehrziel
Die aggressiv-antisoziale Störung ist oft dermaßen ‚störend', dass der Jugendliche mit seinen Stärken und Ressourcen gar nicht mehr wahrgenommen werden kann. Auch richtet er seine Aufmerksamkeit oftmals auf die negativen Eigenschaften anderer Personen. Mit dieser Übung sollen positive Eigenschaften von Gruppenteilnehmern benannt werden, die im Gruppensetting normalerweise zu wenig Beachtung erhalten. Es ist in diesem Sinne eine Wahrnehmungsschulung.

Bezug zum Thema Gewalt
Petermann (2001) weist darauf hin, dass aggressive Jugendliche dazu neigen, ihre eigenen Kompetenzen zu überschätzen und dass die Höhe der Selbstüberschätzung offensichtlich mit der Ausprägung der Aggression zusammenhängt. Besonders problematisch wird es, wenn diese Selbstüberschätzung noch gesteigert werden muss, weil Schulversagen, Schuldzuweisungen in der Familie und Ablehnung durch Gleichaltrige dazukommen. Die Selbstüberschätzung hat eine schützende Funktion: Wo positive Erfahrungen eher selten sind, muss sich jeder selber Streicheleinheiten verteilen.

Rahmenbedingungen
Diese Übung kann erst durchgeführt werden, wenn sich die Teilnehmer bereits aus einigen Sitzungen kennen und ein gewisses Vertrauensverhältnis in der Trainingsgruppen entstanden ist.

Anleitung und Durchführung
„Die meisten Autofahrer halten sich für überdurchschnittlich gut: sie denken, sie fahren besser und verantwortungsbewusster als die meisten anderen. Die meisten Lehrer halten sich für überdurchschnittlich kompetent und die meisten Fußballer sehen bei sich nur Stärken und bei den Mitspielern die Schwächen.

Wir können versuchen, einen Vergleich zu machen zwischen meiner eigenen Einschätzung und der Fremdeinschätzung meiner Stärken. Die Ausgangsfrage ist: Was kann ich gut?"

Nach dieser Einleitung werden zwei Gruppen gebildet, die getrennt voneinander im Raum arbeiten. Jede Gruppe diskutiert und definiert mehrere Stärken der einzelnen Personen aus der anderen Gruppe. Anschließend kommen die Gruppen wieder zusammen und es wird im Plenum ausgetauscht. Eine Person beginnt mit der Selbsteinschätzung zu einer Stärke („Ich kann gut ..."). Daraufhin geben die Gruppenmitglieder ihre Fremdeinschätzung, so wie dies in der Arbeitsgruppe besprochen wurde. Der Reihe nach erhält jeder Teilnehmer auf diese Art Rückmeldungen zu seinen Stärken.

Videoaufnahme der Gruppensitzung

Sich selber in einer Gruppensituation im Video sehen ist für viele Jugendliche unangenehm und faszinierend zugleich. Die Distanzierung durch die Aufnahme ermöglicht es, das eigene Verhalten zu beobachten und eigene provokative Anteile zu erkennen.

Lehrziel
Die Fähigkeit zur Selbstbeobachtung und Selbstkontrolle fördern.

Bezug zum Thema Gewalt
Aggressive Kinder und Jugendliche richten ihre Aufmerksamkeit im Alltag gezielt auf mögliche feindliche Zeichen in ihrer Umgebung. Sie interpretieren oft das Verhalten von anderen Personen als aggressiv und reagieren sehr schnell und empfindlich darauf. Dieses Muster der Wahrnehmungsorganisation ist darauf ausgerichtet, präventiv eingreifen zu können. In immer kürzerer Zeit (weil die Umgebung bedrohlich erscheint) müssen Informationen gesammelt und verarbeitet werden. Es kommt zu einer „Flucht nach vorne": Droh- und Imponierverhalten sind aktiviert. Diese Wechselwirkungen einer Person mit ihrer Umgebung führt zu einem Teufelskreis: A meint, dass B sich auf eine gewaltsame Auseinadersetzung vorbereitet, daher rüstet A auf – jetzt sieht B das bedrohliche Verhalten von A und will zumindest gleichziehen und zeigt eine intensive Reaktion – A sieht dies, fühlt sich im Gefühl der Bedrohung bestätigt und reagiert heftig – usw.

Dass sie oft an solchen Eskalationsprozessen beteiligt sind, ist den Betroffenen nicht klar. Im Gegenteil: sie gehen meistens von der Annahme aus, grundlos provoziert worden zu sein. Mit dem Einsatz von Videoaufnahmen kann eine Selbstbeobachtung in Konfliktsituationen ermöglicht werden.

Rahmenbedingungen
In der Regel steht die Kamera in einer Ecke auf einem Stativ und wird zu Sitzungsbeginn eingeschaltet. Eine weitere Möglichkeit ist, die Teilnehmer

abwechselnd hinter die Kamera zu stellen und ihnen die Verantwortung für die Aufnahme zu geben.

Anleitung und Durchführung
„Die heutige Sitzung werde ich auf Video festhalten. Die Aufnahme dient uns Leitenden: wir können zwischendurch eine Sitzung zusammen analysieren und uns Verbesserungsvorschläge des Trainings überlegen. Wenn ihr wollt, können wir auch hier im Training die Aufnahme visionieren."

Psychodiagnostische Fragebogen

In den Trainings mit Kindern werden keine Fragebogen eingesetzt. Mit Jugendlichen werden die Fragebogen in erster Linie als Anstoß zur Selbstreflexion und Diskussionsgrundlage eingesetzt. Zur Diagnose von Störungen und dem Erfassen von Kompetenzen eignen sich Fragebogenverfahren mit unserer Zielgruppe und bei diesem Setting nicht. Für diese Zielsetzung sind Fremdbeurteilungen sinnvoller (siehe unten bei FBB-SSV).

SBB-SSV: Selbstbeurteilungsbogen für Störungen des Sozialverhaltens (Döpfner 2000)
Dieser Fragebogen kann ab dem Alter von 11 Jahren eingesetzt werden. Er erfasst die Symptomkriterien der Störungen des Sozialverhaltens und der Störung mit oppositionellem Trotzverhalten. Die gestellten Fragen decken das ganze Spektrum von aggressiv-antisozialen Verhaltensweisen ab, wie beispielsweise: *„Ich werde schnell wütend/Ich quäle Tiere/Ich habe in den letzten sech*s Monaten eine Waffe benutzt, die andere schwer verletzen kann/Ich habe andere in den letzten sechs Monaten zu sexuellen Aktivitäten gezwungen."

Die Jugendlichen reagieren vielfach mit Distanzierung auf diesen Fragebogen („... das mache ich doch nicht ... so gestört bin ich nicht ..."). Daraus kann sich eine Diskussion über die Entwicklung von aggressivem Verhalten ergeben.

FBB-SSV: Fremdbeurteilungsbogen für Störungen des Sozialverhaltens (Döpfner 2000)
Der Fremdbeurteilungsbogen stellt ähnliche Fragen wie der Selbstbeurteilungsbogen. Dadurch ist ein Vergleich der Selbst- und Fremdbeurteilung möglich. Der Fragebogen kann sowohl von Eltern als aus von den Erziehenden/Lehrerinnen beantwortet werden.

Im *Selbstmanagement-Training für gewalttätige Jugendliche* wird bei Eintritt und 4 Wochen nach Austritt ein Beurteilungsbogen durch die Erziehenden/Lehrpersonen ausgefüllt. Die Auswertung einer kleinen Stichprobe (17 Teilnehmer) zeigt einen Rückgang von antisozial-aggressiven Verhaltensweisen.

Fragebogen zu Mobbing in der Schule (Alsaker 2003)
Dieser einfache und gut verständliche Fragebogen ist ein wirksames Instrument, um eine besondere Form von Gewalt, das Mobbing, zu thematisieren.

„Das Spezielle an dieser Form der Gewalt ist, dass sie sich systematisch gegen bestimmte Opfer richtet. (...) Wir sprechen von Mobbing oder Plagen, wenn ein Kind wiederholt und systematisch den direkten oder den indirekten negativen Handlungen eines oder mehrerer Kinder ausgesetzt ist." (Alsaker 2003, S. 19)

Wir können davon ausgehen, dass die gewalttätigen Jugendlichen unserer Zielgruppe in ihrer Kindheit selber Erfahrungen als Opfer gemacht haben. Ihr problematisches Verhalten hat wahrscheinlich dazu geführt, dass sie von anderen Kindern abgelehnt oder sogar geplagt wurden. Jetzt sind sie eher in der anderen Rolle, der Rolle des Täters. Der Fragebogen bietet eine gute Gesprächsgrundlage zum Thema Mobbing.

Motivationsskala

Es ist das natürlichste der Welt, dass in einer Lerngruppe nicht alle dieselbe Motivation haben (auch wenn wir so genannte gesunde Erwachsene immer so tun, als wären wir hochmotiviert). In dieser Übung können die Teilnehmenden deklarieren, wie hoch ihre persönliche Lernmotivation ist und welche persönlichen Lernziele sie verfolgen.

Lehrziel
Die Teilnehmer können eigene Interessen und Zielsetzungen in der Lerngruppe einbringen. Sie erfahren damit, dass sie selbst bei der Gestaltung des Lernprozesses mitwirken können.

Bezug zum Thema Gewalt
Die Erfahrung eigener Selbstwirksamkeit durch Gewaltanwendung ist bei unserer Zielgruppe von großer Bedeutung. So haben sie oftmals bereits die Erfahrung machen können, dass sie wirksam Lernprozesse unterbrechen und gar verhindern können. Mit der Übung Motivationsskala können sie erfahren, dass es auch andere Mittel gibt, auf einen Lernprozess einzuwirken.

Rahmenbedingungen
Aus der Sicht der Gruppendynamik ist jeder Konflikt in der Gruppe Ausdruck eines Gruppenprozesses – und in diesem Gruppenprozess spiegeln sich die Konflikte der einzelnen Teilnehmer. Das Vorhandensein von Gruppenkonflikten sind für die Entwicklung einer arbeitsfähigen Gruppe von großer Bedeutung. Das Vorhandensein von Gruppenkonflikten wird als Indikator für eine lernende Gruppe gesehen. Es ist also falsch, Gruppenkonflikte zu unterdrücken; sie sollen als zum Lernprozess zugehörig angesehen und bearbeitet werden.

Anleitung und Durchführung

„Bitte steht alle auf und stellt euch auf einer imaginären Linie auf, von hier bis da (läuft von einem Ende des Raumes zum anderen). Hier stehen bedeutet: ‚Ich will hier nur die Zeit absitzen, will gar nichts lernen bezüglich Gewaltlosigkeit'. Und da stehen bedeutet: ‚Ich will die Zeit hier nutzen um etwas zu lernen bezüglich Gewaltlosigkeit'. Das ganze ist eine Skala, so wie bei einem Thermometer. Wer also beispielsweise hier steht hat ein wenig Lernmotivation, wer hier in der Mitte steht, der würde sich auf einen Lernprozess einlassen, wenn die anderen ihn mitziehen. Und hier oben ist die Temperatur hoch: die wollen etwas."

Die Teilnehmer können sich jetzt dort, wo sie sind auf den Boden setzen und es beginnt eine Diskussion aus dieser Aufstellung heraus: Welche Konsequenzen ergeben sich für die Lerngruppe? Wie können wir den Lernprozess organisieren, damit die ‚Unmotivierten' die ‚Motivierten' nicht stören. Was machen die ‚Unmotivierten' um die Zeit einigermaßen sinnvoll zu verbringen?

In einem nächsten Schritt können Arbeitsangebote an die ‚Motivierten' gemacht werden.

Variante: Ambivalenzen

In kleineren Gruppen kann diese Übung mit Ambivalenz-Stühlen durchgeführt werden. Hierbei werden zwei Stühle in die Mitte des Raumes gestellt, mit etwa einem Meter Distanz dazwischen. Der Leiter erklärt, indem er sich auf einen der Stühle setzt: „Dieser Stuhl hier ist der ‚Null-Bock-Stuhl'. Das heißt: Ich will hier nur die Zeit verbringen, sonst gar nichts. Das interessiert mich überhaupt nicht, was hier vor sich geht. Ich habe keine Lust hier mitzumachen."

Der Leiter wechselt nun den Stuhl und kommentiert: „Und dieser Stuhl ist der ‚Ich will lernen weniger aggressiv zu reagieren'-Stuhl. Mein Ziel ist es, neue Verhaltensweisen auszuprobieren ... (der Leiter steht auf) ... oder so ähnlich. Bitte probiert diese Stühle aus, den einen oder anderen oder auch beide, und sagt, was euch da auf dem jeweiligen Stuhl gerade so in den Sinn kommt bezüglich dieser Gruppe und dieser Lernaktivität hier."

Wutausbruch

Anhand eines konkreten Beispieles versuchen die Teilnehmer zu erfassen, was bei einem Wutausbruch passiert: in mehreren Stufen nimmt die Wut zu und hat verschiedene Auswirkungen auf den Körper, die Gefühle, das Denken und das Verhalten.

Lehrziel

In Konfliktsituationen die Wut ausdrücken können, ohne andere zu verletzen oder Sachen zu beschädigen Anzeichen einer steigenden Wut frühzeitig bei sich selber erkennen.

Bezug zum Thema Gewalt
Die Ausdrucksformen aggressiven Verhaltens sind sehr unterschiedlich, nach Alter, Geschlecht, Charakter und Temperament. Aggressive Kinder und Jugendliche fallen durch mangelnde Impulskontrolle und ungenügende Emotionsregulation auf. Das aggressive Verhalten erscheint oft plötzlich und unerwartet, da vielfach keine Anzeichen von Wut nach außen sichtbar waren.

Rahmenbedingungen
Ausgehend von einer konkreten Situation, welche die Teilnehmenden kürzlich erlebt haben, wird das untenstehende Arbeitsblatt eingeführt.

Anleitung und Durchführung
„Stellt euch eine konkrete Situation vor, in der ihr sehr wütend geworden seid. Auf dem Arbeitsblatt ist ein Pfeil mit einer Skala abgebildet. Beschreibt anhand dieses Pfeiles, wie die Wut immer heißer wird und langsam zu kochen anfängt. Oder vielleicht ist es auch eine kalte Wut, die gar nicht zum kochen kommt. Beschreibt die körperlichen und psychischen Signale von Wut: Herzklopfen, Puls, Schweiß, Muskelanspannung, geballte Fäuste, nicht-mehr-richtig-denken-können, etc."

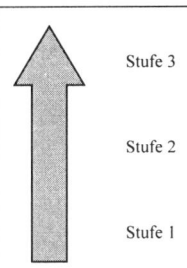

Stufe 3

Stufe 2

Stufe 1

Was passiert bei euch bei einem Wutausbruch? Bitte im obenstehenden Feld eintragen, was bei wenig Wut passiert (Stufe 1), bei viel Wut (Stufe 2) und bei einem völlig unkontrollierten Wutausbruch (Stufe 3).
Wut kann beispielsweise folgende Auswirkungen haben:

Körper	*Gedanken und Gefühle*	*Verhalten*
rasender Herzschlag	Beklemmungsgefühl in der Brustgegend	geballte Fäuste
erhöhter Puls	Rachegelüste	Auf- und Abgehen
Muskelanspannung	„Blind vor Wut"	„Wie eine Statue"
Roter Kopf	„Immer ich"	laute Stimme
Atemnot	„Das ist ungerecht"	feindliche Selbstgespräche
Kopfschmerzen	Angst	Respektlosigkeit
starrer Blick		Beschimpfungen
		Gewaltandrohung

Abbildung 6: Arbeitsblatt „Wutausbruch

Variante: Pantomime
Die drei Stufen einer Wuteskalation können auch pantomimisch dargestellt werden. Wenn die Trainerin dies auf eine originelle Art einführt, kann diese Übung recht humorvoll werden.

Gewalt vermeiden

Die TN beantworten Fragen zum Themenbereich: Wie ist es mir in einer real erlebten Situation gelungen, eine Gewalteskalation zu vermeiden?

Lehrziel
Eigene Ressourcen zur Konfliktbewältigung erkennen und weiterentwickeln.

Bezug zum Thema Gewalt
Handlungsstrategien zur Deeskalation in konflikthaften Situationen entwickeln.

Rahmenbedingungen
Kann als Fragebogen in Einzelarbeit mit anschließender Diskussion im Plenum oder als Kleingruppenarbeit durchgeführt werden.

Im Anschluss daran können Rollenspiele durchgeführt werden, in denen die Jugendlichen zeigen, wie sie in einer konkreten Risikosituation eine Gewalteskalation vermeiden konnten (oder in Zukunft vermeiden würden).

Anleitung und Durchführung
„Ihr habt sicher Situationen erlebt, in denen das Risiko hoch war, dass andere Personen Gewalt anwenden (nicht direkt gegen euch, sondern gegenüber Drittpersonen oder Sachen) und es schließlich doch gewaltfrei ausging. Wie ist es dazu gekommen, dass keine Gewalt angewendet wurde? Habt ihr etwas dazu beigetragen? Bitte füllt jetzt diesen Fragebogen aus, einzeln. Wir werden anschließend diskutieren, was man tun kann, wenn ein Streit zu eskalieren droht."

Fragebogen: Gewalt vermeiden

Erinnere dich an eine konkrete Situation: ein Streit ist entstanden – vielleicht warst du auch beteiligt oder nur Zuschauer – was ist passiert?......................
....
....
Wie ist es dazu gekommen, dass der Streit friedlich gelöst wurde? Hast du oder jemand anders etwas spezielles unternommen?....................................
....
....

Meinst du, es gibt bestimmte Techniken/Strategien, wie Gewalt vermieden werden kann? Was machst du, wenn du einen Streit schlichten willst?..........
....
....

Smarties-Auktion

Bei diesem Spiel kann eine Konfektion *Smarties* ersteigert werden. Ersteigert wird mit *Smarties,* die die TN zu Beginn geschenkt erhalten. Das Spiel läuft nach den bei Versteigerungen üblichen Regeln ab, mit einer Ausnahme: nicht nur der letzte Bieter muss bezahlen, sondern auch der Vorletzte. Wer am höchsten bietet (z.b. 7 *Smarties*), zahlt was er geboten hat und erhält die Konfektion *Smarties.* Der Spieler hingegen, der das vorletzte Gebot gemacht hat (6 Smarties), zahlt, was er geboten hat, aber bekommt nichts.

Lehrziel
• Erfahren, dass durch eine gemeinsame Strategie ein gemeinsamer Gewinn erzielt werden kann,
• die Kooperationsfähigkeit einer Gruppe prüfen,
• die eigene Rolle in der Kooperationsübung erkennen.

Bezug zum Thema Gewalt
Diese Übung ist in der Spieltheorie als *Dollar-Auktion* bekannt (Mérö, 2000): Ein Dollar kann ersteigert werden – wenn die Auktion in Gang kommt, wird in der Regel der Dollar für wesentlich mehr ersteigert als er Wert hat. Diese Eskalation der Angebote entsteht, weil offensichtlich der vorletzte Bieter nicht verlieren will, und immer mehr investiert. Unzählige Situationen im Alltag laufen nach diesem Prinzip ab: wir betreiben einen Aufwand um etwas zu erlangen – können wir das Ziel nicht erreichen, investieren wir noch mehr und noch mehr. Schließlich wollen wir vor allem nicht verlieren; der materielle Gewinn wird bedeutungslos.

Rahmenbedingungen
In einem pädagogischen Setting kann das Spiel nicht mit Geld durchgeführt werden. Daher werden zu Beginn Smarties verteilt. Eine Konfektion enthält ca. 30 Stück. Diese können zum Bieten eingesetzt werden.

Je nachdem wie sich die Auktion entwickelt – in gegenseitiger Eskalation der Angebote oder kooperativ mit Absprachen und Aufteilung des Gewinnes – können in der Auswertung Parallelen zu Alltagssituationen gezogen werden.

Anleitung und Durchführung
„Wir machen jetzt ein Auktionsspiel mit Smarties. Ihr bekommt als Geschenk eine kleine Konfektion Smarties; es hat ca. 30 Stück drin. Aber bitte
jetzt nicht essen, wir brauchen sie für das Spiel. Das Spiel besteht darin,
dass es noch eine einzige Konfektion Smarties gibt, die ersteigert werden
kann. Geboten wird mit einzelnen Smarties und der Meistbietende kann die
zusätzliche Konfektion kaufen. Aber das besondere an dieser Auktion ist,
dass auch der vorletzte Bieter bezahlen muss, auch wenn er keinen Gegen-
wert bekommt. Gibt es noch Fragen?"

Ich habe verschiedenste Spielabläufe erlebt. Es zeigt sich aber immer wieder, dass wenn Angebote gemacht werden, es sehr schwierig ist wieder auf-
zuhören, auch wenn das Angebot unvernünftig ist. Es kommt auch vor, dass
sich die Jugendlichen absprechen und nur ein Jugendlicher macht ein Angebot (1 Smartie). Dieser erhält die Konfektion und teilt sie dann unter den
Teilnehmern auf. Dieser Verlauf kann als gute Kooperationsleistung gelobt
werden. Wenn aber die Auktion wirklich in Gang kommt, soll die Leitung
den Ablauf gut beobachten, um in der Auswertung Rückmeldungen geben
zu können.

Moralische Dilemmata

Der Moralpsychologe Kohlberg definierte eine Grundvoraussetzung für die
Entwicklung des moralischen Urteils: die Fähigkeit zum Perspektivenwechsel
mittels Rollenübernahme. Die Rollenübernahme sieht er als einzige Möglichkeit, die Einstellung und Zielsetzung einer anderen Person zu verstehen. Und
nur durch dieses Einfühlen in eine andere Person ist moralische Entwicklung
denkbar. Um moralisches Verhalten gezielt zu fördern, müssen den Jugendlichen Lernfelder eröffnet werden, in denen sich viele Gelegenheiten zu Rollenübernahme bieten. Daher müssen diese Trainings in Gruppensettings stattfinden, mit unterschiedlichsten Angeboten zu Interaktion und Auseinandersetzung. Eine dieser Lernmöglichkeiten sah Kohlberg in den Dilemmata: er
legte den Jugendlichen eine Reihe von hypothetischen moralischen Konfliktsituationen vor (beispielsweise ob man ein teures Medikament stehlen darf,
um den Tod der eigenen Frau zu verhindern). Es werden untenstehend einige
moralische Konfliktsituationen beschrieben, die als Diskussionsgrundlage mit
den Jugendlichen eingesetzt werden können.

Lehrziel
„Lieber Manitu, lass mich eine Meile in den Mokassins meines Nachbarn
gehen, ehe ich ihn verdamme oder anklage." (altes Indianergebet)

Bezug zum Thema Gewalt
In den Tagesnachrichten erfahren die Jugendlichen, dass Gewalt zu einer
wirksamen Lösung von Konflikten führt. Weiter erfahren sie auch, dass mi-

litärische Präventivschläge mit hunderttausenden von Toten notwendig sind, um abzuklären, ob der andere Staat eine feindliche Absicht und Massenvernichtungswaffen hat.

„Die Statistik der Gewalt im Fernsehen ist (nach einer Untersuchung von 2500 Stunden Fernsehen in Washington) die Folgende: In ganzen 4% der Gewaltszenen werden gewaltfreie Konfliktlösungsmöglichkeiten angesprochen, in über 50% tut die Gewalt nicht weh, und in über 70% kommt der Gewalttäter ungeschoren davon." (Spitzer 2004, S. 358)

In einem Anti-Gewalt-Training lehren zu wollen, dass mit antisozial-aggressiv Verhalten keine Konflikte gelöst werden, ist dementsprechend dumm.

Vielmehr sollen Lernfelder eröffnet werden, die bei den Jugendlichen Moralkonflikte und Meinungsverschiedenheiten über die Problemsituation auslösen und zur Entwicklung von eigenen Werten und Denkmodellen führen.

Rahmenbedingungen
Die unten aufgeführten Fragestellungen eignen sich als Paararbeit. Sie sind so formuliert, dass eine imaginäre Rollenübernahme erleichtert wird („Wenn ich an seiner Stelle wäre, würde ich ...").

Anleitung und Durchführung

Beispiel 1: Eine todkranke Frau leidet an einer besonderen Krebsart. Es gibt ein Medikament, das nach Ansicht der Ärzte ihr leben retten könnte. Das Medikament ist sehr teuer und wird von der Krankenkasse nicht bezahlt. Der Ehemann der kranken Frau hat vergeblich versucht, bei Bekannten und Verwandten das Geld als Darlehen aufzunehmen. Verzweifelt bricht der Ehemann in eine Apotheke ein und stiehlt das Medikament für seine Frau.
Wie ist deine Meinung zu diesem Diebstahl – Ist er gerechtfertigt ? Was würdest du an seiner Stelle machen?
Angenommen, der Ehemann wird für diesen Diebstahl verhaftet – soll er verurteilt werden ? Warum (nicht) ?

Beispiel 2: Peter und Paul gehen in ein Kleidergeschäft. Paul sieht einen Pullover, der ihm sehr gefällt. Er probiert den Pullover an, und behält diesen gleich unter seiner Jacke an. Blitzartig verlässt er daraufhin das Geschäft. Peter jedoch wird von einem Ladendetektiv angehalten. Er droht ihm mit ernsthaften Schwierigkeiten, wenn er den Diebstahl seines Freundes nicht zugibt und seinen Namen mitteilt.
Was findest du gerechtfertigt ? Soll Peter den Namen seines Freundes preisgeben und den Diebstahl zugeben ? Wie würdest du dich verhalten, wenn du Peter wärst?

Beispiel 3: John ist Soldat einer ‚guten' Armee, die Freiheit und Demokratie in ein terroristisches Land gebracht hat. Er gehört jetzt zu einem Wachposten dieser Besatzungstruppen. Er bewacht den Zugang zu einem Spital. Immer wieder kommt es in der Gegend zu Selbstmordanschlägen. Jetzt rast mit voller Geschwindigkeit ein Auto auf seinen Wachposten zu. Ist es ein terroristischer Anschlag? Oder ist es beispielsweise eine Mann der seine hochschwangere Frau notfallmäßig ins Spital fährt? Soll er mit einem gezielten Schuss auf den Fahrer das Auto anhalten? Was würdest du machen wenn du der Soldat John wärst? Was würdest du mehr gewichten: die Sicherheit des Wachpostens (und also auch dein Leben) oder das Leben der Insassen des rasenden Autos?

Beispiel 4: Alfons und Theodor spielen Fußball. Sie sind in derselben Mannschaft. Theodor ist Torwart. Sie sind im Training. Aus nächster Nähe schießt Alfons den Ball mit voller Wucht aufs Tor, leider direkt ins Gesicht von Theodor. Dieser liegt zuerst etwas benommen am Boden, dann steht er auf und schlägt wutentbrannt auf Alfons ein.

Wer hat diese Auseinandersetzung ausgelöst ? Wie würdest Du als Trainer reagieren ?

Gefangenendilemma

Die eigene Schuld an einem Vergehen einzugestehen kann aus reifer moralischer Überlegung entstehen, aber auch aus einfachen Wahrscheinlichkeits-Schätzungen. „Ja, ich gestehe" heißt nicht unbedingt „Ich bereue". Oftmals wird abgeschätzt, ob ein Geständnis einen mathematischen Vorteil bringt. Genau diese Art von Überlegungen macht die Spieltheorie. Sie bearbeitet bestimmte Spiel- und Lebenssituationen, die moralische Grundfragen veranschaulichen. Eine klassische Problemsituation der Spieltheorie ist das sogenannte *Gefangendilemma* (vgl. Mérö, 2000). Die untenstehende Übung ist eine Variante davon.

Lehrziel

• Die Perspektive anderer übernehmen können
• Erweiterung der Begründungs- und Bewertungsfähigkeit.

Bezug zum Thema Gewalt

Gewalt stellt einen individuellen Problemlösungsversuch dar und weist darauf hin, dass diese Jugendlichen nicht über die notwendigen Handlungskompetenzen verfügen, um das Problem gewaltfrei zu lösen. Mit Problemsituationen aus der Spieltheorie wird ein Lernprozess zu den Themen Schuld und Eigenverantwortung verstärkt.

Rahmenbedingungen

Mit unserer Zielgruppe muss die untenstehende Aufgabenstellung zuerst spielerisch eingeführt werden, da die Aufgabenstellung etwas mathematisch daherkommt und Versagensängste (umgesetzt durch provokatives Verhalten) hervorrufen könnte. Beispielsweise mit Stühlen kann das klassische Gefangenendilemma spielerisch dargestellt werden:

Mit zwei Stühlen werden zwei tatverdächtige Verbrecher dargestellt, die es zu überführen gilt. Der Untersuchungsrichter unterbreitet den beiden Verdächtigen – jedem einzeln – folgenden Vorschlag: „

Wenn Sie uns helfen den Fall zu klären lassen wir Sie frei – allerdings nur wenn ihr Komplize nicht gesteht. Wenn beide gestehen, so ist das einzelne Geständnis nicht viel Wert, sie erhalten also je 5 Jahre Gefängnis.

Wenn Sie nicht gestehen, ihr Komplize legt aber ein Geständnis ab, dann ist er frei und Sie erhalten eine Strafe von 10 Jahren. Wenn keiner gesteht, behalte ich euch beide unter einem Vorwand in Untersuchungshaft, da bleibt ihr sicher bis zu einem Jahr im drinnen. Ihrem Komplizen habe ich genau das gleiche gesagt. Ich erwarte eine sofortige Antwort."

Mit dieser Stuhl-Simulation werden die Teilnehmer spielerisch in die Problemstellung eingeführt.

Anleitung und Durchführung
„Wir stellen euch heute eine Art Rätsel: ihr könnt einen Vorschlag machen, wie ein bestimmtes Konkurrenz-Problem gelöst werden kann. Jeder macht diese Übung für sich, anschließend werden wir die Vorschläge und Ideen vergleichen und die Konsequenzen diskutieren. Wir lassen euch fünf Minuten Zeit, um das Problem zu lesen und eine Entscheidung zu treffen."

Der Vater stellt fest, dass aus seiner Tasche Geld gestohlen wurde. Zur Tatzeit waren nur zwei Personen in der Wohnung – hatten also die Möglichkeit, das Geld aus der Westentasche in der Garderobe zu nehmen. Diese zwei Personen sind seine beiden Söhne Max und Moritz.

Beide streiten sie diesen Diebstahl entschieden ab.

Der Vater geht davon aus, dass die beiden Söhne diesen Diebstahl gemeinsam gemacht haben. Er spricht nun mit jedem Kind einzeln und macht jedem folgenden Vorschlag:

- „Wenn du den Diebstahl gestehst, bekommst du eine milde Strafe. Aber dies nur unter der Bedingung, dass dein Bruder nicht gesteht.
- Wenn du gestehst und dein Bruder gesteht auch, bekommt ihr beide eine mittelschwere Strafe.
- Wenn du nicht gestehst, aber dein Bruder gibt zu, dass ihr beide das gemacht habt, dann bekommt dein Bruder eine milde Strafe – du aber wirst ganz streng bestraft.
- Wenn ihr beide nicht gesteht, werde ich mir eine andere Lösung des Problems überlegen müssen. Ich erwarte von euch eine klare Antwort. Ihr dürft nicht miteinander sprechen und keine weiteren Fragen stellen."

Welche Lösung würdest du wählen, wenn du Max oder Moritz wärst?

Ich würde gestehen.   oder   Ich würde nicht gestehen.

Auswertungsschema am Flipchart

Aus dem untenstehenden Schema wird ersichtlich, dass ein Geständnis für mich eine milde (1 Wertpunkt) oder mittlere Strafe (3 Wertpunkte) ergibt. Der Wert ist ein Schätzwert für Belastung: eine Milde Strafe bedeutet wenig Belastung (Wert 1) und eine offene Strafe erhält 2 Wertpunkte: „ich weiß nicht, was auf mich zukommt und das verunsichert mich". Die schwere Strafe wird mit 4 Punkten bewertet.

Ein Nicht-Geständnis ist also ein hohes Risiko und mit viel Stress verbunden: ich erhalte entweder eine schwere Strafe oder eine noch unbestimmte Strafe (Quersumme: 6 Wertpunkte).

Ob Gestehen oder Nicht-Gestehen moralisch wertvoller ist, kann in diesem Beispiel nicht eindeutig beantwortet werden, da ein Geständnis auch einen spekulativen Charakter hat: „Ich gestehe, weil ich vermute dass der andere auch gesteht oder eben nicht gesteht." Die untenstehende Tabelle weist darauf hin, dass es nicht nur eine moralische Frage ist, welche Strategie besser ist, sondern auch eine mathematische: die beiden Varianten von „ich gestehe" ergeben eine Quersumme von 4 Punkten – die Quersumme von „ich gestehe nicht" ergibt 6 Punkte. Das Risiko ist beim „Nicht gestehen" also größer. Mehr Angaben zum Gefangenendilemma bei Mérö (2000).

Tabelle 6: Auswertung „Gefangenen-Dilemma"

	Er gesteht	Er gesteht nicht
Ich gestehe	*mittlere Strafe (3)* mittlere Strafe (3)	*milde Strafe (1)* schwere Strafe (4)
Ich gestehe nicht	*schwere Strafe (4)* milde Strafe (1)	*Strafe offen (2)* Strafe offen (2)

Kursiv jeweils die Ergebnisse aus der ‚Ich'-Perspektive.

Pizza-Dilemma

Dies ist eine weitere Variante des Gefangenendilemmas. Am Beispiel von zwei konkurrierenden Pizzerien kann aufgezeigt werden, wie ein rein wirtschaftlicher Interessenkonflikt verschieden gelöst werden oder eskalieren kann.

Lehrziel

Moralisches Verhalten in belastenden Situationen kann nicht isoliert betrachtet werden, Aspekte der Persönlichkeit und der aktuellen Lebenssituation sind zentral. Es ist wesentlich zu erkennen, dass ein bestimmtes Verhalten (z.B. helfen, lügen, beschädigen) sich nicht immer eindeutig als moralisch oder unmoralisch klassifizieren lässt. So kann man jemandem aus ganz egoistischen Gründen helfen oder eine Lüge ist notwendig um Schaden zu vermeiden. Zu einer reifen moralischen Entwicklung gehört die Fähigkeit, sich der Gefühlslage und Zielsetzung anderer Personen bewusst zu werden. Wir gelangen dadurch zu einem Verständnis von Handlungsmotiven anderer Personen, ohne diese gutheißen zu müssen.

Bezug zum Thema Gewalt

Jugendlichen unserer Zielgruppe sind in ihrer moralischen Entwicklung eher unreif: moralische Werte werden durch die Bedeutung sozialer Beziehungen geprägt. Entweder durch eine ‚Orientierung an Bravheit', aus einer Bemühung heraus um Konformität gegenüber stereotypisierten Mehrheitsvorstellungen; oder durch eine Orientierung an anderen Personengruppen, wie Gleichaltrigengruppe, Autoritätspersonen, Idole. Dabei werden eigene moralische Einstellungen als einzig richtig angesehen und die Verletzung des Willens oder des Rechtes von anderen wird in Kauf genommen. In Konfliktsituationen gelingt es diesen Jugendlichen meist nicht, sich in die Lage der anderen Person zu versetzen und deren Motive und Ziele zu ergründen.

Rahmenbedingungen

Mit unserer Zielgruppe muss die untenstehende Aufgabenstellung zuerst spielerisch eingeführt werden, wie dies weiter oben (beim Gefangenendilemma) dargestellt wurde.

Anleitung und Durchführung

„Wir stellen euch heute eine Art Rätsel: ihr könnt einen Vorschlag machen, wie ein bestimmtes Konkurrenz-Problem gelöst werden kann. Jeder macht diese Übung für sich, anschließend werden wir die Vorschläge und Ideen vergleichen und die Konsequenzen diskutieren. Wir lassen euch fünf Minuten Zeit, um den Text zu lesen und eine Entscheidung zu treffen."

Stell dir vor, du bist Besitzer einer Pizzeria. Dein Geschäft lief ursprünglich gut, deine Pizzas sind gut und günstig. Jetzt gibt es aber Konkurrenz: gleich gegenüber wurde eine Pizzeria eröffnet, sie ist auch gut und günstig. Seitdem hast du einen Teil der Kundschaft verloren, dein Gewinn ist knapp.

Wenn diese andere Pizzeria nicht wäre, könntest du den Preis erhöhen und gut verdienen. Aber das kommt jetzt nicht in Frage. Auch eine Preisabsprache mit dem Konkurrenten ist nicht möglich. Du kannst also den Preis beibehalten, und hoffen, dass langfristig mehr Kunden kommen. Du könntest aber auch den Preis der Pizza senken und deinem Konkurrenten dadurch Kunden wegnehmen. Dann verdienst du zwar an einer Pizza etwas weniger, verkaufst aber mehr und der Gewinn wäre größer.

Außer der andere senkt auch den Preis. Dann verliert ihr beide und zwar viel. Welche Lösung würdest du wählen, wenn du Chef der Pizzeria wärst? Würdest du den Preis senken?

Auswertungsschema

Auf dem untenstehenden Schema ist sichtbar, dass die Preiseskalation zu Gewinn oder hohem Verlust führen kann. Es ist eine Risikostrategie: wenn beide Pizzerias den Preis senken, kann ich keine Kunden abwerben, ich senke den Preis ohne mehr zu verkaufen und mache daher einen großen Verlust (4). Anders wenn mein Risikoverhalten zu Gewinn führt: dies ist dann möglich, wenn die andere Pizzeria beim selben Preis bleibt und ich daher mehr Kundschaft habe. Ich verkaufe zwar zu einem billigeren Preis, aber habe einen größeren Umsatz, das gibt mehr Gewinn (1).

Die Strategie den Preis nicht zu senken, kann hingegen zu einem bisherigen Resultat führen (2) oder zu einem Verlust (3): denn wenn die andere Pizzeria den Preis senkt, dann habe ich weniger Kundschaft.

Tabelle 7: Auswertung „Pizza-Dilemma"

	Er senkt den Preis	Er ... nicht
Ich senke den Preis	*weniger Gewinn (3)* weniger Gewinn (3)	*mehr Gewinn (1)* großer Verlust (4)
Ich ... nicht	*großer Verlust (4)* mehr Gewinn (1)	*wie bisher (2)* wie bisher (2)

Kursiv jeweils die Ergebnisse aus der ‚Ich'-Perspektive.

Dem erhöhten Gewinn geben wir den Wertpunkt 1, dem bisherigen knappen Gewinn den Wertpunkt 2. Ein Verlust wird mit 3 Punkten bewertet, der massive Verlust mit 4. Wenn wir die Quersummen bilden, wird deutlich, dass wenn ich den Preis senke, die andere Pizzeria in große Schwierigkeiten kommt: er macht entweder einen Verlust oder einen großen Verlust – eine Summe von 7 Wertpunkten. Und für mich ist es eine Art ‚Entweder-oder': großer Verlust oder Gewinn (und möglicherweise längerfristig Ausschaltung des Konkurrenten). Den Preis senken können wir also als aggressive Geschäftspolitik bezeichnen. Was will ich tun?

Dilemma: Freund oder Feind?

Eine weitere Variante des Gefangenendilemmas: Welche Haltung soll ich einnehmen bei einen Zusammentreffen mit einer Person, bei der ich nicht weiß, ob sie mir freundlich oder feindlich gesinnt ist? Unsere Handlungsstrategien gehen immer von erwartetem Verhalten aus. Wir überlegen uns, welches Verhalten die andere Person wohl zeigen wird und bereiten dementsprechend unsere Handlungen vor. Jede Wahrnehmung von fremden Verhaltensweisen ist mit einer Bewertung verbunden, ob dieses Ereignis gut oder schlecht für uns ist und diese Bewertung schätzen wir auch schon im voraus ab.

Bezug zum Thema Gewalt

Aggressive Jugendliche zeigen eine hohe Achtsamkeit für provozierende Reize aus ihrem sozialen Umfeld und sie unterstellen ihren Interaktionspartnern oft Feindseligkeit. Bei der Konfliktlösung legen sie großen Wert auf Dominanz und Kontrolle und wählen die entsprechenden aggressiven Verhaltensweisen.

Rahmenbedingungen

Diese Fragestellung kann in verschiedenen Formen durchgeführt werden:

- Gruppenarbeit: die Jugendlichen diskutieren in Kleingruppen die Vor- und Nachteile der beiden Verhaltensweisen.

- Rollenspiel: die Ausgangssituation wird in Szene gesetzt und gespielt.

- Aufstellung: wenn ein Jugendlicher im Gespräch eine ähnliche erlebte Situation schildert, kann dies mit einer Aufstellung systematisch dargestellt werden.

Anleitung und Durchführung

„Sicher habt ihr eine ähnliche Situation auch schon selber erlebt: Du bist auf dem Weg irgendwohin (Schule, Freizeit, etc.) und musst einen Platz überqueren. Da steht eine Person, die du kennst, aber nicht sehr gut. Vor allem weißt du nicht, ob sie dir freundlich oder feindlich gesinnt ist. Bei der letzten Begegnung hat sie dich nicht beachtet. Vielleicht hat der andere dich nicht gesehen, vielleicht wollte er dich nicht sehen, auf jeden Fall hat er dich ziemlich provokativ wie Luft behandelt. Jetzt steht er da mit einigen Kollegen. Du musst an ihm vorbei. Was willst du machen? Willst du ihm ein neutrales bis freundliches Grußzeichen machen? Oder willst du eher ein imponierendes Verhalten zeigen: ganz ‚cool' an ihm vorbeischauen und ihn nicht beachten? Welches sind die Vorteile, welches die Nachteile des jeweiligen Verhaltens?"

Auswertungsschema

Tabelle 8: Auswertung „Freund – Feind"

	Er grüßt freundlich	Er schaut in eine andere Richtung
Ich grüße freundlich	*kein Konflikt*	*peinlich: sieht nach Anbiederung aus*
	keine Konflikt	Er imponiert und gewinnt
Ich schaue in eine andere Richtung	*Ich imponiere und gewinne*	*Imponiere und weitere Konfliktsituation*
	Er kann sich provoziert fühlen	auf beiden Seiten

Kursiv jeweils die Ergebnisse aus der ‚Ich'-Perspektive.

Es wird deutlich, dass ein freundliches Verhalten einen Nachteil hat: es kann zu einer Peinlichkeit für mich kommen, wenn der andere tut so, wie wenn ich nicht da wäre. Anderseits kann mein freundliches Verhalten bewirken, dass es nicht zu einem Konflikt kommt. Demgegenüber ist das feindliche Verhalten eindeutig konflikteskalierend: entweder durch einseitiges feindseliges Wegschauen oder wenn beide ihr Imponierverhalten zeigen. Wie im oben aufgeführten Pizza-Beispiel habe ich auch hier die Wahl zwischen eine eher vorsichtigen (auf Schadenvermeidung ausgerichtet) und einer aggressiven Strategie (Imponierverhalten).

Knopf oder Nicht-Knopf

Dies ist eine spielerische Version der obenstehenden Übung und ist dem bekannten Kinderspiel *Schere – Stein – Papier* nachempfunden (das nachfolgend beschrieben wird). Jeder Teilnehmer bekommt einen Knopf und spielt mit einem Partner mehrere Durchgänge des folgenden Spiels: Der Spieler legt (oder legt nicht) den Knopf in seine rechte Hand, hinter dem Rücken, ohne dass es der andere sieht. Auf Kommando wird die Hand gezeigt und geöffnet. Ich bekomme drei Punkte, wenn der andere keinen Knopf hat. Haben beide den Knopf in der Hand gibt es null Punkte. Haben beide keinen Knopf, gibt es für beide zwei Punkte. Wenn ich keinen Knopf habe, der andere hat einen, bekomme ich immerhin noch einen Punkt. Es werden ca. 15 Durchgänge gespielt, wer am meisten Punkte hat, ist Gewinner.

Auswertungsschema

Tabelle 9: Auswertung „Knopf – Nicht-Knopf"

	Du: Knopf	Du: Nicht-Knopf
Ich: Knopf	*0* 0	*3* 1
Ich: Nicht-Knopf	*1* 3	*2* 2

Kursiv und <u>unterstrichen</u> sind die Resultate aus der ‚Ich'-Perspektive

Lehrziel

Eigene Handlungsstrategien reflektieren und anpassen können: Wähle ich die ‚aggressive' Strategie, die mir im besten Fall drei Punkte einbringen kann und dem Gegner möglichst wenig Punkte ermöglicht? Oder wähle ich eine ‚kooperative' Strategie, bei der beide Spieler gewinnen können?

Bezug zum Thema Gewalt
„Täter und Täter-Opfer sind generell viel aggressiver als ihre Gleichaltrigen. Was direkte gewaltsame Formen des Verhaltens betrifft, sind die Täter-Opfer sogar noch aggressiver als die Täter. Diese Kinder scheinen ihre aggressiven Impulse schlecht kontrollieren zu können. (...) Die Befunde aus Kindergarten und Schule charakterisieren die Täter-Opfer als Kinder oder Jugendliche, welche große Probleme mit der Kontrolle ihrer aggressiven Impulse haben und/oder sich sehr früh einen harten sozialen Umgang angeeignet haben." (Alsaker 2003, S. 128)

Dieser harte Umgang wird im Spiel als Knopf-Strategie simuliert: mit dem Knopf in der Hand kann die höchste Punktzahl erreicht werden (3 Punkte, wenn der andere keinen Knopf hat). Längerfristig wird sich diese Strategie aber kaum als gewinnbringend erweisen.

Rahmenbedingungen
Jeder Teilnehmer erhält einen Knopf, einen Stift und ein Blatt Papier. Auf dem Papier werden zwei Spalten gezeichnet, je eine für Knopf und Nicht-Knopf. Die jeweilige erzielte Punktezahl wird in die betreffende Spalte eingetragen (also wenn ich mit Knopf 3 Punkte mache, trage ich dies unter Knopf ein). Damit wird erkennbar, welche Strategie am meisten Punkte bringt.

Anleitung und Durchführung
Es wird eine Spielzeit für die gesamte Gruppe vereinbart und anschließend sucht sich jeder Spieler einen Partner und spielt mit diesem mehrere Durchgänge. Die Leitung gibt nach einer kurzen Zeit ein Signal zum Partnerwechsel. Jeder Spieler soll möglichst mehrere Durchgänge mit mehreren Partnern spielen und die Resultate aufschreiben. Nach der vereinbarten Zeit werden die Punkte gezählt und die individuellen Handlungsstrategien besprochen.

Schere – Stein – Papier

Dieses beliebte Kinderspiel wird von Mérö (2000) ausführlich beschrieben im Zusammenhang mit psychologischen Handlungsstrategien. Er verweist hierbei auf die vom Mathematiker und Spieltheoretiker John von Neumann entwickelten Begriffe der reinen und gemischten Strategie:

„Wir sagen, dass ein Spieler eine reine Strategie verfolgt, wenn er sein Verhalten auf der Grundlage eines Prinzips festlegt und wenn in einer gegebenen Situation nach diesem Prinzip immer der gleiche Schritt folgt. Wir nennen eine Strategie gemischt, wenn der Spieler zunächst jeder Handlungsmöglichkeit einen Wahrscheinlichkeitswert zuschreibt und dann auf der Grundlage dieser Wahrscheinlichkeiten handelt." (Mérö 2000, S. 39)

Ein Fußballspieler der beim Strafstoß den Ball immer nach rechts spielt, verfolgt eine reine Strategie. Hingegen verfolgt der Fußballspieler eine gemischte Strategie, wenn er Vermutungen anstellt über das mögliche Verhalten der Gegenspieler und den Strafstoß dementsprechend verschieden ausführt. Im Spiel *Schere – Stein – Papier* ist dementsprechend eine reine Strategie, wenn ein Kind beispielsweise immer Schere wählt.

Lehrziel
Die Möglichkeit zur spielerischen Prüfung des eigenen Handlungserfolges kennen lernen und dementsprechend das Handlungsrepertoire erweitern.

Bezug zum Thema Gewalt
Aggressive Kinder wählen in Konfliktsituationen oftmals eine reine Strategie: Angriff. Dieses antisoziale Verhalten in Form von aggressiven Handlungen ist teilweise erfolgreich. Daher wird die Strategie auch aufrechterhalten. Es ist so, wie wenn ein Fußballspieler beim Strafstoß einmal auf eine bestimmte Art ein Tor geschossen hat – und jetzt führt er den Strafstoß immer nach diesem Prinzip aus. Die wenigen Versuche, die er in eine andere Richtung gemacht hat waren torlos. Daher wird die ursprüngliche Strategie beibehalten. Aggressive Kinder haben sich sehr früh bestimmte gewalttätige Umgangsformen angeeignet und verwenden diese in den allermeisten Konfliktsituationen.

Rahmenbedingungen
Das Spiel kann als Zweikampf oder auch als Mannschaftsspiel durchgeführt werden. Die Version Mannschaftsspiel ist besonders interessant, da sich die Kinder absprechen müssen. Es empfiehlt sich, das Spiel ohne Kommentar spielen zu lassen. Dann kann eine kurze Unterbrechung mit den Fragen zur Strategie und anschließend das Spiel wieder aufnehmen. In der Schlussauswertung stellt sich die Frage: Habt ihr im Verlaufe der zweiten Spielphase die Strategie geändert?

Anleitung und Durchführung
Auf Kommando zeigen jeweils zwei Spieler mit ihren Händen eines von drei Dingen: Schere (ausgestreckter Zeige- und Mittelfinger), Stein (Faust) und Papier (offene Hand). Die Schere schneidet das Papier, das Papier wickelt den Stein und der Stein schleift die Schere – deshalb gewinnen immer die erstgenannten Dinge über die Zweiten. Wenn beide das gleiche zeigen, ist die Runde unentschieden.

Kurztexte, Märchen

Durch das Vorlesen von Kurztexten kann die Fantasie und Kreativität der Kinder und Jugendlichen angeregt werden. Wichtig ist, dass die Texte Raum für Fantasieren und Interpretieren offen lassen und die *Moral der*

Geschichte nicht offensichtlich und plump daherkommt. Das therapeutische an der Geschichte ist nicht der Stoff, der eindeutig beschrieben wird, sondern der Stoff, der das Vorstellungsvermögen anregt. Mills und Crowley (1996) betonen, dass die therapeutische Kraft von Geschichten gerade darin liegt, dass sie sich nicht vollständig analysieren lassen. In guten Geschichten bleibt immer noch eine gewisse nicht fassbare Qualität übrig. Das ist es, was die Wandlungskraft der Geschichte ausmacht und die Zuhörer herausfordert.

Lehrziel

- Ressourcen aktivieren
- Erweiterung der moralischen Begründungs- und Bewertungsfähigkeit
- Erhöhung der emotionalen Beteiligung an Geschichten und Ereignissen

Bezug zum Thema Gewalt

Die unmittelbare Wunschbefriedigung zugunsten einer späteren, wichtigeren Befriedigung aufschieben können ist schwierig und gelingt den Jugendlichen unserer Zielgruppe oft nicht. Dieses Fähigkeit des Selbstmanagements kommt in vielen Geschichten vor. Ein weiteres oft vorkommendes Thema ist die subjektiv empfundene Ungerechtigkeit.

Rahmenbedingungen

Die Ankündigung der Texte ist kurz („Ich möchte heute mit einer Geschichte anfangen") und ich formuliere keine Zielsetzungen. Ich beende die Geschichte ohne Kommentar (also nicht: „seht ihr, wie es einem ergehen kann, wenn ...". Manchmal erkundige mich, ob die Zuhörenden etwas dazu sagen möchten, meistens aber lasse die Geschichte einfach so stehen.

Eine kleine Auswahl an Texten

Die Jugend liebt heutzutage den Luxus. Sie hat schlechte Manieren, verachtet die Autorität, hat keinen Respekt vor älteren Leuten und schwatzt, wo sie arbeiten soll. Die jungen Leute stehen nicht mehr auf, wenn Ältere das Zimmer betreten. Sie widersprechen ihren Eltern, schwadronieren in der Gesellschaft, verschlingen bei Tisch die Süßspeisen, legen die Beine übereinander und tyrannisieren ihre Lehrer. (Sokrates, 470-399 v. Chr.)

Die Wölfe in mir
Eines Tages kam ein Enkel zu seinem Großvater und erzählte ihm voller Wut davon, dass ihm durch einen Mitschüler zuvor Unrecht widerfahren war. Der Großvater antwortete: „Ich möchte dir eine Geschichte erzählen:
Auch ich habe häufig großen Hass auf diejenigen gehabt, die mir etwas angetan hatten. Aber Hass kostet Kraft; deinen Gegner hingegen verletzt er nicht. Es ist so, als würdest du Gift nehmen und darauf hoffen, dass

dein Gegner stirbt. Ich habe immer und immer wieder mit diesen Gefühlen kämpfen müssen."

Er nickte und fuhr fort: „Es ist als würden zwei Wölfe in mir leben; einer ist gut und tut nichts böses. Er lebt in Einklang mit allem um mich herum und er greift nicht an, wenn ich nicht wirklich angegriffen wurde. Er kämpft nur, wenn es recht ist, dies zu tun und er kämpft anständig.

Aber der andere Wolf, ach...er ist voller Wut. Die kleinste Sache bringt ihn auf. Er kämpft mit jedem, ständig, ohne jeden Grund. Er ist außerstande nachzudenken, weil seine Wut und sein Hass so groß sind.

Es ist schwer, mit diesen beiden Wölfen in mir zu leben – denn beide versuchen ständig, meinen Geist zu beherrschen."

Der Enkel schaut gespannt in seines Großvaters Augen und fragte: „Welcher von beiden siegt, Großvater?"

Der Großvater sagte feierlich: „Der, den ich füttere". (Indianergeschichte aus dem Amerikanischen; Autor unbekannt)

Der König und der Meisterdieb

Es war einmal ein guter König, der hat viele Jahre regiert und Recht gesprochen. Jetzt aber, im hohen Alter, kamen ihm oft Fragen über Gerechtigkeit und Unrecht, über Wahrheit und Lüge. Und in der Nacht erschienen ihm oft in seinen Träumen die verurteilten Diebe und Räuber: Sie schrien ihre Unschuld und beklagten sich über die ungerechte Verurteilung.

Der König konnte keine Nacht mehr ruhig schlafen, völlig verunsichert ob diesen Träumen: wenn er nun diesem Dieb zu Unrecht die Hand abgehackt hat? Oder das Räuberpaar unschuldig erhängt wurde?

Eines Tages sprach der König zu seinem Minister: „Sende deine Geheimpolizei aus und lasse mir den besten und hinterhältigsten Dieb des Landes bringen."

Als dieser verwirrt aber stolz vor ihm stand, sagte der König: „Du bist der berüchtigtste Dieb im Land, ein wahrer Meister deines Faches. Aber du musst keine Angst haben, ich will dich nicht bestrafen, ich will von dir lernen. Ich will wissen wie ein Dieb denk und fühlt. Nur so kann ich ein guter Richter sein. Du musst mir das Handwerk eines Diebes beibringen."

Durch den Körper des Diebes ging eine Bewegung der Entrüstung: „Ich ein Dieb? Wie kommen Eure Hoheit auf diese Idee? Ich bin ein anständiger Kaufmann und Familienvater. Ich habe in meinem Leben nie etwas gestohlen. Ich bin ein grundehrlicher Mensch. Das muss ein Irrtum sein."

Der König: „Nein, das ist kein Irrtum. Meine Geheimpolizei hat dich gefasst, es ist nutzlos zu lügen. Du sollst mich lehren in der Diebeskunst. Und dafür werde ich dich auch reichlich belohnen. Mehr als du jemals gestohlen hast. Du wirst reich sein, ehrenhaft reich."

Der Dieb brach in ein verzweifeltes Schluchzen aus: „Ich unglücklicher Mensch, alle Götter scheinen sich gegen mich zu verschwören. Meine allerliebste Frau ist schwer erkrankt, mein ältester Sohn wurde Opfer eines tragischen Unfalls, meine Lieblingskatze ist verschwunden, vielleicht entführt, das arme Tierchen – und jetzt werde ich Opfer einer wahnwitzigen Verwechslung – ich bin kein Dieb, ich schwöre es auf dem Grabe meiner Mutter, ich bin kein Dieb."

Der Minister flüsterte dem König noch einmal ins Ohr, dass eine Verwechslung ausgeschlossen sei: dieser Mann wird schon lange durch die Geheimpolizei beschattet, er sei das Oberhaupt einer richtigen Diebesfamilie. Der König wurde wütend und befahl dem Dieb: „Hör auf mit diesem Theater. Und lass uns jetzt mit der ersten Lektion beginnen."

Der Dieb: „Ach, wenn ich das nur könnte. Ich wäre ein Idiot, wenn ich nicht den König unterrichten möchte und erst noch reichlich belohnt würde. Aber ich habe nichts, das ich lehren kann. Ich bin kein Dieb."

Der König war zornig und entließ ihn. Er schimpfte seinen Minister und befahl ihm, am nächsten Tag einen richtigen Dieb zu bringen.

Am Abend aber, als er zu Bett gehen wollte und seinen Schmuck ablegte, merkte er zu seinem Entsetzen, dass sein großer Goldring nicht an seinem Finger war. Sofort ließ er den Dieb verhaften und vorführen: „Du lügenhafter mieser Dieb. Du warst der einzige Besucher heute im Palast, du hast mir den Goldring gestohlen. Ich werde dich für dein lügenhaftes, respektloses und diebisches Verhalten ganz schwer bestrafen. Morgen werde ich das Urteil über dich sprechen. Fürchte dich. Wachen, führt ihn in den grausigsten Kerker den wir haben."

Der Dieb schluchzte und beteuerte mit herzergreifenden Worten seine Unschuld, doch es half nichts, er wurde abgeschleppt.

In der Nacht aber konnte der König wieder nicht einschlafen. Die Bilder der Verurteilen, diese ruhelosen Seelen, erschienen ihm wieder. Und auch an den Dieb, der jetzt im feuchten Kerker saß, musste er immer wieder denken: „Und wenn er doch die Wahrheit sagt und gar kein Dieb ist? Dann habe ich wieder unrecht gehandelt."

Ruhelos wälzte sich der König im Bett hin und her. Schließlich stand er auf, er wollte noch einmal mit dem vermeintlichen Dieb sprechen, die Wahrheit erfahren. In seinem königlichen Nachtrock und mit einer Kerze in der Hand stieg er in die enge Wendeltreppe in den Kerker hinunter und suchte die Zelle des Diebes. Wie er durch einen langen dunklen Gang lief, hörte er weit hinten eine flehende schluchzende Stimme, es war die des Diebes: „... ich wünsche mir nur noch eines, den Tod. Aber wenn ich an meine armen Kinder denke, und meine liebe tapfere Frau ... ich unglücklicher ... ich war mein Leben lang immer anständig und hilfsbereit. Aber meine Nachbarn waren neidisch und missgünstig, sie haben mich in Verruf gebracht...ich habe nur einen einzigen Wunsch, dass meine Kinder immer die Erinnerung eines anständigen und fleißigen Vaters haben werden ..." ... und weiter ging das Schluchzen dieses Unglücklichen. Der König war tief berührt und dachte: „Der kann nicht wissen dass ich hier bin und ihm zuhöre, er ist wirklich unschuldig, jetzt weiß ich es, zum guten Glück bin ich gekommen und habe dies mit eigenen Ohren gehört."

Am nächsten Morgen ließ der König eine warme Badewanne füllen mit den feinsten Düften und ein schönes Frühstücksbuffet richten für seinen unschuldigen Gefangenen. Er ließ ihn kommen und entschuldigte sich für die falsche Verdächtigung. Er erzählte ihm, dass er in der Nacht in den Kerker heruntergestiegen sei und alles gehört habe. Jetzt wisse er mit Sicherheit: „Du bist ein anständiger Mensch und kein Dieb. Das war eine furchtbare Verwechslung."

Der vermeintliche Dieb antwortete: „Eure Majestät ist großzügig und lernbegierig. Das ist wunderbar. Die erste Lektion haben wir hiermit erfolgreich abgeschlossen. Sie lautet: ein Meisterdieb wird nie, auch bei Todesgefahr nicht, zugeben, dass er ein Dieb ist und immer das Gegenteil glaubwürdig behaupten können. Nur dann ist er auch ein Meisterdieb. Diese erste Lektion ist auch bereits bezahlt, denn ich habe den Goldring Eurer Majestät zu einem guten Preis verkaufen können. Wollen wir jetzt gleich den Termin für die zweite Lektion festlegen?" (Indisches Märchen)

Die Riesen im Parkhaus

Drei Riesen gingen einmal in ein Parkhaus. „Ich gehe ins Parterre" sagte der erste. „Ich in den ersten Stock", sagte der zweite. „Ich in den zweiten", sagte der dritte.

Dann nahm jeder eine schwere Eisenstange, ging in seinen Stock und zertrümmerte alle Autos, die dort abgestellt waren.

Nachher trafen sie sich am Ausgang, gingen zusammen fort und kamen nie wieder. (Franz Hohler: Groteske Geschichten, 2003)

Das giftige Geschenk

Es war einmal ein sehr strenger Lehrer. Der Vater eines früheren Schülers schickte ihm als Anerkennung für seine gute Arbeit eine mit Süßigkeiten gefüllte Schachtel.

Der Lehrer wollte die Süßigkeiten alle für sich. Deshalb stellte er die Schachtel in eine Ecke und sprach zu den Schülern: „Ein böser Mensch hat mir diese Süßigkeiten geschickt. Ich nehme an er hat Gift hineingetan und will mich umbringen. Rührt diese Schachtel ja nicht an."

In der Pause, als der Lehrer außerhalb des Schulzimmers war, sagte ein Schüler: „Diese Geschichte mit dem Gift ist sicher nicht wahr, er will nur, dass wir davon nichts essen. Deshalb hat er die Geschichte mit dem Gift erfunden. Wir wollen die Süßigkeiten probieren."

Die anderen Schüler hatten aber Angst vor einer Bestrafung. Da sagte der freche Schüler: „Habt keine Angst, ich übernehme die Verantwortung."

Als die Schachtel leer war, nahm der freche Schüler vom Pult des Lehrers dessen Sackmesser und zerbrach es. Die anderen Schüler waren besorgt, weil damit der Lehrer wohl noch wütender reagieren würde.

Als der Lehrer in die Klasse zurückkam sah er das zerbrochene Messer und die leere Schachtel. Wütend fragte er: „Wer hat das gemacht?".
Stille herrschte im Raum. Der freche Schüler meldete sich und sagte: „Ich wollte meinen Bleistift mit dem guten Sackmesser spitzen – doch dann ist die Klinge zerbrochen. Aus Angst vor der Strafe wollte ich mich umbringen. Da habe ich an die vergifteten Süßigkeiten gedacht. Deshalb habe ich alle aufgegessen. Unglücklicherweise bin ich nun doch nicht tot." (Peseschkian 2004)

Variante: Zaubergeschichten
Beim Geschichtenerzählen kann durch Zauberelemente die Aufmerksamkeit und Neugierde von Kindern positiv beeinflusst werden. Ein Beispiel ist die Geschichte, wie vier aggressive Hähne zu gelassenen Elefanten wurden. Hierbei wird die Geschichte mit einen Karten-Kunststück verbunden. Das Kartenset besteht aus einer Hahnenkarte, einer Elefantenkarte und drei Kombikarten (Hahn/Elefant). Durch das zauberhafte Vorgehen der Erzählerin, verwandeln sich drei auf den Karten abgebildete Hähne in Elefanten. Die Karten und eine Beschreibung dieses Kunststückes sind bei *www. therapeuti sches-zaubern.de* erhältlich.

Das Spiel mit Wahrnehmung und zauberhafter Sinnestäuschung kann „in der Arbeit mit Menschen, die eine festgefahrene, problematische Eigen- und Fremdwahrnehmung haben, lösungsorientiert eingesetzt werden. Wenn Menschen spielerisch erleben, dass ihre optische Wahrnehmung sie bei einfachen Bildern täuscht, können sie leichter ihre bisherige Wahrnehmung eigener Schwierigkeiten und Probleme hinterfragen: Ihre Neugier auf neue Perspektiven eines Problems ist geweckt – und vielleicht taucht dadurch sogar der Weg zu einer Lösung auf." (Neumeyer 2000, S. 21)

Mythen und Legenden

Bestimmte mythologische Geschichten, Legenden und Heldensagen eignen sich, um die Fantasie der Teilnehmer als Quelle für neue Ideen und Ressourcen zu nutzen. Durch das Erzählen und Spielen dieser Geschichten in der Trainingsgruppe können verdeckte Handlungspotentiale aktiviert werden.

Lehrziel
- Angemessene Selbstbehauptung ist eine Form von Aggression. Sie soll nicht unterdrückt werden, sondern Kinder sollen unterscheiden lernen zwischen angemessener Gewaltanwendung und destruktiver Aggression.
- Erlernen von Selbstkontrolle: positive Modelle imitieren, wie in Konfliktsituationen aggressive Impulse kontrolliert werden können.

Bezug zum Thema Gewalt

Für den Lernpsychologen Albert Bandura ist Gewalt das Ergebnis von Modellernen. Der Erwerb von aggressiven Verhaltensweisen durch Lernen am Modell konnte in mehreren experimentellen Studien nachgewiesen werden. Entsprechend dieser Theorie beobachten Kinder und Jugendliche, wie andere Personen sich in Konfliktsituationen verhalten (beispielsweise ein gewalttätiger Vater oder ein aggressiver Filmheld) und übernehmen diese Verhaltensweisen in ähnlichen Situationen. Inzwischen liegen Hunderte von Untersuchungen vor, die belegen, dass „Gewaltmodelle" die individuelle Aggressionsbereitschaft durch Anregung, Vorbildwirkung und Gewöhnung steigert. Wahrscheinlich lernen Kinder insbesondere von ihren direkten Bezugspersonen aggressives Verhalten. Körperlich strafende Eltern haben die aggressivsten Kinder und kriegstraumatisierte Kinder können alle denkbaren gewalttätigen Verhalten nachahmen. Der Einfluss von Massenmedien auf die Aggressivität ist nicht exakt zu bestimmen. Einflüsse von oft brutalmenschenverachtenden filmischen oder spielerischen Modellen können das Verhalten von Jugendlichen, insbesondere aber das von Kindern, entscheidend negativ beeinflussen. Eine Mehrheit von rund 80% weltweiter Studien zur Medienwirkung weist eindeutig in die Richtung auf Gewaltstimulation, Verlust auf Einfühlungsvermögen, Abbau von Hemmungen vor Gewaltanwendung und antisoziale Einstellungsveränderungen (*Weiss 2000*).

Wir können den Einfluss von Massenmedien kaum beschränken. Dementsprechend wichtig ist es, dass die Jugendlichen sich mit Heldenfiguren aktiv auseinander setzen.

Variante: Mythodrama

Das Mythodrama bietet die Möglichkeit, in Konfliktsituationen auf kreative Weise nach neuen Wegen zu suchen. Es wird mit einer speziell für die jeweilige Zielgruppe ausgewählten Geschichte gearbeitet und versucht, die kreativen Impulse, die während der spielerischen Bearbeitung der Geschichte hervortreten, auf die aktuelle Konfliktsituation zu übertragen. Die Mythodramasitzungen verlaufen nach folgender Struktur:

1. Begrüßung, Anwärmspiele und Entspannungsübung mit Musik
2. Erzählen der Geschichte mit anschließender Imaginationsphase
3. Szenisches Spiel eines bestimmten Ausschnittes der Geschichte
4. Gespräch: Transfer auf die eigene Alltagssituation.

Das Mythodrama wurde von A. Guggenbühl entwickelt (*www.ikm.ch*). Es wird in Interventionen in schwierigen Schulklassen, in der Traumaaufarbeitung und in Gruppentherapien für Kinder und Jugendliche eingesetzt.

Variante: Gruppe Herakles

Der Psychologe U. Zingg führt in der Kinder- und Jugendpsychiatrischen Klinik Neuhaus Ittigen/Bern eine Gruppentherapie für aggressive Kinder im

Alter von 10 bis 12 Jahren durch. Lehrinhalt ist hierbei die Legende von Herakles:

Herakles, der berühmte Held der alten Griechen, war überaus stark und intelligent. Im Grunde seines Wesens war er gutmütig, er war aber leicht reizbar und der gefährliche Jähzorn packte ihn oft. So kam es auch, dass er in der Wut seinen Lehrer, als dieser ihn zurechtwies, erschlug. Zur Strafe wurde er vom Königshof seines Vaters weggeschickt und musste zur Sühne zwölf Heldentaten vollbringen.

In den Therapiesitzungen wird jeweils eine Episode aus der Herakles-Sage erzählt.

Im Rollenspiel kann jeweils ein Teilnehmer die Rolle des Helden übernehmen. Durch das Spielen dieser Heldensagen können die Kinder fehlende Handlungskompetenzen entwickeln und gelernte unerwünschte Verhaltensweisen zu verändern versuchen. Es zeigte sich hierbei, dass die Identifikation der Kinder mit dem Helden groß ist und eine Spiellust entstehen konnte. Vielleicht liegt dies auch darin begründet, dass Herakles, so wie er in der Heldensage beschrieben wird, offensichtlich an einer hyperkinetischen Störung des Sozialverhaltens litt.

Blind führen

In dieser Partnerübung führt eine Person eine andere Person (welche die Augen geschlossen hält) vorsichtig und aufmerksam durch den Raum. Ohne Worte. Die Person die ‚blind' ist, braucht dazu ein großes Maß an Vertrauen in die Führungsperson. Diese hingegen muss achtsam sein für die Wahrnehmungseinschränkungen des ‚Blinden' und entsprechend Geschwindigkeit, Richtungswechsel und Hindernisse einplanen.

Lehrziel
* Wahrnehmungsfähigkeit im kinästhetischen und sozialen Bereich
* Verbesserung der Verantwortungsfähigkeit
* Einübung von Kontaktverhalten
* Aufbau von Vertrauen

Bezug zum Thema Gewalt
Das aggressiv-antisoziale Verhalten führt in Schule und Freizeit meist dazu, dass die Kinder und Jugendlichen unserer Zielgruppe Probleme im Umgang mit gleichaltrigen haben. Durch diese Übung kann auf spielerische Weise der partnerschaftliche Kontakt gefördert werden. Besondere Schwierigkeiten sind zu erwarten in der Übernahme der Blinden-Rolle: für diese Jugendlichen ist das Spielen einer Bedürftigen-Rolle nicht einfach, da es dem in der Gleichaltrigengruppe oft zur Schau gestellten Droh- und Imponierverhalten widerspricht.

Rahmenbedingungen
Ein großer freier Gruppenraum, der einige Hindernisse haben darf (Tische und Stühle). Ausdrücklich auf Verletzungsgefahr hinweisen und entsprechende Stopp-Signale vereinbaren. Die Leiter müssen bei schlechter Führung die Übung sofort unterbrechen.

Anleitung und Durchführung
„Verantwortung für andere Personen wahrnehmen ist gar nicht so einfach, wie wir uns das vorstellen. In dieser Übung wollen wir ausprobieren, ob uns das während zwei Minuten gelingt."

Der Leiter führt die Übung mit einem Teilnehmer vor: „Angenommen ich bin blind – ich schließe die Augen – und du musst mich führen. Willst du das mal ausprobieren? Bitte vorsichtig." Danach werden Paare gebildet und die Übung wird während zwei Minuten durchgeführt. Anschließend Wechsel der Rollen zwischen Führer und Geführtem.

In der Auswertungsrunde zwei Grundfragen:
• Wie habt ihr euch gefühlt als „Blinde"?
• War es schwierig zu führen?

Sich fallen lassen

Ein Teilnehmer stellt sich vor einen Halbkreis und lässt sich in diesen nach hinten fallen – dabei wird er von den im Halbkreis stehenden anderen Teilnehmern gehalten und sanft wieder in die aufrechte Haltung gebracht.

Lehrziel
• Fähigkeit zur Entspannung
• Förderung der Körperwahrnehmung
• Aufbau von Vertrauen
• Verbesserung der Verantwortungsfähigkeit

Bezug zum Thema Gewalt
Die Jugendlichen unserer Zielgruppe sind im Kontakt mit Gleichaltrigen vielfach in einer Daueranspannung. Dieses Bedürfnis nach dauernder Kontrolle ist wohl die Folge von schlechten Erfahrungen und diversen Lebensbelastungen. In dieser Übung kann versucht werden, einen kurzen Moment lang die Kontrolle abzugeben und sich zu entspannen. Wenn dies gelingt, bewirkt dies oftmals ein leichtes Glücksgefühl. In der Auswertungsrunde werden diese positiven Gefühle sowie die Hindernisse thematisiert.

Rahmenbedingungen
Die Leitung muss zu Beginn sicherlich auch im Halbkreis stehen, um gefährlichen Unachtsamkeiten und Späßen zuvorzukommen. Zeigt sich die

Gruppe verantwortungsfähig, kann die Leitung sich aus dem Halbkreis etwas zurücknehmen.

Anleitung und Durchführung
„Ich erlebe euch oft angespannt, wachsam, immer auf der Lauer. Wichtig ist es, ab und zu auch abschalten und auf die anderen vertrauen können. Das kann man üben mit einem einfachen Training: Sich fallen lassen." Darauf lässt der Leiter einen Halbkreis stellen und fragt, wer es wagt, sich langsam nach hinten fallen zu lassen. Abwechslungsweise können die Teilnehmer dies mehrmals machen, wobei die Teilnahme selbstverständlich freiwillig ist.

Training der Achtsamkeit

Sinn und Zweck der Aufmerksamkeit ist es, unser Gehirn arbeitsfähig zu machen und zu erhalten. Die Aufmerksamkeit hat einen ganz entscheidenden Einfluss, wie wir eine Situation bewerten und erleben. Die Aufmerksamkeit kann trainiert werden. Eine relativ einfache Methode ist die Praxis der Achtsamkeit nach J. Kabat-Zinn (1999):

„Achtsamkeit ist die andere wesentliche Richtung der Meditationspraxis, auch bekannt als vipassana oder Einsichts-Meditation. In der Übung von Achtsamkeit macht man anfangs Gebrauch von einer eingerichteten Aufmerksamkeit, um Ruhe und Beständigkeit zu kultivieren, doch anschließend geht man darüber hinaus, indem man die Objekte der Beobachtung erweitert, sowie ein Element des Erforschens einbringt. Wenn Gedanken oder Gefühle entstehen, ignoriert man sie nicht, noch unterdrückt man sie, noch analysiert oder beurteilt man ihren Inhalt. Stattdessen betrachtet man sie, absichtlich und so gut man kann, ohne sie zu bewerten, wie sie von Moment zu Moment als Ereignisse im Feld des Gewahrseins entstehen. Indem die Gedanken und Gefühle aus einem gewissen Abstand heraus betrachtet werden, kann klarer erkannt werden, was tatsächlich im Geiste abläuft.
Achtsamkeit wird in zwei Weisen geübt, die beide notwendig sind, um sie in unser Leben zu integrieren. Die erste ist die formelle Meditation, in der spezifische Methoden angewendet werden, die uns dabei helfen, über eine bestimmte Zeitspanne hinweg wach und achtsam im Augenblick zu bleiben. Der andere Bereich ist die formlose Praxis im Alltag. In ihr geht es darum, uns einfach daran zu erinnern, während der alltäglichen Aktivitäten gegenwärtig zu sein und von Zeit zu Zeit ‚nachzuschauen', ob wir in der Tat achtsam sind." (S. 11-15)

Lehrziel
Die Aufmerksamkeit ist von ganz entscheidender Bedeutung bei der Wahrnehmung und dem Erleben von Belastungen. Die Fähigkeit des Menschen,

mit Hilfe seiner Aufmerksamkeit bestimmte Bereiche seiner Lebenswelt in den Mittelpunkt seines Bewusstseins zu stellen und andere Bereiche nur am Rand wahrzunehmen oder gar nicht zu beachten, ist eine höchst nützliche und wertvolle Eigenschaft. So können wir uns beispielsweise beim Autofahren sicherheitswirksam auf den Verkehr konzentrieren. Was am Straßenrand vor sich geht, kommt gar nicht richtig in unser Bewusstsein. Doch wenn wir am Straßenrand einen runden Gegenstand sehen, der einem Ball ähnlich sieht, richtet sich unsere Aufmerksamkeit sofort auf das Geschehen am Rande (‚Achtung, spielende Kinder') und wir passen unser Fahrverhalten entsprechend an.

Unser Gehirn ist ein hochkomplexes Netzwerk, das darauf eingestellt ist, in Gefahrensituationen sofort zu reagieren, beziehungsweise sofort zuzuschlagen. Stuft unser Gehirn eine Situation als gefährlich ein, gibt es zwei Reaktionen: Flucht oder Angriff. Eine ganz zentrale Funktion hat hierbei die Aufmerksamkeit, schließlich ist es lebenswichtig, dass wir Gefahren (wie aber auch erfreuliche Ereignisse) frühzeitig erkennen.

Das Gehirn ist immer eingeschaltet, auch wenn wir schlafen. Wir lernen aber, zu unterscheiden zwischen wichtigen und unwichtigen Inputs. Wenn in der Nacht die Hand Ihrer Partnerin sie berührt, werden Sie kaum dies in ihr Bewusstsein aufnehmen. Wenn aber eine fremde Hand Sie berührt, werden Sie wahrscheinlich aufschrecken. Wäre das Gehirn eine einfache Input-Output-Maschine (wie ein Computer), wäre dies nicht möglich. Unser Gehirn nimmt nicht nur Informationen auf und bearbeitet diese, sondern es wartet und sucht nach Informationen und entscheidet darüber, welche bearbeitet werden sollen.

Aufmerksamkeit ist also weit mehr, als nur Inputs aufzunehmen. Aufmerksamkeit bedeutet,

- dass die Wahrnehmungen gefiltert werden (schließlich wollen wir ja in Ruhe Schlafen),
- dass sie miteinander verglichen und mit bereits vorhandenem Material in Beziehung gebracht werden (Form, Größe, Temperatur, Hautbeschaffenheit, Bewegung und Druck der Hand sind bekannt und entsprechen jener der Partnerin) und
- schließlich wird ihnen eine emotionale Bedeutung beigemessen (sie genießen unbewusst die zärtliche Berührung, lassen sich nicht wecken, sind dafür aber am Morgen gutgelaunt und liebevoll).

Lehrziel ist, die eigene Achtsamkeit immer wieder neu zu regulieren: wie ein Feinschmecker, der seine Aufmerksamkeit nicht nur auf eine bestimmte Qualität lenkt, sondern sich ständig neue Wahrnehmungen öffnet.

Bezug zum Thema Gewalt
Wie eine Zecke aus den dingen ihrer Umgebung nur die Buttersäure heraus-
löst oder ein Feinschmecker aus dem Kuchen nur die Rosinen heraussucht,
so sichten wiederholt gewalttätige Jugendliche den Scheinwerfer ihrer
Aufmerksamkeit auf Dinge, die einen konfliktträchtigen Charakter haben.
Durch das Training der Achtsamkeit kann die Wahrnehmungsfähigkeit verbessert werden.

Rahmenbedingungen
Wir empfehlen den Jugendlichen, diese Übung als Sitzmeditation zu machen. Meistens liegen sie aber, da es ihnen schwer fällt, längere Zeit auf
einem Stuhl ruhig zu sitzen.

Die Dauer beträgt ca. 15 Minuten in der Langversion, die jedoch den Fähigkeiten der Teilnehmer entsprechend gekürzt werden kann.

Anleitung und Durchführung
(Vereinfachte Kurzversion der Sitzmeditation nach J. Kabat-Zinn)

„Ein wichtiger Teil des Anti-Gewalt-Trainings ist die Entspannung. Entspannung ist in einem gewissen Sinne das Gegenteil von Gewalt. Ruhig
und entspannt sein fällt uns aber oft schwer: wir sind dauernd in Aktion,
wachsam, sprungbereit. Wir erlauben uns für eine Zeit von ca. 15 Minuten den Zustand des ständigen Tuns beiseite zu lassen und versuchen in
einen Zustand des Nicht-Tuns, des einfachen Daseins zu gelangen.

Setzt euch an einen Ort in diesem Raum, wo ihr euch wohl fühlt, wo euer
Körper zur Ruhe kommen kann. Ihr könnt auf dem Stuhl sitzen bleiben,
auf dem Boden sitzen, an die Wand lehnen oder im Sitzen den Kopf einfach nach vorne fallen lassen oder irgendeine andere für euch bequeme
Haltung einnehmen.

Für diese Zeit gibt es nichts, was wir erreichen oder leisten müssten.

Die Augen können wir offen lassen oder schließen, ganz einfach geschehen lassen. Wenn die Augen offen bleiben, dann betrachten sie nichts be-
sonderes, einfach den Blick ruhen lassen, die Augen sollen möglichst ruhen. Die Schultern sind gelöst, alle unnötigen Anspannungen aus den
Schultern fließen lassen.

Wir spüren die Kontaktpunkte mit dem Stuhl – die Kontaktpunkte mit
dem Boden. Wir spüren den Kontakt der Hände, entweder miteinander
oder mit den Oberschenkeln, den Knien. Der Körper kommt mehr und
mehr zur Ruhe.

Allmählich nun richten wir unsere Aufmerksamkeit auf die Bewegung
des Atmens. Das Ein- und Ausströmen der Atmung, die ganz alleine geschieht und an der wir nichts verändern müssen, die wir einfach nur
wahrnehmen, so wie sie ist.

Nur den Atem spüren wie er in den Körper ein- und wieder ausströmt. Wenn wir bemerken, dass unsere Aufmerksamkeit sich immer wieder in Gedanken, Tagträumen und Bildern verliert, dann lassen wir das einfach zu. Und führen langsam die Aufmerksamkeit wieder zur Atmung zurück.

Vielleicht stören uns auch Körperempfindungen oder innerliche Unruhe, die zeitweise auch sehr intensiv sein können. Wir beachten alle Empfindungen, ob angenehm oder unangenehm, mit Ruhe. Wir versuchen nicht darauf zu reagieren, aber wir können auch die Haltung verändern.

Aufmerksam sein für die Erfahrung des gegenwärtigen Augenblicks, nichts erwarten, nichts erreichen wollen, ganz einfach nur da sein, wach in jedem Augenblick.

Und immer wieder die Aufmerksamkeit auf die Atmung lenken und unseren Körper als Ganzes, wie die Atemluft aus dem Körper ein- und ausströmt.

Wir können jetzt auch besonders auf Geräusche achten. Vielleicht Geräusche aus der Umgebung oder Geräusche aus dem Inneren des Körpers. Wir brauchen die Geräusche nicht zu benennen, ganz einfach nur Hören, ohne zu beurteilen ob wir das was wir hören mögen oder nicht. Wir brauchen nichts zu tun um zu hören, da sein.

Und wenn wir merken, dass wir unruhig werden, bringen wir Aufmerksamkeit ganz sanft wieder zurück zur Atmung.

Wir können uns auch des Denkens bewusst werden. Der Gedanken die durch den Geist ziehen. Statt den einzelnen Gedanken nachzugehen oder sich in ihren Inhalt zu verwickeln, beobachten wir ganz einfach das auftauchen und Verschwinden der Gedanken und Bilder.

Und immer wieder mit der Aufmerksamkeit zur Atmung zurückkehren. Ruhig sitzend. Nichts suchend. Einfach nur da sein.

Langsam richten wir die Aufmerksamkeit wieder auf das Hier-und-Jetzt in diesem Moment, in diesem Raum, mit diesen Menschen. Wir bewegen und strecken uns, öffnen die Augen. Wir können aufstehe, lachen, herumgehen, anschauen – langsam sind wir wieder im gewöhnlichen Zustand des Tuns.

Und mich würde es jetzt interessieren, wie es euch ergangen ist bei dieser Entspannungsübung. Fühlt ihr euch wohl? Mag jemand etwas sagen?"

Variante
Die Sitzmeditation führen wir oft auch als Kurzmeditation von zwei Minuten durch, beispielsweise in der Schlussrunde oder als Unterbrechung beim freien Gruppenspiel, um die Fähigkeit zur Erregungsregulation zu verbessern.

Schokoladen-Sitzmeditation

Die Schokoladen-Meditation ist eine einfache Einstiegsübung, um später das Training der Achtsamkeit in der obenstehenden, recht anspruchsvollen Version durchführen zu können. Die Teilnehmer erhalten in der Anfangsrunde ein kleines Stück Schokolade und werden aufgefordert, diese langsam zu genießen und die Aufmerksamkeit während ca. einer Minute ganz auf den Genuss zu lenken.

Lehrziel
• Die Aufmerksamkeit auf den Genuss richten können
• Verbesserung der Selbstbeobachtung und Impulskontrolle
• Nebeneffekt: die Einstellung zum Training positiv verändern.

Bezug zum Thema Gewalt
Wir können davon ausgehen, dass stark verhaltensauffällige aggressive Kinder und Jugendliche, die in ein Anti-Gewalt-Training zugewiesen werden, mit einer ängstlich-abwehrenden Haltung kommen. Sie sind verunsichert, wissen nicht was auf sie zukommt und befürchten erneut gemaßregelt zu werden. In diesem Erregungszustand sind sie gar nicht fähig, an Trainingsaktivitäten teilzunehmen. Sie müssen sich erst mal beruhigen und Körper und Sinne aufnahmefähig machen. Die Schokoladen-Meditation ist eine Art Streicheleinheit. Wir gehen damit ein wenig auf die somatischen Bedürfnisse der Teilnehmer ein, indem wir etwas Süßes geben und sie auffordern, dies möglichst zu genießen.

Rahmenbedingungen
Material: Mini-Schokoladen.

Wir machen diese Genussübung in unregelmäßigen Abständen. Nie in der ersten Sitzung, um nicht falsche Erwartungen zu wecken. In der Regel zu Beginn und als Abschluss der betreffenden Sitzung.

Immer wieder stören einzelne Teilnehmer diese Meditation mit lautem Schmatzen, herumwerfen der Schokolade oder des Papiers, obszönen Kommentaren etc. Wir versuchen in diesen Momenten unsere eigene Aufmerksamkeit und die der Gruppe auf den Genuss zu richten und nicht auf die Machtinteraktion mit dem störenden Teilnehmer einzusteigen.

Anleitung und Durchführung
„Zur Einstimmung schlagen wir eine kurze Meditation vor: jeder erhält ein kleines Stück Schokolade. Eure Aufgabe ist es, diese Schokolade langsam im Munde schmelzen und vergehen zu lassen und dies zu genießen. Wir nehmen uns eine Minute Zeit für diesen Genuss."

Eiswassertest

„Wenn wir Schmerzen haben, sind das oft so starke Sinnesempfindungen, dass es schwer fällt, uns auf etwas anderes als auf die Schmerzen zu konzentrieren. Die ganze Aufmerksamkeit wird auf den Schmerz gelenkt und lässt uns manche Dinge in unserer Umwelt gar nicht mehr wahrnehmen. Wenn der Schmerz regiert, so wird das ebenfalls vorhandene Positive gar nicht mehr wahrgenommen. Der Schmerz wird stärker als der Spaß, die Freude, der Genuss am Leben. Der ,Aufmerksamkeitsscheinwerfer' ist ,festgerostet', so dass er nur in die eine Richtung, nur auf den Schmerz scheinen kann. Ist dagegen der Scheinwerfer beweglich, so stehen andere, angenehmere Dinge auch einmal ,im Licht' der Aufmerksamkeit.

Die Wirksamkeit von Ablenkungstechniken ist auch in wissenschaftlichen Experimenten untersucht und bewiesen worden. Freiwillige Versuchspersonen sollten versuchen, ihre Hand so lange wie möglich in Eiswasser zu tauchen. Dies verursacht bei allen Personen einen starken Schmerz, der durch die Unterkühlung ausgelöst wird. Die Personen konnten diesen Schmerz nun ganz verschieden lang aushalten, je nachdem, wie gut sie abgelenkt wurden, bzw. wie gut ihre Aufmerksamkeit auf etwas anderes gelenkt wurde." (Basler 1998, S. 122)

Lehrziel
Die Teilnehmer sollen erleben, welche Bedeutung der Aufmerksamkeit und der Aufmerksamkeitssteuerung zukommt.

Bezug zum Thema Gewalt
Jugendliche mit antisozial-aggressiven Verhaltensauffälligkeiten sind häufiger Opfer von körperlicher Misshandlung. Sie haben Techniken entwickelt mit körperlichen Schmerzen umgehen zu können. Diese Techniken können als Ressourcen für die Konfliktbewältigung aktiviert werden.

Rahmenbedingungen
Notwendiges Material: ein Kübel mit Wasser und Eiswürfeln, Uhr.

Bei dieser Übung machen wir Leitenden auch mit und zeigen, dass wir das nicht gut können. Es gibt Jugendliche die diese Übung zum Imponieren benutzen wollen und weit über die Schmerzgrenze hinausgehen – ja sogar Selbstverletzung in Kauf nehmen. Die Trainerin nimmt in diesem Fall die Hand dieses Jugendlichen aus dem Eiswasser und bemerkt, dass dies kein eigentlicher Wettkampf ist, sondern ein Training der Achtsamkeit.

Anleitung und Durchführung
„Es gibt Menschen, die in jahrelanger Übung gelernt haben, die Schmerzen nicht zu beachten. Beispielsweise ein Fakir, der sich auf ein Nagelbett legt: er kann seinen Schmerz dadurch kontrollieren, dass er sich ganz stark auf

etwas anderes konzentriert. Die Fähigkeit des Menschen, seine Aufmerksamkeit wie ein Scheinwerfer auf bestimmte Dinge zu richten, und andere auszublenden, ist in vielen Situationen sehr wertvoll. Beispielsweise wenn wir im Sommer im See baden gehen: die einen strecken nur die Fußspitze hinein und finden das Wasser viel zu kalt. Die anderen springen hinein und finden es gar nicht kalt.

Ich habe hier einen Kübel Eiswasser. Wir werden jetzt abwechslungsweise versuchen, die Hand möglichst lange ins Eiswasser zu tauchen. Wir machen aber keinen Wettstreit, ich weiß, dass die meisten von euch das sehr gut können. Vielmehr interessiert mich: Wie macht ihr das? Was ist eure Technik? An was denkt ihr?"

Auswertung
In der Auswertung berichten die Teilnehmer wie sie es geschafft haben, ihre Aufmerksamkeit nicht auf den Schmerz zu lenken.

Abschließender Kommentar: „Die Fähigkeit des Menschen, mit Hilfe seiner Aufmerksamkeit aktiv Teile der Umwelt auszuwählen und andere nicht zu beachten, ist eine höchst nützliche Eigenschaft. So können wir uns mit bestimmten Dingen beschäftigen, ohne abgelenkt zu werden. Manchmal kann diese Scheinwerferfunktion der Aufmerksamkeit aber auch ungünstig sein. Das ist dann der Fall, wenn wir unsere Aufmerksamkeit auf störende und negative Dinge richten und die positiven Teile nicht mehr beachten. Zum Beispiel: wenn wir nur noch die negativen Anteile einer Person sehen und nur darauf warten, dass dieser Mensch wieder etwas negatives macht".

Fantasiereise

Eine andere Form, die Selbstkontrolle der Aufmerksamkeit zu trainieren ist die Entspannungsübung *Reise in ein Fantasieland*. Hierbei wird die Achtsamkeit nicht auf die Atmung gelenkt, sondern auf das innere Bild einer Fantasielandschaft. Die Teilnehmer können dieses Fantasieland mit eigenen Erfahrungen und Wünschen füllen.

Lehrziel
* Aktivierung vorhandener Entspannungsressourcen
* Kompetenzerweiterung der Selbststeuerung von Erregung und Aufmerksamkeit
* Erkennen des umgekehrten Zusammenhanges zwischen Anspannung/Belastung und Wohlbefinden.

Bezug zum Thema Gewalt
Aggressiv auffällige Jugendliche haben häufig eine hohe Impulsivität und eine Tendenz in ihrer Umwelt negative Reize wahrzunehmen. Negative

Bilder scheinen bei ihnen einen größere Wirkung zu haben. Mit dieser Übung soll die Wahrnehmungsfähigkeit von schönen Bildern gestärkt werden.

Rahmenbedingungen
Dauer: ca. 10 Minuten. Die Teilnehmer können auf dem Stuhl sitzen bleiben oder sich irgendwo im Raum hinsetzen.

Anleitung und Durchführung
„Wenn wir wütend sind, fällt es uns schwer, schöne Gedanken zu haben. Alles ist schwarz und schlecht. Es gelingt uns dann überhaupt nicht, etwas zu genießen, sich an etwas zu erfreuen. Es gibt einfache Techniken, die eigene Fantasie und Kreativität zu aktivieren, um einige Momente der Zufriedenheit zu haben, auch wenn rundherum alles schwierig und unfreundlich erscheint.

Setzt euch an einen Ort in diesem Raum, wo ihr euch wohl fühlt, wo euer Körper zur Ruhe kommen kann. Ihr könnt auf dem Stuhl sitzen bleiben, auf den Boden sitzen, an die Wand lehnen oder im Sitzen den Kopf einfach nach vorne fallen lassen oder irgendeine andere für euch bequeme Haltung einnehmen.

Vielleicht wollt ihr die Augen schließen oder ihr könnt mit den Augen irgend eine Stelle im Raum fixieren, keine anderen Personen, irgend eine Wand, ein Fenster oder ähnlich. Es ist nicht wichtig was, einfach irgendwie ins Leere schauen. Und wenn euch irgendetwas drückt, wenn es ungemütlich wird, könnt ihr die Sitzhaltung verändern. Einfach gemütlich da sein, ruhig atmen, nichts tun.

Und während wir so da sind, im Nichts-tun, können wir uns vorstellen, dass wir gedanklich zu diesem Raum hier raus gehen, fort von diesem Ort, wir gehen immer weiter und weiter auf einem Weg, der über eine große weite Wiese führt. Und auf diesem Weg gehend sehen wir noch weit entfernt ein großes Tor am. Unser Weg führt auf dieses Tor zu. Wir kommen immer näher und näher und stehen schließlich vor dem Tor. Das Tor ist weiter unten als der Weg, fünf breite Treppenstufen führen zum Tor hinunter.

Wir können uns jetzt vorstellen, diese Stufen zu nehmen. Die erste Stufe, dann die zweite, die dritte, die vierte und mit der letzten Stufe stehen wir am Tor. Wir können jetzt das Tor öffnen und sehen einen schönen Ort.

Wir können jetzt in diesen Ort eintreten und uns da umsehen, Düfte und Gerüche riechen, die Geräusche hören, den Boden unter den Füßen spüren, vielleicht etwas berühren.

Wir können an diesem schönen Ort weitergehen oder stehen bleiben, sitzen, liegen, ganz wie wir wollen, wieder aufstehen, weitergehen. Einfach so, wie es uns am liebsten ist.

Dieser schöne Ort weckt in uns vielleicht auch bestimmte Gedanken, Erinnerungen, Gefühle. Einfach zulassen, alles was kommt, wenn es angenehm ist und sonst mit den Gedanken weitergehen.

Vielleicht sehen wir auch andere Menschen, Tiere, besondere Pflanzen, spezielle Gegenstände; wir lassen uns von der Neugier leiten, nehmen einfach die Bilder die auftauchen, lassen unserer Fantasie freien Lauf.

Und während wir in der Fantasie an diesem traumhaften Ort sind, bemerken wir vielleicht unterschiedliche Empfindungen in unserem Körper: Kribbeln in den Händen, Wärme oder Kälte, Anspannungen, Magenknurren etc. Das lassen wir einfach alles zu, während wir in unserem Fantasiebild bleiben, ruhig atmend, die Schönheit genießend.

Dann gehen wir langsam wieder zum Tor zurück. Wir schauen noch einmal zurück und verabschieden uns von diesem schönen Ort. Wir gehen durch das Tor, schließen es und stecken den Fantasie-Schlüssel in die Tasche. Wir gehen die fünf Stufen wieder hinauf, langsam und immer noch voller Erinnerung, wir machen uns auf den Weg zurück über die große weite Wiese gelangen wir wieder an diesen Ort hier.

Wir bewegen die Arme und Beine, strecken uns durch, öffnen die Augen und bleiben noch einen kurzen Moment wo gerade sind. Wer will kann auch aufstehen, durch den Raum gehen, sich bewegen.

Und ich bin jetzt ganz neugierig, wie es euch ergangen ist: Habt ihr einen Wohlfühl-Ort gefunden? War die Fantasiereise entspannend? Mag jemand berichten, was er gesehen hat?"

Symbolisches Abschiedsgeschenk

Das Gruppentraining ist vielfach spannungsgeladen und konflikthaft. Dennoch stellt es für die meisten Jugendlichen eine wichtige gefühlsstarke Gruppenerfahrung dar. Das Ende dieses Gruppenprozesses wird mit der Übergabe eines symbolischen Geschenkes markiert.

Lehrziel
Diese Übung dient zur Verankerung des Gelernten, indem eine positive emotionale Erfahrung den Lernprozess abschließt.

Bezug zum Thema Gewalt
Wie ich in der Einleitung beschrieben habe, kann Gewalt verstanden werden als unglücklicher Versuch, eigene Bedürfnisse und Motive zu realisieren. Mit dem Abschiedsgeschenk wird Bezug genommen auf Bedürfnisse und Wünsche der Teilnehmer: symbolisch kommt es zur Wunscherfüllung.

Rahmenbedingungen
Bei offenen, fortlaufenden Gruppen wird der jeweilige Teilnehmer gebeten, kurz den Raum in Begleitung einer Leitungsperson zu verlassen. Die anderen Teilnehmer beraten in dieser Zeit über das ideale Geschenk. Es wird auch entschieden, wer das Geschenk überreichen wird.

Bei geschlossenen Gruppen wir mit Namenszetteln ausgelost, wer wen beschenken wird. Daraufhin werden 2 bis 3 Minuten Bedenkzeit gegeben.

Anleitung und Durchführung

„Es ist heute die letzte Sitzung. Wir haben hart aber fair miteinander gearbeitet und schwierige Auseinandersetzungen geführt. Dadurch haben wir uns auch besser kennen gelernt. Es hat uns sehr gefreut mit euch zu arbeiten, und wir möchten zum Abschied eine Geschenkrunde machen. Keine richtigen Geschenke; mehr als das: Geschenke in Form von Fantasie. Wir können einander alles schenken, nichts hat einen Preis. Das Geschenk muss aber dem Beschenkten Freude machen. Es muss ihm etwas bringen – vielleicht direkt in Zusammenhang mit dem Thema Gewalt – vielleicht auch in einem ganz anderen Zusammenhang. Hauptsache er bekommt (in der Fantasie, also nicht materiell) etwas, was er brauchen kann und was ihm Freude macht. Und ganz wichtig: auch uns soll das Schenken Freude machen."

Bei der Instruktion zur Geschenkübergabe wird betont und gut darauf geachtet, dass das Geschenk pantomimisch übergeben wird. Also nicht nur mit Worten, sondern mit dem ganzen Körper. Am besten macht dies eine Leitungsperson zuerst mal vor, mit zwei Beispielen: einem schweren großen und einem kleinen Geschenk. Der eigentliche Wirkfaktor dieser Übung ist neben der Idee zum Geschenk (Ressourcenaktivierung) die pantomimische Übergabe: dies führt in der Regel zu einem starken positiven emotionalen Erleben des Schenkens und Beschenktwerdens.

5. Praxisbeispiele

Praxisbeispiel 1: Selbstmanagement-Training mit gewaltbereiten Jugendlichen

Tabelle 10: Übersicht

Beschreibung	Trainingsgruppe für Jugendliche, die durch wiederholt gewalttätiges Handeln auffallen
Zielsetzung	Die zunehmenden Gewaltbereitschaft der Jugendlichen im Kinderheim Bachtelen (KiB) eindämmen
Zielgruppe	Jugendliche ab dem 12. Lebensjahr, die • durch ein sich wiederholendes oder andauerndes Muster aggressiven Verhaltens auffallen (als Maßnahme) • die eine ideelle/emotionale Nähe zu Gewaltanwendung erkennen lassen (als Prävention)
Lehrziel	Den Jugendlichen eine Lerninsel zur Verfügung zu stellen, auf welcher alternative Verhaltensformen zu Gewalt ausprobiert werden können, ohne Gefährdung von Personen und Einrichtungen. Auf der Lerninsel können folgende Ziele anvisiert: Impulskontrolle, Erleben von Selbstwirksamkeit, Entwicklung des moralischen Urteils
Positionierung	Diese Maßnahme steht ergänzend (und nicht substitutiv) zu den im Heim durchgeführten pädagogischen, psychologischen und medizinischen Maßnahmen.
Methode	Psychodrama
Leitung	Leitung: Roger Schaller und Andrea Eisler
Dauer	Offene Gruppe, Eintritte laufend möglich. Pro Teilnehmer 8 Sitzungen à 75', einmal wöchentlich, nach der Schule.
Aufnahme	Jederzeit möglich, Zuweisung durch Lehrperson oder Gruppenleiterin. Schule und Internat beantworten den Fremdbeurteilungsbogen für Störungen des Sozialverhaltens (FBB-SSV). Die Zuweisende Person (aus Gruppe oder Schule) nimmt am Aufnahmegespräch teil.
Gruppengröße	Mindestens 3 und maximal 8 Teilnehmende.
Austritt und Erfolgskontrolle	Nach der 8. Sitzung findet ein Austrittsgespräch statt (in der gleichen Formation wie bei der Aufnahme). Sofern sich das gewaltsame aggressive Verhalten reduziert hat und die Teilnahme als aktiv-lernend bezeichnet werden kann, wird das Training beendet. Ansonsten kann die Maßnahme verlängert werden. Einen Monat nach Austritt wird noch einmal der Beurteilungsbogen für Störungen des Sozialverhaltens ausgefüllt.
Abbruch	Bei Abbruch der Maßnahme werden Ersatz-Maßnahmen getroffen. In der Regel sind dies Arbeitseinsätze.

Rahmenbedingungen

Zielgruppe

Jugendliche ab dem 12. Lebensjahr aus dem Kinderheim Bachtelen, die durch ein sich wiederholendes oder andauerndes Muster aggressiven Verhaltens auffallen. Das aggressive Verhalten soll sich hierbei unterscheiden von gewöhnlichem jugendlichen Unfug oder Aufmüpfigkeit: durch gewalttätige Verhaltensweisen, wie beispielsweise

- massive körperliche Auseinandersetzungen
- Gebrauch von Gegenständen als Waffe
- körperliche Grausamkeiten gegenüber anderen (fesseln, Verbrennungen zufügen, würgen etc.)
- massive körperliche oder verbale Bedrohung/Beschimpfung
- absichtliche Destruktivität gegenüber dem Eigentum anderer
- Stehlen von Wertgegenständen anderer
- häufiges Tyrannisieren von anderen
- häufiges und wohl überlegtes Ärgern von anderen.

Sexuelle Belästigung und Zwingen einer anderen Person zu sexueller Aktivität sind Störungen, die einer anderen themenspezifischen Einzel- oder Gruppentherapie angegangen werden müssen (siehe hierzu das Praxisbeispiel 3: *Training mit jugendlichen Sexualstraftätern*).

Psychodiagnostisch gesprochen sind bei den Jugendlichen der Zielgruppe die Kriterien für eine Störung des Sozialverhaltens (F91 nach ICD-10) erfüllt. Ausgeschlossen sind Jugendliche, deren aggressives Verhalten auf andere psychiatrische Störungsbilder zurückzuführen sind (wie Schizophrenie, Posttraumatische Belastungsstörung). Hyperkinetische Störungen und Bindungsstörung treten im Kindes- und Jugendalter oft mit einer Störung des Sozialverhaltens auf und sind kein Ausschlussgrund.

Die Alterslimite (ab dem 12. Lebensjahr) ist mit zwei Überlegungen begründbar:

1. Eine Gruppentherapie muss an relevanten Themen und kritischen sozialen Situationen arbeiten können, die für alle Teilnehmenden nachvollziehbar und bedeutsam sind. Die Altersdifferenz bei Jugendlichen darf hierbei 4 Jahre nicht überschreiten, um einen gemeinsamen Nenner finden zu können.

2. Die Therapietechnik stützt sich in erster Linie auf Problemanalysen durch die psychodramatische Inszenierung im Hier-und-Jetzt der Gruppe. Ausgangspunkt sind jeweils die Interaktionen die in der Gruppe selbst ablaufen oder eine individuelle Problemsituation aus dem Lebensalltag . Die Teilnehmenden müssen die kognitiven Fähigkeiten besitzen, eigene und fremde Rollen szenisch/symbolisch darzustellen. Dies ist erst mit einer bestimmten kognitiven Reife möglich, etwa ab dem 11. Lebensjahr. „Wegen ihrer schwächeren Persönlichkeitsstruktur sind Kinder

bis zur Vorpubertät noch nicht in der Lage, die komplizierten Anforderungen des Psychodramas zu erfüllen. Es ist praktisch unmöglich, die verschiedenen Phasen durchzuziehen und die Kinder die Anwendung der Technik zu lehren. Das Spiegeln, das Doppeln und die Ausrichtung des Geschehens auf einen Protagonisten überfordern die Aufmerksamkeitsspanne und die Empathiefähigkeit mancher Kinder im Latenzalter." (Guggenbühl 1999, S. 30). Jüngere Kinder lassen sich problemlos auf das psychodramatische Rollenspiel mit Fantasiegeschichten und Märchen ein, nicht aber auf bekannte und erlebte Rollen und Situationen aus dem Alltag (Siehe hierzu Praxisbeispiel 2: *Training mit Kindern*).

Zielsetzung
Ein Kinderheim muss die physische und psychische Integrität der Kinder und des Personals garantieren. In diesem Sinne muss ein absolutes Gewaltverbot und ein Opferschutz angestrebt werden. Alle Verhaltensweisen , die ein konfliktreiches aber gewaltfreies Lernumfeld gefährden, müssen konsequent geahndet werden. Das übergeordnete Ziel des Selbstmanagement-Trainings ist demnach die Botschaft, dass gewalttätiges Verhalten auch auf der therapeutischen Ebene sanktioniert wird.

Aggressiv-antisoziale Verhaltensweisen sind besonders stabile und therapieresistente Verhaltensweisen. Diese Störungen sind aufgrund ihrer Komplexität und Komorbidität sehr schwer zu behandeln. Die Therapiemotivation ist meist sehr gering, die Langzeitprognose im Allgemeinen schlecht. Als völlig quer zur Anti-Gewalt-Therapie stellen sich zudem soziokulturelle und politische Faktoren: Formen sexualisierter Gewalt in den Medien (Werbung, Kino), brutale Videos und Computerspiele, das Faustrecht des Stärkeren in der freien Marktwirtschaft, kriegerische Konfliktlösung in der Politik.

Fügen wir diesem Modelllernen von Gewalt noch die intrafamiliären Gewalterfahrungen hinzu, mit denen viele der jugendlichen Gewalttäter in ihrer Kindheit konfrontiert wurden, wird leicht einsehbar, dass aggressiv-antisoziales Verhalten eine besonders stabile Störung darstellt. Dies trifft voll für die Kinder und Jugendlichen des Kinderheimes, die ein gewalttätiges Verhalten zeigen. Milieutherapeutische Maßnahmen, die auf eine Verstärkung von prosozialem Verhalten in der Schule und auf der Wohngruppe hinzielen, haben sich in diesen Einzelfällen als unzureichend erwiesen. Es bedarf daher einer weiteren Maßnahme, um der wachsenden Gewaltbereitschaft entgegenzutreten.

Als übergeordnetes Lernziel kann die Entwicklung der moralischen Urteilsfähigkeit definiert werden: Lernen, dass aggressiv-antisoziales Verhalten unerwünscht ist und negative Konsequenzen hat. Die Täter erhalten die Botschaft, dass ihr Verhalten gestört ist und eines ,psychologischen Nachhilfeunterrichts' bedarf. Dabei wird erwartet, dass die Jugendlichen ihre

Impulse zu Gewaltanwendungen vermehrt unterdrücken, um ein Nachsitzen in der Therapiegruppe zu vermeiden. Damit soll die Schwelle zur Gewaltbereitschaft im Kinderheim angehoben werden.

Therapievertrag

Zum Therapieprogramm gehören:

- ein Aufnahmegespräch
- mindestens 8 Gruppensitzungen à 70 Minuten
- ein Auswertungsgespräch.

Ziel des Trainings ist es, die Selbststeuerung in aggressiven Konfliktsituationen zu verbessern und dadurch Gewaltanwendungen zu vermeiden. Gearbeitet wird an konkreten Situationen aus dem Alltag von Schule und Gruppe.

Ich erkläre mich damit einverstanden, an den Gruppensitzungen aktiv teilzunehmen, indem ich unter Anleitung der Therapeuten von selber erlebten Konfliktsituationen berichte und über meine Einstellung zu Gewaltanwendung diskutiere.

Es ist mir bewusst, dass bei Nichteinhalten dieses Therapievertrages und der damit verbundenen Regeln andere Maßnahmen und Hilfestellungen durch die Schul- bzw. Internatsleitung beschlossen werden.

Das Informationsblatt mit den Regeln habe ich gelesen und bin damit einverstanden.

Datum:

Unterschrift des/der Jugendlichen:

Regeln

1. Die Gruppe ist offen; neue Gruppenmitglieder können zu jedem Zeitpunkt hinzukommen. Gruppengröße: minimal drei, maximal acht Teilnehmende.

2. Die Teilnahmedauer beträgt mindestens acht Sitzungen. Bei Notwendigkeit kann die Maßnahme verlängert werden.

3. Wegen Unpünktlichkeit, störendem Verhalten oder Passivität können Sitzungen als Nichtig erklärt werden. Diese Sitzungen müssen nachgeholt werden.

4. Es können grundsätzlich alle Themen behandelt werden, die die Jugendlichen selbst einbringen. Es besteht die Verpflichtung, eigenes aggressives Verhalten zu thematisieren und im Rollenspiel zu inszenieren.

5. Regelmäßig wird darüber gesprochen, welchen Beitrag der/die Einzelne zur Gruppe leistet und welche Entwicklung in der Gruppe sichtbar wird.

6. Die Teilnehmer verpflichten sich, keine Informationen über Themen und Personen, die in der Gruppe behandelt werden, an Dritte außerhalb der Gruppe weiterzugeben.

7. Die Therapeuten können den zuständigen Personen aus Schule und Internat Auskunft geben über die Qualität der Beteiligung der einzelnen Teilnehmer.

8. Im Rollenspiel können Gewaltszenen simuliert werden. Es dürfen aber keine Personen verletzt oder Einrichtungen beschädigt werden.

9. Psychische Gewalt (Beschimpfen, Erniedrigen, Drohen, etc.) und körperliche Gewalt werden nicht akzeptiert.

10. Bei schweren Verstößen gegen die Regeln werden m Einzelgespräch die Möglichkeiten einer positiven Fortsetzung der Maßnahme diskutiert.

Kurzportrait von zwei typischen Gruppenteilnehmern

Anton, 15 Jahre

Schulkarriere: Anton erlebte wegen Wohnortwechsel in der Kindergartenzeit und im ersten Schuljahr mehrere Wechsel. Laut seiner Lehrerin in der 2. Klasse erbrachte er gute Schulleistungen und hatte eine schnell Auffassungsgabe. Daneben zeigte er jedoch stark aggressives Verhalten. Außerdem erschien er öfters nicht zum Unterricht und lief von Zuhause fort. Aufgrund dieser Schwierigkeiten wurde er vom Kinder- und Jugendpsychiatrischen Dienst (KJPD) angemeldet. In der Abklärung wurde seine Selbstwertproblematik und eine emotionale Entwicklungshemmung deutlich. Anton verhaftete in seiner kleinkindlichen Wunschwelt und konnte seine Aggressionen kaum steuern. Aufgrund dieser Befunde und auf Druck der öffentlichen Schule wurde er in eine Kinderpsychiatrische Station eingewiesen, wo er die 3. Klasse besuchte. Anton verweigerte oft Aufträge, konnte sich kaum konzentrieren und bedurfte der ständigen Kontrolle. Er zeigte viele Verlust- und Versagensängste. Ein Jahr später trat er ins Sonderschulheim Bachtelen ein.

Ressourcen: Anton ist ein sensibler Junge, der trotz ungünstiger Sozialisationsbedingungen ein gutes intellektuelles Potential aufweist. Er besitzt eine scharfe Beobachtungsgabe. Anton hat auch eine charmante, witzige, humorvolle Seite und ist sehr phantasievoll, was in seiner Freude am Theaterspielen zum Ausdruck kommt.

Diagnose (multiaxional nach Remschmidt/ICD 10): Störung des Sozialverhaltens mit depressiver Störung sowie ausgeprägter Selbstwertstörung; nicht organisches Bettnässen; Entwicklungsstörung der motorischen Koordination; Durchschnittliche Intelligenz; deutliche Beeinträchtigung der psychosozialen Anpassung.

Carlo, 16 Jahre

Schulkarriere: Nach zweijährigem Kindergartenbesuch wurde Carlos Schulreife vom Schulpsychologischen Dienst (SPD) abgeklärt. Im kognitiv-intellektuellen Bereich wies er schulisches Niveau auf, im Bereich der affektiven Entwicklung hingegen nicht. Man stellte eine reduzierte Aufmerksamkeitsspanne und mangelnde Ausdauer fest. Außerdem wies Carlo einen Sprachentwicklungsrückstand auf. Die Eltern waren zuerst gegen einen Eintritt in die Einführungsklasse. Aufgrund von Schwierigkeiten in der 1. Primarklasse wurde er erneut zu einer Untersuchung durch den SPD angemeldet. Schließlich wurde Carlo in die Einführungsklasse versetzt. Nach weiteren Abklärungen und Psychotherapie folgte ein provisorischer Übertritt in die 2. Klasse und Legastenietherapie. In der Therapie konnte Carlo nur wenige Fortschritte machen, er war in allen Bereichen der Hauptfächer überfordert und zeigte eine gewisse Resignation. Erneut wurde eine Abklärung durchgeführte mit Fazit, dass die Entwicklung von Carlo aufgrund der schwierigen Schulsituation und den bestehenden familiären Problemen gefährdet sei. Daraufhin erfolgte die Einweisung in das Sonderschulheim Bachtelen.

Ressourcen: Carlo ist ein sympathischer Junge, der sehr zugänglich und angenehm im Kontakt ist. Er ist ein sportlicher und kräftiger Junge. Carlo spricht in der Schule gut auf eine klare, strukturierte und konsequente Führung an. Auf der Gruppe zeigt er ein gutes Wissen und Fertigkeiten im handwerklichen Bereich.

Diagnose (multiaxional nach Remschmidt/ICD 10): Hyperkinetische Störung des Sozialverhaltens; umschriebene Entwicklungsstörungen des Sprechens und der Sprache, v.a. Lese- und Rechtschreibstörung; knapp durchschnittliche Intelligenz; Körperlicher Befund: Übergewicht; Disharmonie in der Familie zwischen den Erwachsenen, u.a. mit körperlicher Misshandlung und abnorme Erziehungsbedingungen; mäßige soziale Beeinträchtigung (Mangel an Freunden, braucht Anleitung und Begleitung in sozialen Zusammenleben).

Tabelle 11: Protokolle von acht Sitzungen der offenen Gruppe:
Selbstmanagement-Training mit gewaltbereiten Jugendlichen

	Thema / Methode	Sitzungsverlauf
1	Eröffnungsrunde mit Begrüßung von neuen Teilnehmern	Die Neuen werden aufgefordert, zu beobachten und einfach mitzumachen: „Ihr werdet schon sehen, wie es hier läuft".
	Symbolarbeit: ein Objekt auswählen, welches etwas mit Gewalt zu tun hat	Symbole: Scheren, Lineal, Klebeband, Stuhl, Seil, Ball. Deutung: versteckte und offene Aggression / Zusammenhang mit eigener Gewalttat Deutung der Symbole
	Konfliktsituation stellen: Auseinandersetzung mit Lehrerin	Toni schildert eine gewalttätige Auseinandersetzung mit Lehrerin – ich stelle die Situation mit zwei Sitzwürfeln szenisch dar
	Unstrukturiertes Gespräch	Diskussion über Macht, Rangordnung, Provokation, Verteidigen des eigenen Clans, Idealisierung von Gewalt
	Abschlussrunde	Für kurzen Moment wieder im Kreis sitzen

2	Einstiegsrunde: Was gibt es neues? Was machen wir ?	Die TN berichten, dass sie in der letzten Woche nicht gewalttätig waren. Hauptperson schlägt vor, dass jeder eine Burg baut und gekämpft werden kann (er kennt dies von früheren Sitzungen).
	Themen-Gruppenspiel: Burgen bauen. Videoaufzeichnung	Jeder eine eigene Burg bauen und dann kämpfen: die 6 Jugendlichen bauen je eine Burg, während der Bauphase kommt es immer wieder zu Über- und Angriffen, die vom Therapeuten gestoppt werden
	Auswertungsgespräch	Die Jugendlichen wollen das Gruppenspiel nicht besprechen. Ich gebe Deutungen zum Verhalten der Einzelnen.
	Abschlussrunde: Sitzmeditation Training der Achtsamkeit	Kurzversion von 5'. Insgesamt gute Beteiligung trotz einigen starken Störern.
3	Eröffnungsrunde: unstrukturiertes Gespräch	Provokative Grundhaltung: Schweigsamkeit, Passivität, körperliche Ablehnung, Beschimpfungen des Trainings, Hauptperson will nichts machen
	Aufstellung: Motivationsskala	Es bilden sich zwei Gruppen: (A) will zum Thema Gewalt etwas machen und (B) will heute gar nichts machen. Es erweist sich dann, dass auch Gruppe (A) keine Aktivität aufnehmen will.
	Arbeitsangebot: Übung „Sicherer Ort"	Alle richten sich einen Sitz- oder Liegeplatz ein (mit Matten, Kissen etc.), an dem sie in friedlich passiv sein können. TN müssen immer wieder ermahnt werden, die anderen in Ruhe zu lassen
	Aufstellungsarbeit mit Tierfiguren	Ich mache als Eigenaktivität eine Aufstellung: wähle für jeden eine Tierfigur und stellt sie auf einem Tisch in Bezug zueinander auf. Ein Teilnehmer kommt dazu und kommentiert.
	Verabschiedung eines Teilnehmers und Abschlussrunde	Kurzes positives Feedback und stilles Sitzen im Kreis während 1'
4	Eröffnungsrunde: Geschichte der 2 Wölfe, anschließend unstrukturiertes Gespräch	Relativ ruhiges Zuhören dieser Geschichte zum Thema Selbstwirksamkeit. Anschließend kommt Vorschlag eines TN: Burg bauen und kämpfen
	Freies Gruppenspiel: Höhle bauen	Im Spiel werden nicht Burgen gebaut, sondern es kommt schon vorher zu Kampf und schließlich gibt es eine Berg von Matten, Sitzwürfeln, Kissen, etc. Darunter eine Art Höhle, in der immer ein oder zwei Teilnehmer sind

	Prozessorientierte Deeskalationsübung: Ruhiger Stuhl	Im freien Gruppenspiel entsteht eine heftige verbale Auseinandersetzung – dieser Konflikt führt zu einer Deeskalationsübung: abwechslungsweise den ‚ruhigen Stuhl' einnehmen
	Abschlussrunde: unstrukturiertes Gespräch	Diskussion über Schutzräume und Gewalt – Interpretation: wer selbst wenig Schutz hat, neigt zu Gewalt
5	Begrüßung eines neuen Teilnehmers	Ich erkläre ihm kurz die Machtstrukturen in der Gruppe: „Der Michael ist der Chef und er zeigt das auch durch seine Sitzhaltung, der Hans ist die Nummer 2 ..."
	Eröffnungsrunde: Schokoladen-Meditation	Sich auf den Genuss von Schokolade konzentrieren: es gelingt nur wenigen, mehrere Störungen
	Familienwappen: Jeder imaginiert ein Wappen und nimmt diese Rolle ein	Die TN können sich auf die Imagination gut einlassen, wobei immer wieder provoziert und das Wappen der Anderen ins Lächerliche gezogen wird
	Abschlussrunde: positive Rückmeldung	Ich erwähne, dass ein sehr persönliches Thema war und viel Achtsamkeit füreinander erkennbar war
6	Eröffnungsrunde mit Pizza-Dilemma	Immer wieder Störungen, schließlich können sich zwei Teilnehmer für die Fragestellung interessieren und es entwickelt sich eine kurze Diskussion (trotz vielen Störungen durch die Anderen)
	Rückwärts-Rollenspiel: Körperliche Auseinandersetzung von Hauptperson mit einem Lehrer	Hauptperson berichtet von Vorfall in der Schule; in der Inszenierung erkennt er, dass er sich bedroht fühlt, wenn er von hinten gehalten wird – er kann in der Rolle des Lehrers eine deeskalierende Intervention vorzeigen. Das ganze dauert knapp 5', dann massive Störungen durch andere Teilnehmer
	Freies Gruppenspiel	Wie in Sitzung 4
	Abschlussrunde mit Sitzmeditation Praxis der Achtsamkeit	Längeres hin und her wegen Setting (wie wo sitzen oder liegen, Streit um Liegematten), schließlich doch noch kurze Sitzmeditation möglich
7	Eröffnungsrunde: Unstrukturiertes Gespräch	Passives Verhalten, wird kaum etwas gesprochen, langes Schweigen, die Teilnehmer wollen heute nichts machen, auch Hauptperson nicht
	Übung Rollenhaushalt	Therapeut stellt den Rollenhaushalt der heutigen Hauptperson mit Sitzwürfeln dar – die Teilnehmer anfangs abweisend, dann zunehmend interessiert
	Übung Geschützter Ort	Die TN richten sich einen Ort ein, wo sie einfach ruhig und ungestört sein können – dies gelingt nur zeitweise, immer wieder massive Störungen und Konflikte
	Abschlussrunde	Rückfragen, Bemerkungen, und einfach einen Moment ruhig da sein

8	Eröffnungsrunde mit Smarties-Auktion	Die TN können sich nach anfänglichem Zögern auf das Spiel einlassen und einigen sich auf eine gemeinsame Strategie
	Übung: Lieblings-Tiere	Jeder wählt für sich eine Tierfigur aus (alles Angriffstiere: das Bild das jeder von sich geben will ist aggressiv). Störendes Verhalten mit herumwerfen der Figuren, Provokationen und Wunsch etwas anderes zu machen.
	Freies Gruppenspiel	Wie in Sitzung 4
	Verabschiedung von 2 Teilnehmern und Abschlussrunde	Verabschiedung mit positiven Rückmeldungen durch die Anderen (eine Art ‚warme Dusche') und ruhig Sitzrunde während 1'

Kommentar

Das obenstehende Protokoll kann zur Annahme führen, dass es sich um einen gut strukturierten Trainingsplan handelt. Dies ist nicht der Fall. Wir Leitenden bestimmen den Ablauf des Trainings nicht im voraus. Wir wissen meistens nicht, was wir tun werden, sondern entwickeln das Trainingsprogramm mit den Teilnehmern. Das Selbstmanagement-Training erfolgt diesbezüglich nach folgenden fünf Leitlinien:

1. die Teilnehmer werden immer wieder Vermeidungsstrategien zeigen das Thema Gewalt zu behandeln – die Leitung sorgt dafür, dass das Problem immer wieder thematisiert wird

2. sie sollen das Gefühl bekommen den Gruppenprozess mitzugestalten und so positive Erfahrungen der Selbstwirksamkeit machen können

3. sie übernehmen für ihre Handlungen in der Gruppe die Verantwortung und können das eigene und fremde Verhalten bewerten

4. sie haben Freude und Spaß an den Gruppenaktivitäten

5. die Leitung sorgt für die Einhaltung von Gewaltlosigkeit, Respekt und der weiteren Grundregeln.

Diese Leitlinien führen zu einem relativen unstrukturierten, entdeckenden und zuweilen äußerst konfrontativen Trainingsstruktur, die im Protokoll kaum erkennbar ist. Ich will daher die Sitzungen1, 7 und 8 in ihrem Ablauf, bezüglich der genannten Leitlinien, kommentieren.

Sitzung 1:

Es ist die erste Sitzung nach den Schulferien, die Gruppe besteht aus sieben Jugendlichen; vier von diesen sind neu in der Gruppe und werden zu Beginn begrüßt. Wir verzichten hierbei auf längere Erklärungen über den Ablauf des Trainings, da die wesentlichen Sachen bereits im Vorgespräch mitgeteilt wurden.

Als Kennenlern-Übung schlagen wir den Teilnehmern vor, ein Symbol für Gewalt auszuwählen. Der Verlauf dieser Symbolarbeit wurde im Kapitel *Grundtechniken und Methoden* als Praxisbeispiel beschrieben. In der anschließenden Diskussion berichtet Toni, der ein Seil als Symbol gewählt hat, von einer Auseinandersetzung in der Schule. Er brüstet sich damit, seiner Lehrerin „den Tarif durchgegeben zu haben". Ich weiß aus dem Vorgespräch, dass er seine Lehrerin ganz übel beschimpft hat und versucht hat, sie zu würgen. Toni erzählt, dass seine Waffe das Würgen ist. Diese Aussage verstehe ich als implizites Arbeitsangebot von Toni. Es entwickelt sich folgender Explorationsdialog:

Trainer: Würgen, das ist eine eher ungewöhnliche Waffe, oder nicht?
Toni: Das ist kein Problem – sehr wirksam.
Trainer: Aber du bist ja eher klein, so von unten packst du den Gegner am Hals?
Toni: Ja klar.
Trainer: Und mit deiner Lehrerin hast du das auch so gemacht?
Toni: Da ist sie selber schuld...
Trainer: Sie trägt die Schuld, dass du sie gewürgt hast?
Toni: Ja.
Trainer: Da bist du einfach vor sie hingestanden und hast sie am Hals gepackt, auch wenn sie einiges größer ist als du.
Toni: Nein, sie ist auf mich zugekommen, hat mich provoziert, wollte mich fertig machen.
Trainer: Ah so ist das: sie wollte dich fertig machen und da hast du sie gewürgt. Das scheint mir aber ziemlich heftig. Da möchte ich aber genauer verstehen, was da abgegangen ist.

Ich (Trainer) stehe auf und beginne eine Aufstellung der Konfliktsituation mit Sitzpolstern. Das weitere Vorgehen wurde im Kapitel *Grundtechniken und Methoden* als Praxisbeispiel zur Methode *Konfliktsituationen stellen* beschrieben.

Ausgehend von dieser Aufstellung kann exploriert werden, durch was sich Toni scheinbar bedroht fühlte: er beschreibt wie er das Verhalten der Lehrerin bewertet hat. Ich gehe in der Bearbeitung dieser Konfliktsituation nur bis zu seiner Beschreibung und Bewertung des Verhaltens der Lehrerin. Ich zeige mich erstaunt, dass dieses Verhalten von ihm so interpretiert wird und gebe Hinweise, dass man dies auch anders sehen könnte: beispielsweise indem ich mich stellvertretend für Toni zu einem bestimmten Polster stelle und aus dieser Rolle heraus spreche („Also das finde ich ungerecht, wenn sie immer mich kritisiert, die Anderen haben doch auch ..."). Ich schließe diese kurze Sequenz ab mit der Bemerkung, dass seine Reaktion auf jeden Fall inakzeptabel ist. Diese szenische Aufstellung wird nicht in ein Rollenspiel übergeführt: für Toni ist es die erste Sitzung und es wäre gruppendynamisch falsch, ihn jetzt zur Hauptperson zu machen. Er hat mit dieser

Arbeit eine deutliche Lernmotivation gezeigt, jetzt muss aber der Fokus wieder auf die Gesamtgruppe gelenkt werden. Wir Trainer stellen die Frage, ob die anderen Teilnehmer etwas dazu sagen möchten. Aus dem anschließenden langen Schweigen entwickelt sich ein unstrukturiertes Gespräch. Wir lassen dies bis zum Sitzungsabschluss laufen.

Sitzung 7:
Die Jugendlichen sind pünktlich und halten sich an das Anfangsritual der Eröffnungsrunde. Sie zeigen in der Eröffnungsrunde das zu erwartende Rollenverhalten von aggressiven Jugendlichen: „So ein Scheiß ... Was soll das hier? ... Dürfen wir heute rauchen? ... Wie oft muss ich noch kommen? ... Ich habe besseres zu tun ... etc." Wir Leitenden lassen dieses Gespräch zu, ohne Kommentar dazu und erkundigen uns nach speziellen Erfahrungen bezüglich Gewalt in der letzten Woche. Keine Antwort, mit der wir etwas anfangen können. Nach etwa fünf Minuten machen wir das erste Arbeitsangebot – es wird abgelehnt. Nach mehreren erfolglosen Arbeitsangeboten entscheide ich mich nach einer halben Stunde des unstrukturierten Gespräches, eine Lehraktivität zu unternehmen: Ich verlasse die Sitzrunde und beginne, ohne Ankündigung, mit einer Aufstellung des Rollenhaushaltes der Hauptperson (Hans). Einige Teilnehmer verlassen ebenfalls die Runde und legen sich irgendwo hin, andere bleiben sitzen und beobachten diskret meine Tätigkeit. Hans beziehe ich in meine Arbeit ein, indem ich ihm einige Fragen zu seinem Rollenhaushalt stelle („Was machst du eigentlich in der Freizeit? Leben deine Eltern getrennt?"). Es entwickelt sich eine Art Einzeltherapie in der Gruppe: Hans hat sich auf eine Matte gelegt, nahe bei der Aufstellung, zwei Teilnehmer haben sich in eine Ecke verkrochen und plaudern miteinander, die anderen sitzen oder liegen irgendwo und beobachten teilweise unsere Tätigkeit. Mit Hans bin ich nun knapp 10 Minuten in einer konstruktiven Standortbestimmung beschäftigt (vergleiche hierzu im Kapitel *Grundtechniken und* Methoden die Übung *Rollenhaushalt*). Schließlich findet er: „Was soll das?" und schlägt vor, dass ich ihn in Ruhe lasse. Ich nehme dies auf und schlage nun die Übung ‚geschützter Ort' vor, die bereits in einer gewissen Form spontan entstanden ist. Jeder richtet sich einen Platz ein, wo er es gemütlich hat und sich entspannen kann. Im Verlauf dieser Übung kommt es immer wieder zu Störungen, weil einer dem anderen etwas zuwirft, wegnimmt, beschimpft oder vulgäre Zeichen macht (dies erscheint sehr kindlich, es sind aber alles Jugendliche zwischen 13 und 16). Wir leitenden führen ein Gespräch kommentieren – für alle hörbar diese Ereignisse oder intervenieren mit Techniken des Psychodramas. Auch müssen einzelne Jugendliche immer wieder gemahnt werden, sich an die Regeln zu halten oder eine Auszeit zu nehmen. Nach insgesamt 65' künden wir das Ende der Sitzung an: es bleiben noch 10' für Aufräumen und die Schlussrunde. Hier kommt es oft zu schwierigen Situationen: der eine will nicht aufräumen, der andere will sich nicht in die Schlussrunde setzen, etc. Wir bestehen auf der Schlussrunde, wer daran nicht teilnimmt, dem wird

die Sitzung nicht anerkannt. Dies kommt aber selten vor. In der Schlussrunde geben wir immer eine positive Rückmeldung an die Gruppe.

Sitzung 8:

In der Vorbesprechung haben wir Trainer entschieden, diese Sitzung direkt mit einem Arbeitsangebot zu beginnen: die Jugendlichen nehmen das Smarties-Angebot auf (schließlich gibt es ja was Süßes) und die Übung kann ohne wesentliche Störungen durchgeführt werden. In der anschließenden Gesprächsrunde berichten mehrere Jugendliche, dass sie im Verlauf der letzten Woche einige kleine gewalttätige Auseinandersetzungen hatten. Wir schlagen eine Übung vor, die das eigene Verhalten in Konfliktsituationen erkennbar macht: Tierfiguren. Es zeigt sich aber sehr schnell, dass die Gruppe mit dieser zweiten gemeinsamen Lernaktivität überfordert ist. Die Figuren werden umhergeschmissen, blöde Sprüche und gegenseitige Provokationen sind die Folge. Es entwickelt sich spontan ein freies Gruppenspiel, wie bereits aus früheren Sitzungen bekannt: ein Kampf jeder gegen jeden. Schaumstoff-Polster, Gymnastikbälle, Matten werden als Geschosse benutzt und es ergibt sich immer wieder ein Berg aus diesen Gegenständen, unter dem ein oder zwei Jugendliche liegen. Wir Trainer bestehen also nicht auf die Durchführung der Übung, sondern ziehen uns an einen sicheren Ort zurück. Wir beschränken uns aufs Eingreifen, wenn Verletzungsgefahr besteht – dann bestehen wir auf das Aushandeln von Regeln. Bei Gewaltanwendung wird der betreffende Jugendliche mit einer Auszeit von uns sanktioniert (er muss sich zu uns setzten). Zehn Minuten vor Sitzungsschluss wieder Aufräumen und Schlussrunde.

In der Schlussrunde bitten wir jeden Teilnehmer, zu den beiden austretenden Jugendlichen etwas positives zu sagen. Wir achten dabei darauf, dass es wirklich ein positives Feedback ist (Minimalversion: „Ist in Ordnung dass du da warst".) Die austretenden erhalten ein positives Feedback auch von uns und wie immer geben wir eine positive Rückmeldung an die Gesamtgruppe.

Praxisbeispiel 2: Selbstmanagement-Training mit gewaltbereiten Kindern

Tabelle 12: Übersicht

Beschreibung	Kurzzeit-Intervention in einer Sonderschul-Klasse, die durch das antisozial-aggressive Verhalten von mehreren Schülern nur noch begrenzt arbeitsfähig ist.
Zielsetzung	Die Arbeitsfähigkeit der Klasse wiederherstellen, indem gewalttätige Handlungen reduziert werden
Zielgruppe	Sechs Knaben und zwei Mädchen im Alter zwischen 9 und 11
Lehrziele	Die Gruppenfähigkeit und die Bereitschaft zu gewaltfreier Konfliktaustragung erhöhen.

Positionierung	Die Intervention findet im Rahmen der Schule statt: eine Schullektion pro Woche. Die Lehrpersonen nehmen nicht daran teil.
Methode	Psychodrama
Leitung	Leitung: Roger Schaller und Andrea Eisler
Dauer	Geschlossene Gruppe, 12 Sitzungen à 45', einmal wöchentlich.
Aufnahme	Die Klasse wird von der zuständigen Lehrpersonen informiert. Es findet kein Aufnahmegespräch statt.

Rahmenbedingungen

Die Therapiegruppe wird von einem Psychotherapeuten und einer Psychotherapeutin geleitet. Sie wird bei Bedarf eingerichtet: es handelt sich um eine Kurzzeit-Gruppentherapie, die beim Auftreten von nicht mehr kontrollierbaren und unerwünschten Gruppenprozessen im Internat und in der Schule startet.

Zusammensetzung und Dauer der Gruppe wird von Fall zu Fall entschieden.

Der Einsatz wird von der Schul- oder Internatsleitung beantragt.

Begründung

Das soziale Umfeld eines Sonderschulheimes beinhaltet eine große Anzahl von kleinen und großen Alltags-Stressoren. Hierbei ist jedes Kind gleichzeitig stressverursachend und durch Stress belastet: auf kleinem Raum (Schulzimmer, Pausenplatz, Wohngruppe, Spielplatz, Mittagstisch etc.) begegnen sich verhaltensauffällige Kinder und Jugendliche. Es findet eine andauernde sensorische Überflutung statt. Die Kinder sind oft chronisch überfordert, ihre Sinneseindrücke und Erlebnisse kohärent zu integrieren und umzusetzen. Sie zeigen Schwierigkeiten beim Aufrechterhalten von Handlungen, die eine Daueraufmerksamkeit erfordern, sie reagieren mit Rückzug, Abschalten oder Aggression. Dadurch entsteht erneut sozialer Stress: der Gruppenprozess ist in einer Negativ-Spirale.

Das stationäre Setting eines Sonderschulheimes hat den Nachteil, dass verhaltensauffällige Kinder ständig mit anderen verhaltensauffälligen Kindern zusammen sind. In der Schule und im Internat begegnen sich Kinder, die folgende Merkmale aufzeigen:

- hohe psychische Vulnerabilität
- alterstypische Problemkonstellationen
- unterschiedlichste psychopathologische Symptome
- nicht altersadäquate moralische Entwicklung
- geringes Selbstwertgefühl und geringe Sozialkompetenz
- ängstliche, vermeidende oder widerstrebende Bindungsmuster.

Dies führt oft zu Gruppensituationen, die für den Einzelnen eine hohe psychische Belastung darstellen und gruppendynamisch zur Eskalation neigen. In diesen psychosozialen Stressmomenten handeln die Betroffenen meist impulsiv, ungehemmt und ungeplant, weil sie auf die belastende Situation sofort einwirken wollen. Dadurch erhöht sich der Stress. Es müsste vielmehr eine Distanz zum Geschehen, ein Verzögern der eigenen Handlung stattfinden.

Diese Fähigkeit zur Selbstreflexion – das eigene Handeln zu überdenken und zu planen – ist aber bei hohem psychosozialem Stress schwerlich abrufbar. Nur Personen mit sehr hoher Selbstkompetenz können in belastenden Situationen verschiedene Vorgehensweisen und ihre Konsequenzen gegeneinander abwägen und eine entsprechende Entscheidung treffen. Verhaltensauffällige und gewaltbereite Kinder brauchen in belastenden Situationen eine direkte Verhaltenssteuerung durch Erziehende. Dadurch kann ein Verhaltenstraining eingeleitet werden, das längerfristig zu einer Verhaltensänderung führt. Anhaltendem psychosozialen Stress kann dazu führen, dass pädagogische Interventionen wirkungslos bleiben. In diesem Fall ist eine gruppentherapeutische Intervention wie das *Selbstmanagement-Training* angezeigt.

Kurzportrait eines typischen Teilnehmers

Ernst, 10 Jahre

Einweisungsgrund: Ernst litt an massiven Verhaltensschwierigkeiten, mit einer überdurchschnittlichen Dauerbelastung in der Einführungsklasse. Es zeigen sich psychosomatische Alarmzeichen bei ihm; eine teilstationäre Lösung und die zeitlichen Grenzen einer ambulant möglichen Unterstützung genügten nicht.

Schulkarriere: Er besuchte zuerst den Kindergarten, wo er durch seine Verhaltensschwierigkeiten auffiel und deshalb durch den Schulpsychologischen Dienst abgeklärt wurde. In Folge wurde Ernst vom Schulunterricht zurückgestellt und erhielt heilpädagogische Früherziehung. Wegen Verhaltensschwierigkeiten und Entwicklungsdefiziten war der Schulstart in der Primarklasse danach aber erneut nicht möglich. Die Familie wurde schließlich durch eine interdisziplinäre Gruppe (Schule, Vormundschaft, Familienberatung, Schulpsychologischer Dienst) begleitet.
Danach besuchte Ernst die Einführungsklasse, wo er während der Woche bei einer pädagogischen Großfamilie wohnte. Eine Abklärung durch den SPD ergab eine stark retardierte Persönlichkeitsentwicklung. Außerdem konnten die Eltern den erzieherischen Konflikten und Aufgaben allein nicht genügen. Dies führte zu einer Platzierung im Sonderschulheim.

Ressourcen: Ernst ist ein feinfühliger Junge, der im Allgemeinen offen, zugänglich, aufgeschlossen und grundsätzlich auf Beziehungen eingestellt wirkt. Er hat eigentlich eine frohe Natur, wenn auch gelegentlich schwer fassbar. Er zeigt auch eine gewisse Zähigkeit und scheint willensstark zu sein. Außerdem ist Ernst sehr kreativ und hat viel Phantasie.

Diagnose (multiaxional nach Remschmidt/ICD 10): Hyperkinetische Störung des Sozialverhaltens; organische Persönlichkeits- und Verhaltensstörungen aufgrund einer Krankheit; durchschnittliche Intelligenz, psychische Störung eines Elternteils; ernsthafte soziale Beeinträchtigung.

Tabelle 13: Protokoll von 5 Sitzungen des Selbstmanagement-Trainings mit Kindern – Intervention in einer Schulklasse mit großer Gewaltproblematik (insgesamt 12 Sitzungen)

	Thema / Methode	*Sitzungsverlauf*
1	Sitzrunde mit Indianerimagination	Wir beginnen wie Indianer, am Boden sitzend im Kreis und geben uns einen Indianernamen Indianerrunde ist durch Provokationen und Streitereien geprägt, diese Fokalisieren auf einen ‚Sündenbock', drei Kinder machen andauernd Gewaltandrohungen
	Übung: Ruhiger Stuhl in verschiedenen Variationen	1. Leiter nimmt ruhiger Stuhl ein und lässt sich provozieren ohne darauf zu reagieren 2. einige Kinder probieren dies aus 3. G hat mit Würfeln, Stühlen und Tüchern ein Haus gebaut – jetzt wird dies von H zerstört, G schaut zu
	Abschlussrunde: Wahl des Häuptlings	Soziometrie und positive Feedbacks geben
2	Indianerrunde	„Häuptling, was machen wir heute?" Karl (Häuptling) will Zweikämpfe machen
	Themenzentriertes Gruppenspiel: Kämpfen mit Einführung des Stopp-Signals	Es werden Zweikämpfe durchgeführt, wobei K die Regeln bestimmt (im Einvernehmen mit Therapeut) Lehrziel der Stunde ist: den Gegner im Kampf respektieren – es wird mit Stopp-Signal gearbeitet und bei Übertretungen mit Entschuldigung
	Abschlussrunde und Wahl des nächsten Häuptlings	Kurze positive Rückmeldung an Häuptling und Gruppe
3	Indianerrunde	Der Häuptling der Stunde: Leo will wieder Zweikämpfe machen
	Themenzentriertes Gruppenspiel: Kampf	Alle machen mit, außer Bruno (er wird von den anderen Kindern ausgeschlossen) Gründliches Einüben des Stopprufes
	Themenzentriertes Gruppenspiel: lautloses Anschleichen wie Indianer	Eine Person kehrt sich zur Wand und sagt, wenn sie Schleichgeräusche hört. Zunehmend provokative Aufmerksamkeit der Kinder auf den Ausgeschlossenen, es kommt zu Eskalation – kann nur mit autoritärer Präsenz gestoppt werden – Frage an Häuptling: Was machen wir jetzt?
	Abschlussrunde mit Wahl d. nächsten Häuptlings u. Schokolademeditation	Häuptling verteilt Schokolade. Schokolademeditation: einfach dasitzen und genießen – ist schwierig, kommt immer wieder zu kleinen Schlägereien

7	Indianerrunde mit Wahl des Häuptlings	Die Leitung besteht auf der Regel: jeder darf mal Häuptling sein: also wird Dani gewählt
	Psychodramatisches Gruppenspiel Dani will eine Burg bauen und König sein.	Wir inszenieren eine Geschichte: König hat einen Ritter und zwei Diener. Diese sind im Thronsaal. Zwei Drachen (Therapeuten) greifen sie an und stehlen ihnen das Essen (Hähnchen und Pommes). Daraufhin werden die 4 dies wieder zurückkämpfen. Doch es gelingt ihnen durch einen Trick die zwei Drachen zu vergiften. Am Schluss kommen 2 Könige aus den Nachbarländern und bedanken sich für die Vernichtung der gefährlichen Drachen. Sie beschenken den König reichlich.
	Abschlussrunde wie in 3	Kinder sind aufgedreht, haben Mühe zur Ruhe zu kommen, gegenseitige Provokationen
8	Runde: Georg ist Häuptling	Georg will eigentlich nichts machen, die anderen schlagen vor, eine Burg zu bauen
	Psychodramatisches Gruppenspiel, ähnlich wie in 4	D und G in Burg (auf Tischen), darunter F und E im Kellerverlies (unter den Tischen), sie wurden aber mit Matten und Decken gut versorgt – E darf später nach oben gehen Der Diener (Therapeut) zaubert Essen nach Wunsch her – alle bekommen Hähnchen mit Pommes
	Schlussrunde	G hat im Spiel alle gut mit Essen, Getränke, Dessert versorgt (trotz immer wieder rassistisch gefärbte Sticheleien gegen F)

Kommentar

Es wurden insgesamt 12 Sitzungen durchgeführt. Die Kinder wurden von uns im Schulhaus abgeholt und in den Therapieraum begleitet. Auf diesem Weg kam es oft bereits zu gewalttätigen Auseinandersetzungen. Die ersten Sitzungen verliefen dennoch recht positiv, die Konflikte wurden vermehrt gewaltfrei ausgetragen.

Wir haben versucht, mit dem Einstiegsmotiv der Indianerrunde, die Kinder zu einem psychodramatischen Gruppenspiel zu aktivieren. Dies ist nur teilweise gelungen, das vorgeschlagene Thema wurde nicht aufgenommen, hingegen einige Indianerrituale. Es gelang der Gruppe nicht, sich auf ein Spielthema zu einigen. Daraufhin haben wir beschlossen, für eine begrenzte Anzahl Sitzungen nur mit einer Untergruppe zu arbeiten: mit den aggressivsten vier Knaben. Die Sitzungen 7 und 8 wurden mit dieser Kleingruppe geführt, die anderen blieben in dieser Zeit in der Schule.

Praxisbeispiel 3: Selbstmanagement-Training mit jugendlichen Sexualstraftätern

Tabelle 14: Übersicht

Beschreibung	Gruppentherapeutische Intervention für Jugendliche, die im Gruppenverband einen sexuellen Übergriff begangen haben
Zielsetzung	Nebst den erfolgten Strafmaßnahmen den Jugendlichen eine Unterstützung zur Verarbeitung dieser schwierigen Erfahrung bieten.
Zielgruppe	Vier Jugendliche im Alter von 12 Jahren, die gemeinsam eine Sexualstraftat begangen haben
Lehrziel	Selbstkompetenz im Bereich der Sexualität fördern und einen Weg Schuldfähigkeit eröffnen
Positionierung	Die Intervention findet zusätzlich zu Elternberatung, Strafanzeige und schulinternen Sanktionen und psychotherapeutischen Einzelbehandlungen statt.
Methode	Psychodrama
Leitung	Leitung: Roger Schaller
Dauer	Geschlossene Gruppe, 8 Sitzungen à 45', einmal wöchentlich, außerhalb der Schulzeit.
Aufnahme	Es findet kein Aufnahmegespräch statt, die Maßnahme ist von der Schule verordnet. Der Schulleiter informiert die Jugendlichen und bespricht mit ihnen den Therapievertrag. Bei Abschluss findet ein Auswertungsgespräch mit dem Schulleiter statt.
Gruppengröße	Drei Teilnehmer.

Rahmenbedingungen

Zielgruppe

Vier Jugendliche (ca. 12 Jahre), die auf dem Schulweg eine jüngere Schülerin unter Gewaltanwendung sexuell belästigt haben. Es sind verhaltensauffällige Jugendliche mit mehrfachen Lebensbelastungen wie schulische Schwierigkeiten, familiäre Probleme, Migration, sozioökonomische Benachteiligung. Die drei Jugendlichen besuchen dieselbe Klasse einer Sonderschule.

Zwei von diesen vier Jugendlichen besuchen bereits eine Einzelpsychotherapie. Das Training wurde von der Schule verordnet, unabhängig von anderen Strafmaßnahmen. Die Gruppentherapie findet einmal wöchentlich statt, nach der Schule. Insgesamt acht Sitzungen.

Begründung

Bei jugendlichen sexuellen Misshandlern wird oft angenommen, dass es sich um Experimentierspiele handelt, die mit einer entsprechenden Sanktion korrigiert werden können. Auf Grund von Untersuchungen über Sexualdelinquenten wird heute aber angenommen, dass ein bedeutender Prozentsatz dieser jugendlichen Delinquenten am Anfang einer Karriere als sexuelle Misshandler steht. Neben pädagogischen Maßnahmen ist als präventive Maßnahme daher auch ein psychologisch orientiertes Training angezeigt.

Im vorliegenden Fall handelt es sich um einen Übergriff, der im Gruppen-verband begangen wurde. Aus der Hypothese heraus, dass eine Ursache in der Störung des Sozialverhaltens dieser Jugendlicher zu suchen ist, wurde ein psychoedukatives Gruppentraining installiert. Die vier Jugendlichen sollen mit der Tat, die sie in der Gruppe begangen haben auch in der Gruppe konfrontiert werden. In einem ersten Schritt geht es für die Jugendlichen darum, nicht nur zu sagen „Entschuldigung, das war ein Fehler", sondern die Tat in ihrer Grausamkeit wahrzunehmen und sich mit den eigenen schlechten Handlungen zu konfrontieren. Ziel des Gruppentrainings ist nicht eine Behandlung der psychischen Störung, sondern der Aufbau von Selbstkontrolle und Schuldfähigkeit.

Therapievertrag

1. Die Gruppentherapie findet außerhalb der Schulzeit, aber innerhalb des verpflichtenden schulischen Rahmens statt.

2. Es werden 8 Sitzungen à 60 Minuten verordnet. In der letzten Sitzung findet ein Auswertungsgespräch mit dem Schulleiter statt. Schulleiter und Therapeut entscheiden, ob das Training hierbei erfolgreich abgeschlossen oder für eine weitere Anzahl Sitzungen verlängert wird.

3. Die Teilnahme ist verordnet und mit der Einhaltung bestimmter Regeln verbunden, die vom Therapeuten an der ersten Sitzung erläutert werden.

4. Verweigerung der Teilnahme oder Nicht-Einhaltung der Regeln führt zu Konsequenzen auf der Schulebene.

5. Es besteht die Verpflichtung, eigenes aggressives Verhalten zu thematisieren.

6. In der Gruppe können auch intime und sehr persönliche Themen, die mit der Straftat in Beziehung stehen, angesprochen werden.

Ich habe diese Bedingungen zur Kenntnis genommen und werde diese Gruppentherapie besuchen.

Datum:

Unterschrift des Jugendlichen:

Kurzportrait eines Teilnehmers

Thomas, 12 Jahre

Schulkarriere: Thomas ging im Vorschulalter aufgrund seiner Entwicklungsdefizite und seiner ausgeprägten Hyperaktivität in die heilpädagogische Frühförderung. Thomas besuchte während zwei Jahren den Kindergarten, was übergangsweise eine Beruhigung mit sich brachte. Allerdings hatte er Mühe mit der Gruppengröße, schrie manchmal spontan drauf los, schlug um sich.

Danach trat er in die Einführungsklasse ein. Zu dieser Zeit wurde ihm im Kinderspital ein Hyperaktivitätsstörung diagnostiziert und die Ritalin-Therapie eingeleitet. Außerdem besuchte Thomas seitdem die Ergotherapie.

In der Schule traten aber trotz der Medikamente Verhaltensprobleme auf: Thomas war unruhig, hielt sich nicht an die Regeln und litt an Ausrastern. Aus diesem Grund konnte er nicht in die 2. Primarklasse übertreten. In einer Abklärung vom Schulpsychologischen Dienst stellte man fest, dass Thomas aufgrund seiner intellektuellen Fähigkeiten auf keinen Fall in die Kleinklasse gehörte. Zusätzlich zu seinen Verhaltenauffälligkeiten war auch eine starke familiäre Problematik (konflikthafte Scheidung, ungelöste Besuchsregelung) vorhanden, so dass man zum Schluss kam, dass eine Sonderschulung notwendig sei.

Ressourcen: Thomas ist ein aufgestellter und fröhlicher Junge mit einem sympathischen Wesen. Im Sozialverhalten zeigt er sich kameradschaftlich und begeisterungsfähig, ist hilfsbereit und hat einen ausgeprägten Sinn für Gerechtigkeit. Thomas weiß, was Anstand und Höflichkeit ist. Er ist auch bereit, Kompromisse einzugehen und kann sich anpassen. Außerdem verfügt er über eine (oft zugedeckte) Leistungs- und Lernfähigkeit und die Einsicht, dass man in der Schule etwas lernen kann.

Diagnose (multiaxional nach Remschmidt/ICD 10): Aktivitäts- und Aufmerksamkeitsstörung und Störung des Sozialverhaltens; Durchschnittliche Intelligenz; abnorme intrafamiliäre Beziehungen; abweichende Elternsituation; ernsthafte soziale Beeinträchtigung.

Tabelle 15: Protokoll der acht Sitzungen des Selbstmanagement-Training
    mit jugendlichen Sexualstraftätern

	Thema/Methode	*Sitzungsverlauf*
1	Eröffnungsrunde (sitzend im Kreis)	Regeln, Dauer der Maßnahme und Zielsetzung erklären
	Symbolarbeit mit Frage: ‚Warum seid Ihr hier?' Sucht euch einen Gegenstand, der dastehen kann für die Ursache des ‚Hierseins'	Symbole: Decke, Fußball und zwei Plüschtiere (Hund, Löwe) – Im Gespräch zeigt sich, dass wenig Einsicht in die eigene Schuld besteht, vielmehr ein Bagatellisieren („das war ein Blödsinn") ein Wunsch nach Vergessen und nicht mehr darüber sprechen
	Aufstellungsarbeit Tatkonfrontation: ‚Wann hat diese Negativ-Handlung angefangen? Wo ist der Startpunkt?'	Aufstellung im Raum mit Stühlen für Start- und Endpunkt. Frage: ‚Wie/Wann habt ihr gemerkt, dass etwas schief läuft?' Diskussion wird immer wieder gestört durch sexualisierte Handlungen mit Tierfiguren und Puppen.
	Symbolarbeit: ‚Und jetzt sucht ein gegenteiliges Symbol zum Grund, warum ihr hier seid.'	Es werden zwei Handpuppen gewählt: Mädchen (‚Ich weiß nicht wieso'), Drache (‚Ich bin stark'), ein Plüschtier-Delfin (‚Nie mehr so etwas machen') und ein Kissen (‚lieber eine Kissenschlacht machen')
	Abschlussrunde	Positive Rückmeldung des Therapeuten zu den 3 Ressource-Figur und bezüglich heutige Lernaktivitäten

2	Unstrukturiertes Gespräch	Themen: Pornografie, Sex und Gewalt Diskussion wird immer wieder gestört durch sexualisierte Figurenspiele
	Themenzentriertes Gruppenspiel: Sexualisierte Szenen mit Tierfiguren	Im Raum sind Handpuppen und weitere Tierfiguren vorhanden – mit diesen werden originelle Rammlerpositionen gestellt – zuerst von der Leitung, dann machen auch die TN mit
	Aufstellungsarbeit Tatkonfrontation: der Anfang der Handlung	Widerstand: die TN wollen nicht mehr darüber sprechen, wollen vergessen – es entwickelt sich eine Diskussion über den Sinn der Tatrekonstruktion
	Märchen: Eisenhans	Ziel: die kognitiv-provokative Ebene verlassen und Kreativität aktivieren
3	Märchen: Eisenhans (Fortsetzung)	Interpretation: die unbändige Kraft in uns kann positiv sein, wenn entsprechend gefördert
	Aufstellungsarbeit Tatkonfrontation: die zweite Stufe der Gewalteskalation Abschlussrunde: Unstrukturiertes Gespräch	Dem Opfer Angst machen- jeder erzählt seine Version und seine Rolle beim zweiten Stuhl – es muss immer wieder darauf hingewiesen werden, dass es persönliche Versionen einer Geschichte sind Die TN machen gegenseitige Anschuldigungen und versuchen die Verantwortung an der Tat abzugeben
4	Geschichte: Der Wolf in mir	Teilweise stark störendes Verhalten: lachen, provokative Bemerkungen, Abwertungen
	Aufstellungsarbeit Tatkonfrontation: die dritte Stufe mit Diskussion über Missbrauch	Wie oben, wieder drei Versionen beim nächsten Stuhl: das Opfer Beschimpfen, Bedrohen, Berühren. Diskussion zu den Fragen: ‚Was ist Missbrauch? Was ist normal?' Aggressive Stimmung bei den TN, es ist schwierig, die Sitzung ordentlich durchzuführen
	Vorwärts-Rollenspiel: ‚Wenn ich Erwachsen und Vater wäre, was würde ich bei so einem Vorfall denken, fühlen und machen?'	Ein Rollenspiel kann nicht durchgeführt werden, zu viel Widerstand, aber die TN werden ernsthaft und machen das Rollenspiel doch imaginär. Sie berichten, dass sie die Täter sehr hart bestrafen würden
	Unstrukturiertes Gespräch	Witze erzählen: es werden mit großem Lacherfolg leicht sexualisierte Witze dargeboten
5	Spiel: Knopf oder Nicht-Knopf	Spiel jeder gegen jeden, anschließend Diskussion die eigenen Handlungsstrategien beim Spiel
	Aufstellungsarbeit Tatkonfrontation: die Übergriffszene	Nacherzählung aus den drei Perspektiven, diesmal mit weniger gegenseitigen Schuldzuweisungen, aber mit dem ständigen Versuch zu Minimieren und Normalisieren

	Freies Gruppenspiel: Kämpfen	Die vier Teilnehmer kämpfen miteinander und messen ihre Kräfte
	Unstrukturiertes Gespräch	Diskussion über Märchen (Interpretation), Kampfspiele, Aggressivität, Gewalt
6	Unstrukturiertes Gespräch	Gegenseitige Abwertungen über das Thema: ‚Ich habe eine Freundin – du nicht.'
	Vorwärts-Rollenspiel: Fantasierte Krisensituation mit eigener positiver Rolle	A ist Bankangestellter, die Bank wird überfallen, er verhält sich ruhig, übergibt das Geld und rettet so Leben B sieht verletzten Mann am Boden und weiß nicht, ob intervenieren, schließlich ruft er Ambulanz C macht kein eigenes Rollenspiel, da Geschichte zu fantastisch
	Freies Gruppenspiel: kämpfen	Wie in Sitzung 5
	Abschlussrunde	Positive Rückmeldungen
7	Unstrukturiertes Gespräch	Diskussion über krankhafte Formen von Sexualität
	Rückwärts-Rollenspiel: Tatrekonstruktion mit positiver Rolle	Die Tatszene wird für jeden Jugendlichen noch einmal inszeniert. Wir suchen dabei nach einem Moment, bei dem der Handlung durch einen Stopp-Satz eine positive Wendung gegeben werden kann
	Werte-Übung mit Symbolen	Jeder sucht zwei Gegenstände als Symbol für „Was ist mir im Leben wichtig?"
	Zielerreichungs-Skala mit Gegenständen	Die Symbole aus der ersten Sitzung („Warum seid ihr hier") sollen auf einer Skala platziert werden: vor dem Training und jetzt
	Abschlussrunde	Positive Rückmeldungen
8	Evaluation: Was habe ich gelernt?	Bericht an den Schulleiter in den ersten 15' der Sitzung – TN geben positive Rückmeldungen
	Themenzentriertes Gespräch: Was gilt als sexuelle Ausbeutung von Kindern?	Juristische Informationen und Diskussion über Rechte und Pflichten von Jugendlichen bei sexuellen Handlungen
	Märchen: 3 Federn	Thema: nicht-wahrgenommene Ressourcen Anschließend Diskussion
	Abschlussrunde	Offene Fragen und Verabschiedung

Kommentar

In der ersten Gruppensitzung werden zwei Hauptprobleme deutlich:

- die Täter bagatellisieren das Ereignis und möchten es ganz einfach vergessen
- und sie sehen beim Opfer einen hohen Schuldanteil, bei sich weniger.

Im Gegensatz zu den bisher vorgestellten Trainingsprogrammen, bei denen die relative Unstrukturiertheit ein zentrales didaktisches Element darstellt, kommt im Training mit Sexualstraftätern ein strukturiert-konfrontatives Vorgehen zum tragen. Hierbei steht die Konfrontation mit der begangenen Misshandlung im Zentrum. Wie aus dem obenstehenden Protokoll ersichtlich wird, besteht die Konfrontation aus drei Episoden:

1. Mit Stühlen wird Start und Endpunkt des Ereignisses szenisch dargestellt und es wird versucht, die einzelnen Schritte der Gewalteskalation mit weiteren Stühlen symbolisch darzustellen.

2. Jeder Täter muss einzeln die verschiedenen Etappen dieses Eskalationsweges durchlaufen und seine Version der Ereignisse erzählen. Die anderen sind in dieser Zeit nur Zuschauer. Sie dürfen auch nicht die Erzählung abwerten, interpretieren oder selber korrigieren (dies wird natürlich ständig gemacht, muss aber von Therapeuten abgestellt werden). Diese Einzelkonfrontation muss in kleinen Dosen stattfinden, da sie für die Jugendlichen belastend ist.

3. Die Geschichte wird neu geschrieben: Die Jugendlichen versuchen in einem Vorwärts-Rollenspiel eine positive Rolle in einer schwierigen Situation einzunehmen. Diese positive Rolle wird dann auf die Tatsituation übertragen. Die einzelnen Tatschritte werden nochmals mit Stühlen aufgestellt und die Jugendlichen müssen einzeln die Geschichte nochmals durchgehen: „Wir versuchen jetzt die Geschichte nochmals und aus einer besseren Rolle heraus zu schreiben. In welchem Moment kannst du die Handlung in eine andere Richtung lenken? In welchem Moment kannst du Stopp sagen und verhindern, dass du und deine Kollegen zu Sexualtätern werdet?" Dieses Vorwärts-Rollenspiel wird solange geübt, bis der Jugendliche sein Stopp überzeugend und deutlich vorspielen kann.

Dieses konfrontative Vorgehen setzt eine bedeutende Behandlungsmotivation voraus: die Angst der Jugendlichen vor weiteren Strafmaßnahmen, falls sie das Training nicht erfolgreich abschließen. Da es sich hier um ein Strafdelikt handelt, konnte diese externe Motivation tatsächlich aktiviert werden.

In den anderen Trainings, die ich beschrieben habe, ist dies aber nicht möglich: die Gewalttaten sind zwar massiv, können aber strafrechtlich nicht geahndet werden.

Praxisbeispiel 4: Täter-Opfer-Training

Tabelle 16: Übersicht

Beschreibung	Streit-Schlichtung bei Gewalteskalation
Zielsetzung	Ein normaler Schulunterricht kann gefährdet sein, wenn zwei Kinder mit einem hohen Gewaltpotential in derselben Klasse sind. Ziel ist es, dass diese Kinder gemeinsam Lernaktivitäten unternehmen können, ohne bei Konflikten mit Gewalt zu reagieren.
Zielgruppe	Training für zwei Kindern, die immer wieder miteinander in gewalttätige Konflikte kommen und dadurch sich und andere gefährden und den Unterricht schwer stören.
Lehrziele	Gemeinsam in einem Raum sein; dabei einzeln und auch miteinander Lern- und Spielaktivitäten unternehmen und die entstehenden Konflikte gewaltfrei austragen.
Positionierung	Die Intervention findet zusätzlich zu schulinternen Sanktionen statt.
Methode	Psychodrama und Spielaktivitäten
Leitung	C. Jenni, Psychologin i.A. / Planung und Coaching: R. Schaller
Dauer	Geschlossene Gruppe. Drei Sitzungen pro Woche, bis das Ziel erreicht ist.
Aufnahme	Die Maßnahme ist von der Schule verordnet. Mit jedem wird anfänglich eine Einzelsitzung durchgeführt, um Regeln und Ziele zu definieren.
Gruppengröße	Zwei Teilnehmer

Rahmenbedingungen

„Wie ein Feuer, das, wenn es einmal brennt, sich selbst in Gang hält, weil es brennt, so tendiert auch Aggression zu ihrer eigenen Aufrechterhaltung. Eine für den Täter erfolgreiche Machtinteraktion bringt einen ernormen Lustgewinn mit sich und verstärkt die Tendenz, gewalttätig zu handeln. Daher ist die Unterbrechung der Teufelskreise so bedeutsam, auch ohne dass man die ‚tieferen Ursachen' erkannt und behandelt hat." (Omer & von Schlippe 2004, S. 116)

Bei zwei Schülern, nennen wir sie Anton und Boris, kommt es im Unterricht, in den Pausen und auf dem Schulweg immer wieder zu gewalttätigen Konflikten. Trotz Gesprächen mit den Kindern und den Eltern, Ermahnungen und Sanktionen hält sich dieses Feuer in Gang. Nach einem erneuten massiven Vorfall wird von der Schulleitung eine Auszeit mit einem Selbstmanagement-Training beschlossen: die beiden Schüler werden nur noch getrennt die Schule besuchen und parallel dazu ein intensives Training mitmachen.

An drei Lektionen pro Woche kommen Anton und Boris mit einer Trainerin zusammen und versuchen problematische Handlungen zu thematisieren. Von der Schulleitung wurde ihnen mitgeteilt, dass sie bis auf weiteres nur je ein halbes Schulpensum besuchen und zwar getrennt. Erst wenn sie im Training aufzeigen können, dass es ihnen gelingt, Konflikte gewaltfrei auszutragen, können sie wieder regulär die Schule besuchen. Bei Anton und Boris war dies nach zwei Wochen mit insgesamt sieben Trainingslektionen der Fall.

Begründung

Anton und Boris sind beide sowohl Täter wie Opfer. Ihr problematisches Verhalten bewirkt, dass sie bedeutende schulische Leistungsdefizite haben, von Gleichaltrigen abgelehnt und gehänselt werden und sich gegenseitig auch noch provozieren. Hierbei sieht sich jeder als Opfer und bezeichnet den anderen als Täter. Es ist ein Irrweg, sich auf diese Diskussion mit ihnen einzulassen. Wie ich im Kapitel Lehrziele dargestellt habe, lassen sich die Wahrnehmung und das Bewerten von Ereignissen nicht voneinander trennen. Im Training werden wir dementsprechend nicht zu klären versuchen, wer angefangen hat, sondern lediglich erfahrbar machen, dass es zu einem Ereignis immer mehrere Sichtweisen gibt. Ein Teil des Trainings wird darin bestehen erlebte Konfliktsituationen aus den verschiedenen Perspektiven szenisch darzustellen. In einem zweiten Teil werden durch Spielaktivitäten mögliche Konfliktherde aktualisiert und bearbeitet. Und mit Geschichtenerzählen wird die Fantasie aktiviert.

Kurzportrait eines Teilnehmers

Anton, 10 Jahre

Schulkarriere: Anton zeigte bereits als Kleinkind aggressives impulsives Verhalten und Zerstörungswut. Er konnte kaum mit anderen Kindern friedlich spielen.

Bei Eintritt in Kindergarten große Trennungsproblematik mit starker Verweigerungshaltung. Er wurde wegen untragbarem Verhalten aus dem Kindergarten ausgeschlossen. Ein Jahr später konnte er den Kindergarten regulär besuchen. In der Schule wurde es aber wieder schwierig: provozierendes Verhalten, Aggressionen und Verschlechterung der Schulleistungen. Die Versuche einer Umplatzierung in eine andere Klasse und einer Medikation mit Ritalin scheiterten. Schließlich wurde Anton in die Sonderschule eingewiesen.

Ressourcen: Anton ist vielseitig interessiert und zeigt Durchhaltevermögen, wenn ihn etwas interessiert. Er spielt gerne im Freien und ist sehr selbständig in der Gestaltung der Freizeit. Im Zweierkontakt kann er angenehm und freundlich sein. Er hat eine gute Beziehung zu seinen Eltern und kann die Anweisungen der Eltern respektieren.

Diagnose (multiaxial nach Remschmidt/ICD 10): Störung des Sozialverhaltens mit depressiver Störung; durchschnittliche Intelligenz; ernsthafte soziale Beeinträchtigung im Schulverhalten und im Umgang mit Gleichaltrigen.

Tabelle 17: Protokoll der sieben Lektionen: Täter-Opfer-Training zur
Konfliktschlichtung

	Thema / Methode	Sitzungsverlauf
1	Einzelsitzung Anton Zielerläuterung	Zielformulierung: Zusammen mit B in einem Raum sein können und ev. etwas miteinander unternehmen, ohne dass es zu Provokation und Gewalt kommt
	Darstellung Vorfall figurativ	A stellt mit Holzfiguren seine Version, sieht eigene Anteile nicht, zeigt sich wenig interessiert
	Vorbesprechung Zusammentreffen	Frage: „Was brauchst du, damit du es mit B in einem Zimmer aushalten kannst?"
	Regelspiel: „Labyrinth"	A lässt sich ganz auf das Spiel ein
	Abschluss: Befindlichkeit und Auftrag	Für nächste Sitzung etwas mitnehmen, um sich zu beschäftigen
	Einzelsitzung Boris Zielerläuterung	Zielformulierung wie oben
	Darstellung Vorfall figurativ	B stellt seine Sicht mit Holzfiguren dar. Ich versuche, ihm mit den Figuren alternative Reaktionsweisen aufzuzeigen und ihm das Verhalten von A verständlicher zu machen
	Vorbesprechung Zusammentreffen	Frage: „Was brauchst du, damit du es mit A in einem Zimmer aushalten kannst?"
	Regelspiel: „Labyrinth"	B hat Spaß; verspricht, morgen zu kommen
	Abschluss: Befindlichkeit und Auftrag	Positive Rückmeldung und Auftrag für nächste Sitzung: etwas mitnehmen, um sich zu beschäftigen
2	Sitzen in Kreis: Eröffnungsrunde und unstrukturiertes Gespräch	Beide demonstrieren Versöhnung (nahes Beieinandersitzen), B schaut A beim Gameboyspiel über die Schulter – blödeln herum – friedlich
	Regelspiel: „Kuhhandel"	uneinig in der Wahl des Spiels. A gibt den Ton an, B gibt nach. B willigt schließlich ein, kompromissbereit. A sehr geringe Frustrationstoleranz.
	Abschluss	Wie oben
3	Sitzen in Kreis: Eröffnungsrunde	A führt Kreisel vor, ist aufgedreht. Kann sich jedoch vom Spiel lösen und kommt zurück in die Runde, B Zuschauer
	Tatkonfrontation mit Aufstellung von Menschen-Stellfiguren aus Holz	Sitzen nahe beieinander wie Verbündete A erzählt seine Version, B darf nicht kommentieren B erzählt seine Version, A darf nicht kommentieren

	Gespräch: Wutausbruch	Fragen: „Wie sieht das aus, wenn ihr sehr wütend seid? Was macht ihr, wenn ihr wütend seid, aber nicht zerstörerisch sein wollt?"
	Regelspiel: „Leiterlispiel"	A erträgt nicht, dass er nicht gewinnt, ist frustriert. B kann gut mit Verlieren umgehen
	Abschluss	Wie oben
4	Eröffnungsrunde (zu Beginn mit Lehrperson)	Mitteilung, dass der gemeinsame Schulbesuch ab morgen wieder geplant ist, und dass die Intervention parallel fortgesetzt wird. Tatkonfrontation sei aber als Thema beendet.
	Vorlesen der Geschichte: Der Zauberkoffer und ein Getränk	Beide aufmerksame Zuhörer Erzählung und süßes Getränk werden geschätzt, viele interessierte Kommentare von A
	Imagination: „Zusammen auf gemeinsame Insel"	Beschreiben mir die Insel, auf der sie gestrandet wären und was sie alles zusammen unternehmen würden
	Abschluss: Befindlichkeit und Auftrag	Für nächste Sitzung Lieblingsmusik mitbringen
5	Runde	Wir hören die von A mitgebrachte Musik, B hat nichts mitgebracht
	Aufstellung mit Tierfiguren: Aggression bei Tieren	Bildung einer Angriffs-, Verteidigungs- und Fluchtgruppe mit Tierfiguren. Beide meinen, sie seien Löwen und somit auf Angriff.
	Freies Spiel: Burgenbau	Aus Schaumstoff-Sitzwürfeln wird eine Burg gebaut. Sie wollen dort zusammen eingeschlossen werden, hören Musik. Beide arbeiten eifrig zusammen
	Abschluss: Befindlichkeit und Auftrag	B wird aufgefordert, für das nächste Mal Musik mitzubringen
6	Eröffnungsrunde: Ideen sammeln für Abschluss	A demotiviert, will Stunde boykottieren; B unsicher – schließlich können Wünsche für letzte Einheit verbalisiert werden: Geschichte und Getränk
	Regelspiel: Pferderennen	B spielt nicht mit, schreit herum, macht Riesenkrach. A spielt zwar mit, lärmt jedoch auch herum
	Regelspiel: „Heiße Schlacht am kalten Buffet"	B lässt sich auf Spiel ein, hat Spaß. A macht wohl oder übel mit, handelt sehr impulsiv, unüberlegt, verliert deshalb. Trotzt wie ein Kleinkind, B versucht, ihn zu trösten
	Abschluss: ruhiges Sitzen im Kreis	Positive Rückmeldung: ‚Ihr habt kritische Situationen gut bewältigt'

7	Eröffnungsrunde	Destruktive Stimmung, auch mir gegenüber provokative Sprache
	Geschichte: Tischlein, deck dich	Geschichte bringt Ruhe, sie hören aufmerksam zu beide unruhig, aufgedreht blödeln herum, wollen auf Gruppe
	Schluss & Spiel: ‚Heiße Schlacht ...'	Schließlich beginne ich ein Spiel, sie machen beide mit.
	Abschlussübung: ein positives Feedback geben	Es gelingt beiden, etwas Positives über den anderen zu sagen.

Kommentar

Kommentar zu Einheit 1:
Dies ist eine Art Vorgespräch: die Trainerin informiert aber nicht über Regeln und Ablauf des Trainings, sondern zeigt durch aktives Tun, wie das Training funktioniert: kurze Zielformulierung, Thematisierung des Vorfalles mit szenischen Medien, Regelspiel, Abschlussrunde und Auftrag. Durch ihre aktive Teilnahme bestätigen die beiden ihre Einwilligung zur Behandlung.

Mit der figurativen Darstellung des letzten Vorfalles wird die Fähigkeit zum Selbstreflexion gefördert. Würden die Kinder nur in Worten berichten, wie sich der Konflikt abgespielt hat, würden sie schnell von Emotionen überflutet und bei aggressiven Schuldzuweisungen landen. Indem sie aber die Szene mit Menschenfiguren aus Holz aufstellen, können sie aus einer gewissen Distanz darüber sprechen. Mit der szenischen Darstellung[1] kann das Kind ‚über sich' sprechen und wird dabei mit folgenden Fragen konfrontiert:

• Wie sehe ich mich in dieser Szene?
• Und wie werde ich von anderen gesehen?
• Wie sehe ich den anderen? Was denke ich über seine Absichten?
• Welche Gefühle hatte ich in dieser Szene?
• Was hätte ich anders tun können?

Kommentar zu Einheit 2:
In der ersten gemeinsamen Stunde sollen die Kinder implizit erfahren, dass sie im Zentrum des Trainings stehen. Ihre Erwartungshaltung („sie wird uns schon sagen was wir lernen müssen") wird gewissermaßen frustriert mit einer offenen Gesprächsrunde, die etwa 20' dauert und ziemlich ereignislos ist. Auf das Angebot eines Regelspieles steigen sie dann ein.

---

1 Das Material kann in einem Spielwarengeschäft oder bei *www.testzentrale.ch* unter der Bezeichnung ‚Szenische Medien' bezogen werden.

Kommentar zu Einheit 3:
Jetzt wird mit denselben Techniken wie in Einheit 1 die gewalttätige Auseinandersetzung nochmals szenisch dargestellt. Es ist hier von größter Bedeutung, dass jede Inszenierung richtig ist. Jedes mal wird eine Szene so dargestellt, wie es der betreffende Junge erlebt hat, aus seiner ganz persönlichen Perspektive. Es gibt kein ‚richtig oder falsch', es gibt aber die Möglichkeit, andere Handlungsversionen darzustellen. Schlussendlich kommen die beiden zur Erkenntnis, dass die Lehrperson die Hauptschuld trage. Mit dieser Wahrnehmungsverzerrung gelingt es ihnen, in Frieden über den Konflikt zu kommunizieren und eigene Anteile auszublenden. Die Trainerin hat dies so stehen gelassen, was ich für durchaus sinnvoll halte. Es ist dies die „momentan mögliche Wahrheit" und eine weitere Konfrontation würde der Zielsetzung des Trainings nicht entsprechen. Diese Schuld-Fremdattribution wird aber in den Geschichten und Regelspielen immer wieder thematisiert werden: Anton und Boris werden in den nächsten Sitzungen mehrmals konflikthaft aufeinander treffen und die Ursache bei der Trainerin oder externen Umständen suchen. Durch das Training findet eine konstante Problemaktualisierung und Lösungssuche statt.

Literatur

Zu den Themenbereichen:
Philosophie, Spiel, Sport, literarische Texte

Beudels, W. & Anders, W.: Wo rohe Kräfte sinnvoll walten. Handbuch zum Ringen, Rangeln und Raufen in Pädagogik und Therapie. Dortmund 2002 (Verlag Modernes Lernen)

Cohen, M.: 99 moralische Zwickmühlen – Eine unterhaltsame Einführung in die Philosophie des richtigen Handelns. Frankfurt 2004 (Campus)

Fuchs, B.: Spiele für Gruppenprozesse. München 2000 (Don Bosco)

Heider, J.: Tao der Führung – Laotses Tao Te King für eine neue Zeit. Basel 1996 (Sphinx Verlag)

Hohler, F.: Die Karawane am Boden des Milchkruges – Groteske Geschichten. München 2003 (Luchterhand)

Kauter, L.: Vom Lügen, Betrügen und er Moral. Materialien und Projekte. Mülheim (2003) Verlag an der Ruhr

Lechner, A.: Herkules. Innsbruck 2003 (Arena)

Mérö, L.: Die Logik der Unvernunft – Spieltheorie und die Psychologie des Handelns. Reinbek 2000 (Rowohlt)

Neumeyer, A.: Wie Zaubern Kindern hilft. Stuttgart 2003 (Klett-Cotta)

Neumeyer, A.: Mit Feengeist und Zauberpuste – Zauberhaftes Arbeiten in Pädagogik und Therapie. Freiburg 2000 (Lambertus)

Peseschkian, N.: Das Leben ist ein Paradies – zu dem wir den Schlüssel finden können. Freiburg (2004) Herder

Popper, K.R.: Objektive Erkenntnis – Ein evolutionärer Entwurf. Hamburg 1998 (Hoffmann und Campe)

Popper, K.R. & Eccles, J.C.: Das Ich und sein Gehirn. München 1989 (Piper)

Uexküll, J.: Streifzüge durch die Umwelten von Tieren und Menschen. Hamburg 1956 (Rowohlt)

Uexküll, Th.: Der Mensch und die Natur – Grundzüge einer Naturphilosophie. Bern 1953 (Francke)

Zu den Themen Aggression, Gewalt, Stress

Abel, A.: Jugendgewalt – Möglichkeiten und Grenzen von gewaltpräventiven Angeboten in der Erziehungsberatung. In: Körner, H. (Hrsg.) Handbuch der Erziehungsberatung. Göttingen 2000 (Hogrefe)

Alsaker, F.D.: Quälgeister und ihre Opfer. Mobbing unter Kindern – und wie man damit umgeht. Bern 2003 (Huber)

Anke, M. et al.: Deeskalationsstrategien. Psychosoziale Arbeitshilfen 23 , 2003 (Psychiatrie Verlag)

Bandura, A.: Aggression – eine sozial-lerntheoretische Analyse. Stuttgart 1979 (Klett-Cotta)

Breakwell, G.M.: Aggression bewältigen. Bern 1998 (Huber)

Cierpka, M. et al.: Faustlos. Ein Curriculum zur Prävention von aggressivem und gewaltbereitem Verhalten bei Kindern der Klassen 1 bis 3. Göttingen 2001 (Hogrefe)

Cirillo, C. & DiBlasio, P.: Familiengewalt – Ein systemischer Ansatz. Stuttgart 1992 (Klett-Cotta)

Döpfner, M. et al.: Therapieprogramm für Kinder mit hyperkinetischem und oppositionellem Verhalten (THOP). Weinheim 1998 (Psychologie Verlags Union)

Dutschmann, A.: Das Aggressions-Bewältigungs-Programm ABPro – Aggressionen und Konflikte unter emotionaler Erregung. Tübingen 2000 (dgvt-Verlag)

Fromm, E.: Anatomie der menschlichen Destruktivität. Stuttgart 1974 (Deutsche Verlags-Anstalt)

Furger, M. & Kehl, D. (Hrsg.): ... und bist du nicht willig, so brauch ich Gewalt – Zum Umgang mit Aggression und Gewalt in der Betreuung von Menschen mit geistiger Behinderung. Luzern 2003 (Edition SZH)

Gieth, H.J. & van der Kneip, W.: Gewalt stoppen. Projekte zur Gewaltprävention. Berlin 2000 (Cornelsen)

Glasl, F.: Konfliktmanagement. Bern 2002 (Haupt)

Glasl, F.: Selbsthilfe in Konflikten – Konzepte, Übungen, praktische Methoden. Bern 2000 (Haupt)

Guggenbühl, A.: Aggression und Gewalt in der Schule. Schulhauskultur als Antwort. Zürich 1999 (Edition IKM)

Guggenbühl, A.: Die unheimliche Faszination der Gewalt. Zürich 1993 (Schw.Spiegel Verl.)

Guggenbühl, A.: Das Mythodrama. Zürich 2000 (Edition IKM)

Halbright, R.: Praktische Gewaltprävention mit jungen Menschen. www.k2-publisher.com

Hascher, T. (Hrsg.): Reagieren, aber wie? – Professioneller Umgang mit Gewalt in der Schule. Bern 2003 (Haupt Schulpädagogik Bd.7)

Heijkoop, J.: Herausforderndes Verhalten von Menschen mit geistiger Behinderung. Weinheim 1998 (Beltz)

Jugert, G. et al.: Fit for Life – Module und Arbeitsblätter zum Training sozialer Kompetenz für Jugendliche. Weinheim 2005 (Juventa)

Korn J. & Mücke, Th.: Gewalt im Griff – Band 2: Deeskalations- und Mediationstraining. Weinheim 2000 (Beltz)

Kabat-Zinn, J.: Stressbewältigung durch die Methode der Achtsamkeit. Freiamt 1999 (Arbor)

Krahe, B.: Sexuelle Aggression. Göttingen 2002 (Hogrefe)

Lorenz, K.: Das sogenannte Böse – Zur Naturgeschichte der Aggression. 1983 (dtv)

Markie-Dadds, C. et al.: Das Triple P Elternarbeitsbuch – Der Ratgeber zur positiven Erziehung mit praktischen Übungen. Münster 2003 (Verlag f. Psychotherapie)

Omer, H. & Schlippe, A. v.: Autorität durch Beziehung. Die Praxis des gewaltlosen Widerstands in der Erziehung. Göttingen 2004 (Vandenhoeck und Ruprecht)

Omer, H . & Schlippe, A. v.: Autorität ohne Gewalt: Coaching für Eltern von Kindern mit Verhaltensproblemen. Göttingen 2002 (Vandenhoeck und Ruprecht)

Petermann F. et al.: Aggressiv-dissoziale Störungen. Göttingen 2001 (Hogrefe)

Petermann, F. & Petermann, U.: Training mit aggressiven Kindern. Weinheim 2000 (Psychologie Verlags Union)

Petermann, F. & Petermann, U.: Training mit Jugendlichen: Förderung von Arbeits- und Sozialverhalten. Weinheim 1992 (Beltz)

Pieth, M. et al.: Gewalt im Alltag und organisierte Kriminalität – Die Ergebnisse eines Nationalen Forschungsprogrammes. Bern 2002 (Haupt)

Reinfried, H.-W.: Schlingel, Bengel oder Kriminelle? – Jugendprobleme aus psychologischer Sicht. Stuttgart 2003 (Frommann)

Rosenberg, M.B.: Gewaltfreie Kommunikation. Paderborn 2001 (Junfermann)

Scheithauer, H. in: Petermann et al.: Aggressionsdiagnostik. Göttingen 2000 (Hogrefe)

Schw. Nationalkommission JUSTITIA ET PAX: Gewaltfreies Handeln in unserer Gesellschaft. Freiburg 1988 (Publikationsreihe Band 17)

Selg, H. et al. : Psychologie der Aggressivität. Göttingen 1997 (Hogrefe)

Storch, M. & Krause, F.: Selbstmanagement – ressourcenorientiert / Grundlagen und Trainingsmanual für die Arbeit mit dem Zürcher Ressourcen Modell. Bern 2002 (Huber)

Storch, M. & Riedener, A.: Ich pack's – Selbstmanagement für Jugendliche. Bern 2005 (Huber)

Tennstädt, K.C.: Das Konstanzer Trainingsmodell (KZM). Bern 1991 (Huber)

Toprak, A.: Ich bin eigentlich nicht aggressiv – Theorie und Praxis eines Anti-Aggressions-Kurses mit türkischstämmigen Jugendlichen. Freiburg 2001 (Lambertus)

Valkanover, S. et al.: Mobbing ist kein Kinderspiel. Arbeitsheft zur Prävention in Kindergarten und Schule. Bern 2004 (Schulverlag)

Weidner, J.: Gewalt im Griff – Band 1: Neue Formen des Anti-Aggressivitäts-Trainings. Weinheim 2000 (Beltz)

Weiss, H.: Gewalt, Medien und Aggressivität bei Schülern. Göttingen 2000 (Hogrefe)

Willi, M. & Hornung, R.: Jugend und Gewalt – Ergebnisse einer Befragung von Schülerinnen und Schülern im Kanton Zug. Pieterlen 2002 (Lang)

Ziegler, F.: Gewaltfreie Erziehung. Bern 2002 (Kinderschutz Schweiz, Broschürenreihe)

Zu den Themen Pädagogik, Psychologie, Psychotherapie

Arbeitskreis OPD-KJ (Hrsg.): Operationalisierte Psychodynamische Diagnostik im Kindes- und Jugendalter. Bern 2003 (Huber)

Basler, H.D. & Kröner-Herwig, B. (Hrsg.): Psychologische Therapie bei Kopf- und Rückenschmerzen. München 1998 (Quintessenz)

Bliesener, Th. (Hrsg.): Rollenspiele in Kommunikations- und Verhaltenstrainings. Opladen 1994 (Westdt.Verl.)

Döpfner, M. et al.: Hyperkinetische Störungen. Göttingen 2000 (Hogrefe)

Erikson, E.H.: Kindheit und Gesellschaft. Stuttgart 1984 (Klett-Cotta)

Flammer, A.: Erfahrung der eigenen Wirksamkeit: Einführung in die Psychologie der Kontrollmeinung. Bern 1990 (Huber)

Freud, S. (Hrsg.): Das Ich und das Es. Frankfurt 1992 (Fischer Tb)

Gasser, P.: Was lehrt uns die Neuropsychologie? Bern 2002 (h.e.p.)

Grawe, K.: Neuropsychotherapie. Göttingen 2004 (Hogrefe)

Gruen, A.: Der Fremde in uns. Stuttgart 2000 (Klett-Cotta)

Jung, C.G. (Hrsg.): Grundwerk Bd. 1 – Grundfragen zur Praxis. Olten 1984 (Walter)

Majce-Egger, M. (Hrsg.): Gruppentherapie und Gruppendynamik – Dynamische Gruppenpsychotherapie. Wien 1999 (Facultas)

Meyer, P.C.: Rollenkonfigurationen, Rollenfunktionen und Gesundheit. Opladen 2000 (Leske & Budrich)

Mills, J.C. & Crowley, R.J.: Therapeutische Metaphern für Kinder und das Kind in uns. Heidelberg 1996 (Auer)

Mischel, W. & Ayduk, O.: Willpower in a cognitive-affective processing system. Zitiert aus Storch & Riedener 2005

Mischel, W. & Morf, C.C.: The self as a psycho-social dynamic processing system: a meta perspective on a century of the self in psychology. Zitiert aus Storch & Riedener 2005

Oerter, R.: Psychologie des Spiels. Weinheim 1997 (Beltz)

Piaget, J.: Das moralische Urteil beim Kinde. Zürich 1954 (Rascher)

Ratey, J.: Das menschliche Gehirn – Eine Gebrauchsanweisung. Düsseldorf 2002 (Walter)

Remschmitt, H. et al.: Multiaxiales Klassifikationsschema für Störungen des Kindes- und Jugendalters nach ICD 10 der WHO. Bern 2001 (Huber)

Resch, F. et al.: Entwicklungspsychopathologie des Kindes und Jugendalters. Weinheim 1996 (Beltz)

Riem, F.: Grundformen der Angst – eine tiefenpsychologische Studie. München 1999 (Reinhardt)

Römer, B. et al.: Risiken einer dissoziierten Entwicklung. Monatsschrift Kinderheilkunde 150, S. 201-206. Berlin 2002 (Springer)

Satow, L. & Schwarzer, R.: Entwicklung schulischer und sozialer Selbstwirksamkeitserwartung. Zeitschrift für Psychologie in Erziehung und Unterricht, 50, 168-181. München 2003 (Reinhardt)

Schacter, D.L.: Wir sind Erinnerung – Gedächtnis und Persönlichkeit. Reinbek 1999 (Rowohlt)

Selman, R.: Sozial-kognitives Verständnis: ein Weg zu pädagogischer und klinischer Praxis. In: Geulen D. (Hrsg.): Perspektivenübernahme und soziales Handeln. Frankfurt 1982 (Suhrkamp)

Slavson, S.R. & Schiffrin, M.: Gruppenpsychotherapie mit Kindern – Ein Arbeitshandbuch. Göttingen 1976 (Verlag medizinische Psychologie)

Spitzer, M.: Selbstbestimmen – Gehirnforschung und die Frage: Was sollen wir tun? Heidelberg 2004 (Spektrum)

Vogt, M. & Winizki, E.: Ambulante Gruppentherapie mit Jugendlichen – Ein integratives Modell. Frankfurt 1995 (Brandes & Apsel)

Wahl, D.: Nachhaltige Wege vom Wissen zum Handeln. Beiträge zur Lehrerbildung, 2001, 19, S. 157-174

Winnicott, D.W.: Vom Spiel zur Kreativität. Stuttgart 1974 (Klett)

Zum Thema Psychodrama

Ameln, F. v. et al.: Psychodrama. Berlin 2004 (Springer)

Aichinger, A.: Psychodrama in der Psychotherapie mit Kindern. In: von Ameln, F. et al. 2004

Aichinger, A. & Holl, W.: Kinderpsychodrama – In der Familien- und Einzeltherapie, im Kindergarten und in der Schule. Mainz 2002 (Grünewald)

Burmeister, J.: Psychodrama in der Psychotherapie. In: von Ameln, F. et al. 2004

Biegler-Vitek, R. et al.: Psychodrama mit Kindern und Jugendlichen. In: Fürst (2004) S. 306-325

Fürst, J. et al.(Hrsg.): Psychodrama-Therapie – Ein Handbuch. Wien 2004 (Facultas)

Krüger, R.T.: Kreative Interaktion – tiefenpsychologische Theorie und Methoden des klassischen Psychodramas. Göttingen 1997 (Vandenhoeck & Ruprecht)

Krüger, R.T.: Indikationen und Kontraindikationen für den Rollentausch in der psychodramatischen Psychotherapie. In: Zeitschrift für Psychodrama und Soziometrie, 2, S. 273-317, Opladen 2002 (Leske + Budrich)

Lammers, K.: Allgemeine Techniken im Psychodrama. In: Fürst (2004) S. 222-243

Pruckner, H.: Das Spiel ist der Königsweg der Kinder – Psychodrama, Soziometrie und Rollenspiel mit Kindern. Köln 2001 (InScenario)

Schacht, M.: Spontaneität und Begegnung – Zur Persönlichkeitsentwicklung aus der Sicht des Psychodramas. München 2003 (inScenario)

Schaller, R.: Das große Rollenspielbuch – Grundtechniken, Anwendungsformen, Praxisbeispiele. Weinheim 2001 (Beltz)